国资国企改革经验案例丛书

改革样本

国企改革"双百行动"案例集（下）

国务院国资委改革办　　编
国务院国资委新闻中心

机械工业出版社
CHINA MACHINE PRESS

本书分上、下两篇，以案例形式系统地总结并展现了 81 家中央企业所出资的"双百企业"和 67 家地方"双百企业"的改革实践，力求对更多国有企业提供有益的借鉴。本书值得政府领导、国有企业管理者、国资国企相关工作人员和国资国企改革研究人员等读者阅读。

图书在版编目（CIP）数据

改革样本 . 2，国企改革"双百行动"案例集 . 下/国务院国资委改革办，国务院国资委新闻中心编 . —北京：机械工业出版社，2020.10（2024.1重印）
ISBN 978-7-111-66806-0

Ⅰ.①改… Ⅱ.①国…②国… Ⅲ.①国企改革 – 案例 – 中国 Ⅳ.①F279.21

中国版本图书馆 CIP 数据核字（2020）第 200806 号

机械工业出版社（北京市西城区百万庄大街22号　邮政编码100037）
策划编辑：李　鸿　　责任编辑：李　鸿　李　前　李　璐
责任校对：赵晓晨　　责任印制：单爱军
封面设计：高鹏博
北京虎彩文化传播有限公司印刷
2024年1月第1版·第9次印刷
170mm×242mm·51.5 印张·659 千字
标准书号：ISBN 978-7-111-66806-0
定价：169.00 元

电话服务　　　　　　　　　网络服务
客服电话：010-88361066　　机　工　官　网：www.cmpbook.com
　　　　　010-88379833　　机　工　官　博：weibo.com/cmp1952
　　　　　010-68326294　　金　书　网：www.golden-book.com
封底无防伪标均为盗版　　　机工教育服务网：www.cmpedu.com

目　录

下篇　地方国企

1　全面深化改革　坚持创新驱动　开创高质量发展新局面
　　北京能源集团有限责任公司 ········· 3

2　全面推进市场化改革　激发企业活力　助力产业腾飞
　　北方华创科技集团股份有限公司 ········· 8

3　以"混改"为牵引　全面深化市场化改革
　　北京外企人力资源服务有限公司 ········· 13

4　深化改革促发展　创新机制增活力　精耕细作显成效
　　天津津融资产管理有限公司 ········· 18

5　以党建为引领　深化企业改革　激发发展活力
　　天津中新药业集团股份有限公司 ········· 23

6　全面推进市场化经营机制改革　争做市场化改革尖兵
　　河北国控资本管理有限公司 ········· 28

7　以体制机制改革为抓手　促进持续健康高质量发展
　　山西杏花村汾酒集团有限责任公司 ········· 33

8　推进厂办大集体改革　激发发展动力活力
　　太原钢铁（集团）有限公司 ········· 38

9　坚持问题导向　努力探索创新
　　内蒙古交通投资（集团）有限责任公司 ········· 43

10　"双百行动"助推蒙能集团高质量发展
　　内蒙古能源发电投资集团有限公司 ········· 48

11	以"混改"和员工股权激励为突破　有效激发企业经营发展活力
	辽宁省交通规划设计院有限责任公司 ·········· 53

12	以改革为引领　全力打造高质量发展现代企业
	吉林化纤集团有限责任公司 ·········· 58

13	抢抓发展机遇期　深入推动综合改革见实效
	龙建路桥股份有限公司 ·········· 63

14	积极深化体制机制改革　强力激发企业活力动力
	东方国际创业股份有限公司 ·········· 69

15	分层分类构建立体激励体系　激发企业活力动力
	上海海立（集团）股份有限公司 ·········· 74

16	打破股权僵局　解决遗留问题　为百年老凤祥插上腾飞翅膀
	老凤祥股份有限公司 ·········· 79

17	增强内生动力　激发发展活力　坚定稳步推进市场化改革
	江苏省国信集团有限公司 ·········· 84

18	深化改革攻坚　激发企业活力
	南京旅游集团有限责任公司 ·········· 89

19	聚焦转型发展　激发内生动力　全面推行职业经理人制度
	华泰证券股份有限公司 ·········· 95

20	坚持市场导向　加快专业转型　打造科技型企业"浙江样本"
	浙江高速信息工程技术有限公司 ·········· 100

21	以"混改"注入市场基因　以转型提升发展质量
	浙江省浙商资产管理有限公司 ·········· 106

22	解放思想　深化改革　推动高质量发展
	国元农业保险股份有限公司 ·········· 112

23	以建立完善市场化激励约束机制为抓手　有效提升企业内生发展动力
	福建龙溪轴承（集团）股份有限公司 …… 117

24	以"双百行动"综合改革为契机　向市场要活力要效益
	福建福日电子股份有限公司 …… 122

25	探索实施综合改革新路径　推动健康有序可持续发展
	中鼎国际建设集团有限责任公司 …… 127

26	改革促发展　创新谋未来　向世界一流企业转变
	万华化学集团股份有限公司 …… 132

27	敢于先行先试　主动创新求变　实现高质量发展
	山东黄金集团有限公司 …… 138

28	变革转型升级　动能转换引领　争当国有上市公司改革发展先行者
	兖州煤业股份有限公司 …… 144

29	心无旁骛发展高端制造　改革创新迈向世界一流
	郑州煤矿机械集团股份有限公司 …… 149

30	以资本运营为统领　以"双百行动"为抓手
	河南投资集团有限公司 …… 154

31	深化"双百行动"　锻造改革尖兵
	中南建筑设计院股份有限公司 …… 159

32	聚力"双百行动"　开启改革发展新篇章
	湖南建工集团 …… 165

33	以自下而上"混改"为抓手　促进企业高质量发展
	湖南新天地保安服务有限公司 …… 171

34	以管资本为导向　释放企业经营活力
	广东粤海控股集团有限公司 …… 176

35	推动职业经理人改革　激发传统汽车制造行业新活力
	广州汽车集团股份有限公司 ················· 181

36	紧抓"双百行动"机遇　综合改革成效可圈可点
	广州医药集团有限公司 ····················· 187

37	深化综合改革　推动企业持续健康高质量发展
	广东广业清怡食品科技有限公司 ············· 193

38	创新党管人才机制　践行国资国企改革
	广东省交易控股集团有限公司 ··············· 198

39	以"混改"和市场化经营机制为抓手　发展活力不断增强
	北部湾港股份有限公司 ····················· 203

40	深化综合改革　重塑产业发展
	海南天然橡胶集团股份有限公司 ············· 208

41	积极引进"战投"　实现央地共赢
	海南海控能源股份有限公司 ················· 213

42	"三个重构"深化国有资本运营公司改革
	重庆渝富控股集团有限公司 ················· 218

43	实施集团层面"混改"　提升企业活力和核心竞争力
	重庆商社（集团）有限公司 ················· 223

44	以股权多元化为契机深化综合改革　争当央地合作"排头兵"
	重庆医药健康产业有限公司 ················· 228

45	创新投资分类管理　激发投资主体活力
	四川省商业投资集团有限责任公司 ··········· 233

46	深化授权经营改革　增强企业经营活力
	成都产业投资集团有限公司 ················· 239

47	借助"有形"与"无形"的手 推动市场化改革
	贵州盘江煤电集团有限责任公司 …………………………… 244

48	纵深推进综合改革 打造市场化运作"五新"新国企
	云南云天化股份有限公司 ………………………………… 249

49	市场化与严监管兼具 重激励与硬约束并重 深化"三项制度"改革
	云南省能源投资集团有限公司 …………………………… 255

50	深化改革壮筋骨 机制创新添动力
	陕西三秦环保科技股份有限公司 ………………………… 261

51	以改革上市为抓手 助推企业迈向高质量发展快车道
	陕西北元化工集团股份有限公司 ………………………… 265

52	聚焦整体上市 推动综合改革
	陕西建工集团股份有限公司 ……………………………… 270

53	以市场化经营机制改革为抓手 助推实现涅槃式新生
	陕西钢铁集团有限公司 …………………………………… 275

54	完善市场化经营机制 有效激发企业新活力
	金川集团股份有限公司 …………………………………… 280

55	紧扣功能定位 深化综合改革 夯实投资公司改革发展新基础
	甘肃省国有资产投资集团有限公司 ……………………… 285

56	以改革求突破 老企业持续焕发新活力
	西北永新集团有限公司 …………………………………… 290

57	借力"双百行动" 打造国企改革先锋
	西宁国家低碳产业基金投资管理有限公司 ……………… 296

58	聚焦价值创造 "压减处僵"促强企
	宁夏建设投资集团有限公司 ……………………………… 301

59	以职业经理人改革为突破口　完善市场化经营机制
	西部黄金股份有限公司 ·············· 306

60	聚焦市场化经营机制改革　发展动能不断增强
	新疆冠农果茸股份有限公司 ·············· 312

61	深化混合所有制改革　激发企业发展活力
	宁波国际投资咨询有限公司 ·············· 317

62	聚焦改革攻坚　增强发展活力
	厦门国际港务股份有限公司 ·············· 324

63	党建引领推改革　深化"混改"增活力
	厦门象屿集团有限公司 ·············· 329

64	以集团层面"混改"为突破口　激发发展活力动力
	双星集团有限责任公司 ·············· 334

65	以党建把方向　以改革增活力
	深圳市资本运营集团有限公司 ·············· 339

66	改革创新体制机制　全面激发动力活力
	深圳市投资控股有限公司 ·············· 344

67	多措并举谋发展　创新机制增活力
	深圳市特发集团有限公司 ·············· 349

鸣谢 ·············· 354

下篇

地方国企

1

全面深化改革 坚持创新驱动
开创高质量发展新局面

北京能源集团有限责任公司

一、基本情况

北京能源集团有限责任公司（以下简称"京能集团"）在深化企业融合改革发展进程中，坚持将党的领导和完善公司治理结构相结合、坚持将市场化方向和创新体制机制相结合、坚持将高质量发展与优化产业布局相结合、坚持将容错机制与强化监督相结合、坚持将问题导向和目标导向相结合，以深化"三项制度"改革作为突破点，解决制约企业发展的体制机制方面的深层次矛盾，构建三级管控体系、市场化经营激励机制和用人机制、绩效考核市场化对标体系，向"建设国际一流首都综合能源服务集团"的愿景大步迈进。

京能集团成立于1993年，是地方综合性能源服务集团，是北京地区最大的供热、发电企业。截至2019年年末，京能集团总资产为3 050亿元，营业收入为633亿元，利润总额为50.51亿元，资产负债率为63.93%，拥有全资、控股企业约320家，在职职工3.7万人。目前控股5家上市公司，证券化率约78%。

京能集团是北京市国有独资公司，发展进程中经历多轮重组整合，由

6个北京市管一级企业合并而来。2014年完成与上下产业链煤、热的重组后，企业资产规模明显增加，但整体效益显著下滑，2015—2017年，利润总额由72.5亿元下滑至30.5亿元。经研析，企业主要存在以下问题。

一是融合不彻底，协同优势未发挥。京能集团既往采用财务管控型管理模式，企业管理链条长、同质化业务分散、管理制度水平参差、企业文化存在冲突，煤电热产业高质量协同发展优势未充分发挥。

二是主业不突出，战略意图未落实。京能集团主业发展遭遇瓶颈，非主业对主业财务资源侵蚀严重，发展新动能尚未形成，产业竞争比较优势趋弱，北京市委市政府关于产业布局、产业升级、构建城市新业态的战略意图未得到有效落实。

三是授权不充分，激励作用未显效。京能集团融合改革前，生产管理、产业运营管理集中于集团本部，下属企业缺乏经营决策自主权，员工缺乏面对市场竞争的危机感和积极进取的主观能动性。

二、主要做法

2018年，京能集团以入选国务院国资委"双百行动"企业名单为契机，经充分论证，决定进行为期3年的融合改革实践。京能集团党委充分发挥"把方向、管大局、保落实"的重要作用，融合改革过程平稳有序。按照"五突破、一加强"总体改革思路，建立健全集团总部管资本重战略、平台公司管运营重协同、实体企业管创利、重创新的分级分类管理体系，研究形成了"一企一策"的集团总部、平台公司和实体企业三级"双百行动"综合改革方案。

（一）推进产业板块融合，构建三级架构体系

京能集团以"双百行动"为契机，加快集团产业结构调整、战略性重组，打通产业梗阻，设计了集团顶层组织架构和管理体系，构建"集团总

部—平台公司—实体企业"三级管控架构,重建了集团总部战略发展、投资决策、资源配置、业务协同、绩效评价和风险控制6大核心职能,推进集团总部机构改革,集团总部中层、普通员工实施全部"起立"重新竞聘,集团总部行政部门由15个减到11个,岗位由165人调整到100人,相对减少39%;推动电力、热力、煤炭、房地产等板块业务整合、融合,做实京能电力、清洁能源、昊华能源、京能置业4个上市公司及热力平台公司,完成了34家企业股权划转、资产托管和并购工作;强化实体公司成本控制、生产运营、产品质量、安全管理4大核心职能;结合融合改革,集团干部交流、调整、配备1 053人次,一批干部脱颖而出,激发了干事创业热情。

(二)开展国有资本投资公司改革试点,优化集团资本运营模式

2019年按照整体工作安排和部署,京能集团重点推进国有资本投资公司改组工作,聚焦主业,创新管控模式,着力提高管好资本的核心能力,结合自身产业特点,在改革试点方案中提出"一企一策""授权与监督同步推进"等综合改革措施,为下属企业发展提供功能性服务保障。京能集团将管理事项和业务事项延伸到二级及以下投资企业,17项一级职能、72项二级职能、246项三级职能,对所属6家平台公司按照分类,不同程度给予经营、投资、管理授权;对上市公司按照法律和章程规定,最大限度和范围将出资人权利授予其董事会,依据企业公司章程及法人治理结构实施管控。

(三)建立分享式企业与员工利益共同体,调动核心员工积极性

集团实施系统化用人和分配制度改革,建立分享式企业与员工利益共同体,做到待遇留人、事业留心、文化留魂。集团确定了以"三项制度"改革为核心的薪酬绩效改革方案,与融合改革方案同步启动、同步设计、同步实施的三同步原则。一是建立全集团的职务职级薪酬改革方案,强化

"以岗定薪，岗变薪变"的薪酬分配原则，强化"分类考核、对标考核、短板考核、利润超额奖励"的绩效考核原则，各级管理层成员与业绩挂钩的浮动薪酬占比达60%~80%；二是重新调整和定位企业分级分类，下属企业按3年平均资产总额、利润总额等6个纬度量化为六类企业制定基薪、绩效考核系数、工资总额基数，各级企业管理人员、在岗员工全员纳入绩效考核体系，实现企业工资总额与效益匹配，企业做强做大、职级薪酬上升，反之下降的动态调整机制；三是在长期激励方面，大力推进上市公司股权激励，实体企业，尤其是科技企业混合所有制、员工持股以及职业经理人改革，充分发挥体制机制活力。

北京京能电力股份有限公司（以下简称"京能电力"）是北京市国资委下属最大的能源上市企业，主营煤电业务产能过剩、行业发展遭遇瓶颈，2018年大刀阔斧改革，向市场要效益，制定股票期权激励计划实施方案，对高级管理人员、关键岗位中层管理人员、核心技术、业务骨干等共180人授予股票期权，授予和行权条件包括净资产收益率等多项指标，形成了涵盖"盈利能力、资产质量、债务风险、企业发展"等多维度考核的中长期激励机制。激励实施后，员工备受鼓舞，2019年，京能电力实现利润翻番，利润总额达17.27亿元，增幅达103.38%。

北京京能清洁能源电力股份有限公司（以下简称"清洁能源公司"）为中国香港联交所主板上市企业，是北京地区最大的燃气热电供应商和领先的风电运营商。为进一步提升企业区域专业化、规模化、集约化发展能力，清洁能源公司积极探索职业经理人制度、制定业绩对标与薪酬对标紧密结合的股票增值权激励计划实施方案，并以此为契机，加快推进"京津冀"区域传统项目和综合能源服务项目开发，加大对新能源、新技术应用的重点关注，对企业长远健康发展具有极大促进作用。2019年，清洁能源公司实现利润总额26.89亿元，保持增长。

三、改革成效

通过融合改革，京能集团获得了社会效益与经济效益双丰收，实现了加强党的领导和完善公司治理的有机统一。

2018年，京能集团融合改革取得阶段性成果。集团总部及6个二级单位产业平台总部完成机构优化和双向竞聘工作，集团总部机构和人员各减少了30%以上。初步建立了三级管控架构，通过竞聘上岗、双向选择、优化调整，干部交流使用1 053人次，分流安置员工2 425人。企业效益实现了企稳回升，实现利润总额43.6亿元，同比增长42.68%，取得近3年最好成绩。集团业绩考核重返北京市管企业"A级"行列，位列市管企业第5名，同比提高了16名。

2019年是京能集团发展史上具有里程碑意义的重要一年。集团紧扣"深化改革、创新驱动、管理升级、高质量发展"主线，生产经营收获丰硕成果，费用总额较年度计划节约23.57亿元，17家企业实现扭亏为盈，坚持服务首都发展大局、大力推动疏解整治促提升，减少法人户数43家，提前超额完成北京市国资委下达的3年压减任务，科技创新迈出坚实步伐，全面落实了北京市委市政府的战略意图，总资产突破3 000亿元，利润总额达50.51亿元，连续2年实现快速增长，主业能源类资产占比72%、营业收入占比77%、利润占比74%，以集团改革为主题的管理创新成果分别获得全国和北京市管理创新成果一等奖。

2

全面推进市场化改革 激发企业活力
助力产业腾飞

北方华创科技集团股份有限公司

一、基本情况

北京市委市政府、市国资委高度重视北方华创科技集团股份有限公司（以下简称"北方华创"）改革发展工作。自2018年8月北方华创入选"双百行动"企业名单以来，北京市主要领导多次调研北方华创并召开多次专题会议，围绕解决北方华创改革发展中的重点、难点问题，研究部署重点举措。北京电子控股有限责任公司（以下简称"北京电控"）成立了主要领导担任组长的专项工作小组，并设立了北京电控总部和北方华创两级工作机构，建立了协同工作机制，根据国企改革"双百行动"相关要求，指导北方华创制定了改革方案、工作台账和推进计划，全力谋划推进深化北方华创市场化改革工作。

北方华创为北京电控下属二级国有控股上市公司，由北京电控于2016年将旗下七星电子和北方微电子战略重组而成，是国家重大科技专项"极大规模集成电路制造技术及成套工艺"项目（即"02专项"）的主要承担单位，也是我国集成电路工艺装备领域规模最大、产品种类最多的龙头企业。

公司主要产品包括刻蚀（Etch）、物理气相沉积（PVD）、化学气相沉积（CVD）、原子层沉积（ALD）、立式炉（Furnace）和清洗机（Cleaning）等集成电路工艺装备，主要工艺覆盖28纳米，部分产品延伸至14纳米，个别产品已进入7/5纳米研发阶段，在提高我国集成电路产业链水平和产业基础能力面的作用日渐突出。

二、主要做法

（一）优化董事会结构，健全法人治理体系

2019年12月，北方华创正式选举产生改革后的新一届董事会。新一届董事会由11人构成，其中外部董事6名、内部董事5名，外部董事占多数的结构设置为持续完善公司治理体系、推进市场化奠定了基础；董事长由执行董事担任，将企业经营与决策紧密连接；同时，优化了公司决策机构，董事会各专门委员会增加了外部董事人数，使专门委员会构成更加合理，在支持董事会决策及公司运营方面的作用也更加科学全面；董事会下新设执行委员会，负责公司日常经营和管理工作，并赋予其一定的决策权限，在保障企业科学决策的同时，提高了企业运营效率。

（二）全面实施职业经理人制度，完善市场化经营机制

一是全面开展职业经理人制度，取消行政级别，人事档案实施市场化管理。2018年9月，北方华创下属北京北方华创微电子装备有限公司先行试点职业经理人制度，8名高管通过选聘成为职业经理人，其中2名具有集成电路领域国际一流企业超过20年从业经历的专家进入管理层。在此基础上，2019年，北方华创集团层面全面推行职业经理人制度，以市场化的方式完成集团高管层10名职业经理人的选聘工作；配套制定了完整的职业经理人工作方案和激励约束机制，将公司经营业绩和职业经理人薪酬进行"双对标"；同时实施薪酬结构的高固浮比结构，形成了激励与约束相结合

的职业经理人薪酬体系；制定了包括职业经理人契约化考核激励管理办法、年度和任期的考核激励契约书，市场化薪酬对标方案，聘任合同书，保密、竞业限制和知识产权归属协议和岗位职责及年度、任期绩效指标库等制度文件。目前，北方华创集团高层职业经理人工作已全部完成，职业经理人全部取消行政级别，人事档案由第三方机构管理，不再由北方华创或上级单位统一管理。北方华创正全力推进集团中层及下属子企业职业经理人制度的实施工作，预计到 2020 年年底将实现职业经理人制度的全级次覆盖。

二是优化企业的日常经营管理制度。参照市场化、国际化的原则，北方华创修订了干部管理、出国（境）管理、兼职管理、履职待遇和业务支出等企业日常经营管理制度，实现了公司日常经营活动中的出国（境）参与商务活动、高管个人普通出国（境）证件、干部兼职等事项在保证合规的基础上，由企业自主管理，进一步提高了企业整体的运营效率。

三是聚焦企业主业，全力推进低效资产的盘活和处置工作。北方华创在战略重组后，根据公司的发展战略迅速完成产业布局，对向产业链下游延伸的、不利于公司整体竞争优势建立的、不符合公司战略方向的光伏晶硅电池片和锂电中试线业务及时转变定位，逐步缩减业务规模，并通过多种方式在内部盘活优良资产，提高了整体的资产利用效率。

（三）开展股权激励计划试点，健全企业激励约束机制

一是完成两期股权激励计划的实施，进一步完善了公司长效激励机制。2018 年，北方华创成为北京市首家国有控股上市公司实施股权激励的试点企业，同年 7 月完成了首批 341 名核心技术和管理人员的股权激励工作，以"2 年锁定期+3 年行权期"的机制实现了对核心人员至少 5 年的稳定和激励。在此基础上，2019 年，北方华创以同样的机制完成了二期股权激励工作，并创新性地实行股票期权和限制性股票组合激励的长效激励

模式，通过限制性股票将集团高管团队及所属子公司高管、业务负责人纳入激励范围，实现更具针对性和更强绑定的长效激励。两期股权激励计划共计完成对 782 名核心骨干和管理团队的激励，约占公司全体员工总数的 17%。

二是进一步完善了薪酬管理体系。根据北京市国资委《关于印发〈北京市市管企业工资总额管理办法〉的通知》（京国资发〔2019〕13 号），北方华创制定了内部的工资总额管理办法，由原来的工资总额"核准制"改变为"备案制"，将经营业绩和人力资源效率指标落实到各经营实体的年度目标责任书中，强化导向作用。

（四）加强重大事项决策机制建设，强化党组织领导地位

北方华创始终重视并坚持党的领导这一重大政治原则，切实把党的领导融入企业决策、执行和监督的各个环节。在本次"双百行动"中，北方华创实现了党委书记和董事长由 1 人担任，并根据改革的方向和内容，完成了北方华创集团党委会议事规则、北方华创集团企业党组织参与重大事项决策实施办法、北方华创集团"三重一大"决策管理制度的修订，进一步突出了党的领导地位，完善了党组织参与企业重大经营决策的方式方法，充分体现党组织"把方向、管大局、保落实"的作用。

三、改革成效

目前，北方华创已全面完成"双百行动"综合改革试点任务。2019 年，北方华创持续了快速增长态势，全年实现营业收入 40.58 亿元，同比增长 7.34 亿元；实现利润总额 4.4 亿元，同比增长 0.94 亿元。营业收入和利润总额连续 4 年保持了大幅的"双增长"，"十三五"期间北方华创营业收入和利润总额年复合增长率分别达到 35.7% 和 36.1%，2019 年北方华创在咨询机构 Gartner 发布的全球集成电路装备排行榜中位列第 19 位。

在技术创新和市场拓展方面，北方华创不断深入推进与客户的合作，加快新技术、新产品的验证和产业化，突破了多项核心关键技术，完成了逻辑、存储领域30余种集成电路制造工艺装备的验证，已经验证和正在验证的芯片制造工艺超过百种。北方华创开发的应用于14纳米及以上逻辑工艺和应用于3D NAND（立体堆叠式闪存）、DRAM（动态随机存取存储器）存储工艺的硅刻蚀、金属刻蚀、薄膜沉积设备已实现了批量的销售，多种7纳米核心装备实现了关键技术突破。截至目前，北方华创12英寸集成电路设备累计上线200余台，其中Hardmask PVD（硬掩膜物理气相沉积设备）、单片退火炉、硅刻蚀机等多款设备被国内集成电路制造领军企业指定为Baseline机台（基准机台），部分产品成功进入国际供应链体系并不断扩大市场份额。

与此同时，北方华创十分重视高端人才引进和知识产权保护工作。"十三五"期间，北方华创累计引进海外行业高端技术、管理人才20余名，其中近10人为行业顶尖技术专家，引领北方华创相关产品的开发，快速缩小与国外领先企业的差距，未来5年将通过"百人工程"人才项目继续引进全球领军人才。北方华创也形成了较为完善的专利布局，近年来专利申请数持续居全国集成电路装备企业之首。"十三五"期间，北方华创累计新申请专利将突破2 000项，其中发明专利达到80%以上。截至目前，北方华创累计申请专利近4 600项，累计可用授权专利超过2 500项。北方华创专利成果也得到了业界的充分肯定，2018年荣获国家知识产权运营公共服务平台联合中国知识产权发展联盟共同颁发的"中国好专利"奖；2019年入围知识产权产业媒体IPRdaily和incoPat创新指数研究中心联合发布的"2019年全球半导体技术发明专利排行榜（TOP 100）"，北方华创位列榜单第66位。

3

以"混改"为牵引 全面深化市场化改革

北京外企人力资源服务有限公司

一、基本情况

北京外企人力资源服务有限公司（英文缩写"FESCO"，是公司对外开展业务的重要标志符号，同时也是中国驰名商标，以下简称"FESCO"）是北京市5家入选"双百行动"综合改革试点企业之一。党的十八大以来，FESCO在北京市国资委指导下，在母公司外企集团的支持下，借国资国企改革的东风，紧抓"双百行动"机遇，在"五突破、一加强"方面取得了实际进展和成果。

FESCO是经市国资委确定的重要子企业，是首都国资系统唯一从事现代综合人力资源服务的商业竞争类国有企业，是北京市国际人才引进与服务窗口建设的重要实施平台。FESCO伴随国家改革开放而生，在市场的浪潮中壮大，引领了人力资源服务行业的发展。FESCO的主业人力资源服务，是国家和北京市大力支持发展的现代服务业，在服务人力资本供给侧改革、促进人才市场化流动、提升劳动者能力素质、加强高精尖人才引进等方面具有重要意义。FESCO较早实现了市场化选人用人，并进行了混合所有制改革的尝试，具备较强的市场化改革基础和改革意愿。

二、主要做法

（一）盘清现状，找准改革依据

FESCO充分认识到，只有摸清基础、盘清现状，才能有效、务实地参与到"双百行动"当中来。根据国务院国资委《国企改革"双百行动"工作方案》有关要求，FESCO第一时间成立了"双百行动"领导小组和工作小组，及时梳理了公司过往改革的整体情况，经过对照分析，在肯定了7个方面取得成绩的同时，更明确了市场化机制相对不够健全和灵活、综合市场化产品体系研发不够、对标国际领先企业还存在一定差距等比较明显的不足和短板，迫切需要通过"双百行动"和市场化改革予以改进和提升，持续激发企业内生活力，以市场化机制驱动企业高质量发展。

（二）抓好对标，提出"131"改革举措

FESCO充分认识到，开展"双百行动"是贯彻落实习近平新时代中国特色社会主义思想的重要举措，是推进国企改革的必然要求，更是推动公司市场化改革的重要指引。公司认真研究和对标《国企改革"双百行动"工作方案》中明确的指导思想、基本原则，特别是围绕"五突破、一加强"的主要目标，研究制定了公司"双百行动"综合改革实施方案，提出了"131"重点任务举措：围绕1个重点，即以加快推动和全力保障人力资源公司改制上市为根本；加强3项建设，即以推进科技创新能力体系建设、职业经理人制度建设和现代企业法人治理结构建设为关键；巩固1个保证，即通过全面加强党的领导和党的建设，为人力资源公司综合改革目标完成和高质量发展保驾护航。同时，公司制定了5个方面、11项改革任务，统筹推进，狠抓落实。

（三）把混合所有制改革作为重要牵引

FESCO充分认识到，混合所有制改革对于完善现代企业制度、激发改

革发展活力的重要性,并一直积极探索开展相关工作。党的十八大以来,外企集团新一届领导班子将推动FESCO混合所有制改革摆在各项工作的首要位置。经过2年多的周密准备,相继扎实完成了"混改"方案研究制定、财务业务规范化梳理、债务资产剥离、FESCO品牌资产划转、意向战略投资者确定、审计评估等重要工作,2019年8月29日,FESCO混合所有制改革增资扩股项目签约仪式在北京产权交易所成功举行。通过增资扩股,FESCO历史上首次引入了3家市场化战略投资者,国有单一大股东(母公司外企集团)股权由100%下降至86%,民营资本在释放股权中占比超过60%,为转换市场化经营机制、放大国有资本功能、实现不同所有制资本取长补短、共同发展奠定了坚实的基础。

(四)把市场化法人治理结构建设作为改革重要内容

FESCO充分认识到,"混改"不是"一混就灵"。在完成股权层面的"混改"后,更要关注和加强配套的市场化法人治理结构建设和机制体系建设。"混改"后,FESCO成立了新一届董事会和监事会,外部战略投资者在董事会和监事会中合计占有3席,公司外部董事人数超过内部董事人数。截至目前,FESCO新一届董事会已依法顺利召开4次,审议研究了包括企业预决算、投资计划、重大项目、员工年终奖分配、"三重一大"制度修订等30余项重要议题。议题审议研究过程中,董事会注意听取外部董事、监事的专业意见建议,并鼓励和授权外部董事牵头开展议题调研工作,调动了外部战略投资者参与公司改革的积极性。在外部董事的建议和牵头下,FESCO对标市场化改革发展要求和行业市场实际情况,立足企业中长期发展目标(3年),研究形成了绩效薪酬优化方案和预算管理提升方案,有效提升了董事会战略管控的科学性和市场化水平。同时,董事会还结合"混改"后股东要求和董事会运作科学化规范化要求,认真修订了董事会职权和议事规则,规划建立健全专门委员会制度机制,为全面落实董事会各项职权提供了治理能力支撑。

（五）把发挥党的领导作用作为重要保证

FESCO充分认识到，推动"双百行动"综合改革，事关公司中长期改革发展大局，务必要发挥好党委"把方向、管大局、保落实"的重要作用。无论是前期改革总体方案的制定、协调推动改革措施落地的过程，还是改革成效的评估和总结，始终都在外企集团党委和公司党委的统筹领导下有序推进。特别是旗帜鲜明地把加强党的领导、党委决策程序前置明确体现在新的公司章程、"三重一大"制度、董事会职责和议事规则等重要治理规则制度当中；外企集团党委书记通过向下兼职担任公司董事长、FESCO党委书记通过交叉任职担任公司董事，充分彰显了党组织对公司改革发展的高度重视和有力战略管控，切实实现了党的领导与公司治理的有机统一，带动形成了推动企业改革发展的科学治理合力。

二、主要成效

一是有力提升了FESCO业绩表现。公司经营业绩是检验改革成效的试金石。2019年度，FESCO营业收入、利润总额同比增幅均超过20%，各项考核指标均达到行业优秀或良好水平，实现了当初"双百行动"方案中的预定目标。2020年以来，面对疫情带来的不利影响，FESCO逆势而上，"V型反转"，第一季度营业收入、利润总额实现了"双增长"，完成了"开门红"。

二是全面优化了FESCO市场化经营管理机制。灵活高效的市场化经营管理机制是保证公司健康发展的持续动能。"双百行动"实施以来，特别是"混改"以来，FESCO围绕增强公司综合治理能力和市场化体系建设，认真按照北京市国资委、外企集团的整体部署，学习借鉴外部战略投资者带来的先进管理理念和成功经验，主动对标上市公司管理标准，对公司治理制度体系展开了全面的修订和完善,形成了以职业经理人制度和市场化薪酬绩效管理为代表的一批科学准确、务实管用、有效衔接的市场化经营管理机制,提升了公司治理的规范化水平,调动了公司广大干部员工干事创业的积极性。

三是切实增强了FESCO综合市场竞争能力。健全完备的科技创新产品服务体系是保持公司市场竞争力的重要手段。FESCO以"双百行动"为重要推动力,围绕首都科技创新中心建设以及国际人才引进与服务"一个窗口"建设要求,聚焦人力资源服务"信息化、智能化、互联网化"目标,成功取得了国家高新技术企业认证,梳理形成了数字化转型5年规划,市场化引进了信息化建设人才团队,发布了"F立方"数字服务产品体系。2020年疫情期间,FESCO及时回应市场需求,迅速研发推出了"FESCO共享用工平台""企业公益网络招聘会""云之巅管理与人才发展在线论坛"等一批基于科技创新基础的转化应用成果,得到了服务对象的充分肯定,充分彰显了FESCO的企业社会责任和行业领军形象。

4

深化改革促发展　创新机制增活力
精耕细作显成效

天津津融资产管理有限公司

一、基本情况

天津津融资产管理有限公司（以下简称"津融资产"）紧紧围绕建设"优质地方不良资产收购处置平台"的战略定位，在供给侧结构性改革和化解重大风险攻坚战中，深化改革、"混改引战"、完善治理、创新机制，引进全国资源，维护区域金融稳定、促进地方经济发展，积极发挥金融"稳定器"、经济"助推器"和企业"服务器"功能，改革"尖兵"的示范引领作用初步显现。

津融资产于2016年4月成立，同年12月23日，正式获得天津区域金融不良资产批量收购处置资质，成为天津市唯一一家国有地方资产管理公司（AMC）。

二、主要做法

（一）"混改"增资完善法人治理

津融资产作为地方资产管理公司行业的生力军，较全国性四大金融资产管理公司而言，资金实力和法人治理水平相对较弱，公司着力于"混改引战"补足"短板"。

一是引入战投增强实力。津融资产坚持"理念相近、品牌优良、业务协同、优势互补"的"引战"原则,经过多轮艰苦谈判,最终成功引入同行业央企东方资产、大型综合民企星河集团、香港上市公司远东宏信和地方投资平台东疆控股4家业内头部机构,以增资方式完成"混改",引入资金24亿元,股东实力显著增强,资本实力从地方资产管理公司行业的准入门槛跃升至第二梯队,成为天津地区"混改引战"的典型案例。

二是完善治理提高效率。津融资产按照现代企业法人治理规范,在"混改"同时完成了治理体系的梳理重构。津融资产首先重塑公司章程、明确行权边界,将股东大会、党组织、董事会、监事会和经营层的决策权限清单化,完善各决策主体工作机制,建立合法合规、无缝衔接、程序完整的议事规则,各主体按照职权与程序行权,权责有界、授权有限、制衡有效、运转有序;其次强化董事会建设,搭建"股权董事+独立董事"的董事结构,设立董事会战略发展、薪酬与提名、风险管理与关联交易3个专业委员会,独立董事独立发表意见,专业委员会提供专业决策意见,双重机制保障董事会科学、专业和有效运行,最大程度维护公司和全体股东的共同利益;最后实现经营班子充分融合,通过市场化选聘,引进天津本地金融机构和国企集团的职业经理人2名,引进"战投"推荐的行业专业人才3名,在新老融合、扎根本地区域市场环境的同时,提升了在行业和全国的战略视野,汇聚全国人才,服务企业发展。

(二)优化机制激发内生活力

改革中,津融资产将市场化选拔、任用人才作为抓手,提升微观主体活力和市场竞争力,积极探索建立市场导向的选人用人和激励约束机制。

一是率先实行职业经理人管理机制。津融资产结合"三项制度"改革要求,在系统内率先建立起职业经理人管理体系,制定以业绩为导向的定量指标与以战略为导向的定性指标相结合的考核指标体系，通过市场业绩双对标确定目标总薪酬，并科学划分基本薪酬、一般绩效（年度绩效）和任期绩效，薪酬级差最大达到 0.56∶1。通过年度考核与任期考核相结合的双维度实现强考核与结果运用，不能胜任的不但没有绩效，还要彻底退出企业。与此同时，津融资产将职业经理人管理模式下探至中层，全体中层管理人员实行"聘任制＋任期制"，签订聘任合同书、业绩责任书和劳动合同书，实现公司上下管理者之间的联动，为公司"三能"机制的运转创造了客观环境。

二是完善市场化人力资源机制。2019 年年初，津融资产启动"人力资源管理体系优化项目"，聘请咨询机构重新对企业架构、内设部门和岗位职责进行科学评估，以扩大经营效益为目标，保证前台业务员工数量、尽量缩减非业务线中后台员工数量为原则，在维持原有中后台架构的同时，新设前台业务部门、优化中后台岗位设置。同时，津融资产对标市场、对标行业，引进管理序列和专业序列并行的双通道岗位管理体系，专业序列细分为业务、风险和职能 3 个序列，分别对应公司前、中、后台员工。专业序列相关职位通过员工竞聘方式确定，薪酬水平高级别档位与公司经营层看齐，业务专业序列的总薪酬水平在超额业绩情况下可超过经营层水平。管理序列通过竞聘进出、通过考核上下、通过轮岗平层流动，彻底打通岗位流动和薪酬升降的屏障，专业序列也可通过双向选择、调配转岗等形式实现向管理序列地流入流出，公司内部的人才可以在多种岗位不同职级进行全面锻炼，实现人才的全方位培养和最优化使用，充分激发员工活力和动力。

三是优化业绩导向的绩效考核机制。津融资产持续优化绩效考核机制，确定了全方位、多维度、突出战略导向重点，包含定量指标 41 项、定性指标 26 项和加减分项的综合指标库，前、中、后台考核模式相同，但选取指标和指标权重根据部门性质与特点分别确定。同时，津融资产在考核指标权重配比中创新思维模式，强化非业务部门的"净利润贡献"指标，年度经营量化指标向下分解至前台部门，中后台则按照前台量化指标的80%~90%进行虚拟计量承接，各部门内员工按照基本岗位工资比例拆分部门指标，将公司经营指标与全员进行绑定，公司与部门、部门与员工分别签订绩效合约，并以前台和中后台单独、双边记账的模式确定其最终完成度。该模式一方面解决了中后台考核指标体系定量指标少和难的顽疾，提高了中后台考核的标准化程度；另一方面强化了非盈利部门对前台部门的业务支持导向，提升全员对公司盈利目标的责任感、使命感和成就感，实现全员有量化指标、全员契约化考核，绩效考核的公平性与科学性进一步优化。

四是完善多种手段的"强激励硬约束"机制。津融资产调研尝试建立期权、虚拟股权和总裁奖励基金等多种激励手段，特别是虚拟股权机制。该机制针对不超过公司全员40%比例的经营管理人员与业务骨干，由董事会授权设置不超过300万股的虚拟股权，在公司完成年度经营目标时，在高管、中层、核心骨干员工中按照岗位系数获得虚拟股权的授权分配。虚拟股权不含表决权，总量对应年度净利润增量的5%~10%形成股权收益，1次授予、3年分期解锁，于授予后第4年起，每年解锁1/3，年度考核结果优秀可全部解锁，考核结果称职解锁一半，其余考核结果不予解锁、自动取消。同时，津融资产在虚拟股权机制中设计了延期兑付与亏损弥补机制，既解决了非股份制公司在激励与股权挂钩方面的障碍，又以硬约束有效避免了强激励可能带来的短期行为，在激发企业内生活力的同时，保障了企业可持续发展。

三、改革成效

津融资产以化解区域风险、维护地方经济为使命与宗旨，充分发挥地方 AMC 资源吸附能力，持续发酵"混改"资源注入效应，深化改革与创新机制处处开花结果。

一是资本实力显著增强。随着"双百行动"改革不断深化和"混改"增资工作落地，津融资产资本实力增强，资金实力与负债能力大幅提高，在首次资本市场评级中获得国内知名机构 AA^+ 的主体和债项信用评级结果，"引资"效果显著。

二是法人治理持续优化。津融资产各法人治理主体权责明确，成员部分交叉融合，决策层次清晰、效率高企，同时决策权力制衡有效、监督有力，科学的权力分配和制衡体系在公司研判宏观与区域经济形势、防控经营与流动性风险中起到了至关重要的作用，"引制"成果显著。

三是人力资源竞争力有效提升。市场化经营机制地有效发挥为津融资产吸引了更多行业精英，目前公司 85% 以上员工具有硕士研究生以上学历，35% 以上员工具有海外留学经历，全员均具有多年金融、经济、法律、财务等专业工作经验，"引智"成效显著。

四是经营业绩跨越式增长。2019 年，津融资产实现累计资产管理规模突破 530 亿元，其中 430 亿元为"混改"后的增量规模；实现金融不良资产包收购数量跃居天津地区 6 家持牌机构首位；完成首单化解本地重点大型国企 152 亿元债转股管理项目；2019 年完成营业收入 5.45 亿元，同比增长 102%；实现净利润 3.2 亿元，同比增长 115%，经营业绩实现翻番，主业经营能力显著增强，市场竞争力大幅提升，社会效益与经济效益双丰收，改革成效凸显。

5

以党建为引领　深化企业改革
激发发展活力

天津中新药业集团股份有限公司

一、基本情况

作为首批"双百企业"之一，天津中新药业集团股份有限公司（以下简称"中新药业"）以习近平新时代中国特色社会主义思想为指引，深入学习习近平总书记关于国有企业改革发展和党的建设系列重要讲话精神，贯彻落实国企改革"1+N"政策文件要求，以党建为引领，着力在法人治理结构、市场化经营机制、激励约束机制方面深化改革，激发发展活力。

中新药业以中药制造为核心业务，主营业务涵盖中成药、中药材、营养保健品、化学药研发制造和医药商业物流等领域。公司品种资源丰富，拥有17个剂型，499个药品批准文号。公司分别于1997年在新加坡、2001年在上海上市，是目前国内唯一一家A+S股两地上市公司，现有总股本7.73亿股，天津医药集团是公司第一大股东，持股比例为42.85%。中新药业拥有22家分公司，14家全资、控股公司，7家参股公司；在职员工4 639人，其中党员1 100名；党委下辖4个党委、6个党总支、62个党支部。

二、主要做法

（一）以党建为引领，完善企业法人治理结构 v

一是全面落实"党建入章"。作为天津市唯一一家在上海和新加坡两地上市的大型医药企业，中新药业严格落实党中央部署要求，圆满完成了公司及所属14家全资、控股公司把党建工作写入公司章程工作。其中，面对公司自身股东结构复杂且分散的实际，公司党委主动及时与股东沟通，争取大股东支持，最终以98.9%的高得票率通过章程修订议案，进一步明确了党委在法人治理结构中的法定地位。

二是坚决落实党委会前置程序。中新药业修订了《中新药业党委议事规则》《"三重一大"决策制度实施办法》《董事会议事规则》等，制定了《法人治理主体"1+3"权责表》，将党委会前置程序明确写入各议事规则，清晰界定了党委会、董事会、总经理办公会的权责边界，坚决落实党委会前置程序。公司在改革中充分发挥党委"把方向、管大局、保落实"的领导作用，召开27次党委会统筹研究"双百行动"改革战略和思路，谋划综合改革实施方案，严把政策取向关、顶层设计关、重大决策关，为公司改革发展定好向、把稳舵。

三是加强规范董事会建设。全面推行"双向进入、交叉任职"，公司党委书记、董事长由一人担任，实行"一肩挑"。公司总经理和1名副总经理进入董事会担任董事，总经理兼任党委副书记，4名董事担任党委委员，较好地实现了党建与公司治理的有机融合，显现出党组织在法人治理结构中的主体地位。公司科学设置董事，充分考虑董事专业覆盖面和专业性，紧紧围绕生物医药产业发展，选择涉及经济、医药、工程、金融、财会及法律等多个专业的人员担任公司董事，保证董事会对公司重大事项做出科学判断与决策。

四是科学合理授权放权。根据管理实际,天津医药集团科学合理地确定了对中新药业的授权放权事项和额度,在生产经营方面共授权放权16项,涵盖重大经营事项、薪酬分配、工资总额管理等方面。其中,对固定资产投资、固定资产转让、所属企业增减资本等事项的授权放权额度已达到8 000万元。同时,中新药业针对授权放权事项,修订了9项制度,确保授权放权事项接得住、用得好,确保规范、科学行权。

(二)以职业化为抓手,深化市场化经营机制

一是推行公司经营层高管职业经理人。中新药业公开选聘总经理1名、副总经理5名,经履行面试、董事会任命等法定程序,2019年11月,6名职业经理人已到岗上任,并完成"三书两办法"的签订工作,明确聘任、考核、薪酬和退出机制,强化契约化管理。同时,2020年,中新药业对职业经理人设置了非常具有挑战性的指标,激发职业经理人团队的活力。

二是开展所属企业职业经理人选聘工作。中新药业制定了《天津中新药业集团股份有限公司所属企业职业经理人实施方案》,对中新药业所属15家企业经营层岗位进行选聘,最终确定了52名职业经理人,已于2019年12月正式到岗。选聘中,有11人由一般管理岗位被聘任为所属企业职业经理人,有3人没有竞聘成功,被解除领导职务或进行岗位调整,按照岗变薪变的原则,重新核定收入待遇。

三是实施公司本部行政中层市场化选聘。中新药业对公司本部11个行政部室的20个岗位进行市场化选聘,已于2020年4月完成了选聘工作。此次选聘,原为中层副职聘为中层正职的有6人,一般管理人员聘为中层管理人员的有7人,所属企业中层聘为公司中层副职的有1人,原为公司中层但此次未聘任的有3人。多名年轻的优秀人才走上了管理岗位,目前公司本部行政中层中35岁以下的有5人,占26%,进一步实现了公司管理团队的年轻化,为公司发展注入了新的活力。

（三）以中长期激励为工具，健全激励约束机制

一是成功实施限制性股票计划。中新药业全面系统学习了现行的中长期激励政策，并到相关企业进行了走访学习，结合公司实际深入研究，反复论证，最终实施了 A 股限制性股票计划。中新药业向 141 名激励对象授予共计 487 万股限制性股票，激励对象包括公司领导班子及本部管理团队、领军级科研专家、科研技术骨干，所属企业核心管理团队。在股票解禁条件的设置上，兼具激励性与挑战性，并对标同行业先进企业，对公司未来的业绩增长将提供长期、稳定的提振作用。

二是成功实施企业年金计划。中新药业企业年金于 2019 年年末成功获批实施，公司所属 26 家分、子公司，3 500 余人将享受到企业年金计划所带来的红利，有效促进职工与企业效益共创、利益共享、风险共担，最大限度地调动职工的积极性、主动性和创造性。

三、改革成效

一是党组织领导作用有效发挥。中新药业严格落实党委前置研究，凡需总经理办公会或董事会决策涉及"三重一大"的事项必须先由公司党委集体研究讨论，形成决策意见后，再由总经理办公会或董事会进行决策，充分发挥了党委把关定向作用。3 位党委委员通过法定程序进入董事会，担任董事，在董事会决策重大事项时充分体现了党委集体研究的意见和建议，党组织领导与现代企业法人治理结构有机融合。公司党委积极发动党员，团结广大干部职工，保证顺利实施公司做出的各项决策。公司党委严格把关，严肃纪律，严抓严管，提前研判风险，及时采取措施，保证了公司各项改革措施平稳、有序落地。

二是法人治理结构更加完善。以"三重一大"决策制度实施细则、党委议事规则、董事会议事规则、总经理办公会议事规则和法人治理主体

"1+3"权责表为基础，中新药业形成了具有中国特色的现代公司治理机制。公司董事会设置董事9名，其中，外部董事5名，外部董事数量超过内部董事数量，独立董事3名，包括2名新加坡籍独立董事和1名国内独立董事。各董事专业涵盖面广，勤勉尽责，在决策时充分发表意见，发挥作用。公司董事会的多元化程度和专业化水平得以提升，董事会作用显著加强。

三是市场化程度不断提高，企业发展活力得以增强。在党的领导下，中新药业获得生产经营方面16项授权放权，公司经营决策效率得到提高，切实保障了企业的市场主体地位。通过限制性股票计划和企业年金计划，公司有效地将股东利益、公司利益和个人利益结合在一起，充分调动了广大干部职工的积极性、主动性和创造性。通过职业经理人、市场化选聘等改革，强化了市场意识，严格契约管理，初步形成了"收入能高能低、人员能进能出、干部能上能下"的局面。通过机制创新，公司为各类人才，特别是科研骨干、年轻优秀人才，提供了充分施展才华的空间，激发了他们干事创业的动力和活力。

四是公司发展质量效益提升，发展形势良好。中新药业以党建为引领，深化改革，激发活力，对经营发展起到了有力的促进作用，发展质量效益提升，发展形势良好。2018年，公司实现主营业务收入63.36亿元，同比增长11.81%；实现利润总额6.41亿元，同比增长20.65%。2019年，公司实现主营业务收入69.75亿元，同比增长10.07%；实现利润总额7.43亿元，同比增长16%。公司近两年资产负债率保持在30%以下，公司资金充足，流转优质顺畅，运行质量也得到进一步提高。

6

全面推进市场化经营机制改革
争做市场化改革尖兵

河北国控资本管理有限公司

一、基本情况

2018年,河北国控资本管理有限公司(以下简称"国控资本")借助入选"双百行动"企业名单的契机,在授权经营、选人用人、公司治理、混合所有制改革、中长期激励、加强党建等方面大力实施综合性改革,全面建立市场化经营机制。"双百行动"改革实施以来,国控资本的经营业绩显著提升,项目运营效率明显加快,成为河北国控市场化改革的尖兵。

国控资本成立于2017年4月10日,注册资本10亿元,员工总数43人,拥有国改基金、商业保理、私募基金、国际物流和卓研咨询等全资及控股子公司5家,主营业务是股权投资、债权投资、基金管理、创新融资、资本运营等,为河北省国有资产控股运营有限公司(以下简称"河北国控")的全资子公司。国控资本是河北国控赋予的国有资本运营平台和国有股权持有平台,担负着引领河北国控从产业公司向资本运营平台转变,进而为全省国有资本结构调整、布局优化和国企改革发展提供金融服务支撑的重要使命。截至2019年年底,国控资本资产总额为11.7亿元、净资产为

8亿元；2019年国控资本实现营业收入6.8亿元，实现利润总额1 162.67万元。

二、主要做法

（一）列入河北国控首家授权经营试点，做改革先行者

2019年3月，国控资本积极争取作为河北国控系统内首家授权经营试点单位，被授予5个大类15个子项权利。具体授权内容为：决定3年战略发展规划；决定单项投资额5 000万元及以下的鼓励类省内投资项目（含参股股权）；决定总经理、其他经理层人员聘任或解聘；组织实施经理层业绩考核、薪酬分配；决定企业用工、内部机构设置及负责人任免、工资分配等事项；决定授权范围内的借款、合同签署、中介机构选聘；决定不超过国控保理10%净资产的对外保理业务。为确保各项授权接得住、行得稳，国控资本从加强董事会建设、健全制度体系、强化风险管理机制、加强责任追究等多方面入手，不断加强风险管理体系建设，打造风险管理工作闭环。

（二）大力开展"三项制度"改革，打造市场化选人用人机制

一是推行岗位工资制。修订公司薪酬管理办法，将工作岗位划分为前台业务、中台管理、后台保障3个职系，实行岗位工资制，对不同职系岗位的基础工资与绩效工资确定不同比例，绩效工资与经营业绩强挂钩。二是领导班子以下员工全体起立，实施双选竞聘，以岗定薪，建立"能上能下"的岗位聘用机制。公司2名原比照副总级薪酬的中层干部，竞聘到中层正职岗位，薪酬进行相应调整。三是强化绩效考核刚性约束，强力打造"能进能出"的用人机制。对1名不能胜任现有岗位的业务人员，在经过2次试岗和考核后，仍达不到岗位要求，按程序予以辞退。四是公开面向社会开展高端业务人才招聘，从1 800余份简历中成功选择并引入6名在投

融资、投行、不良资产处置等领域具有丰富项目实操经验及相关资源的专业人才。

（三）积极推进职业经理人和经理层成员任期制契约化管理，着力激发员工积极性

一是在所属"混改"企业国改基金公司推行职业经理人制度试点。2018年，国控资本通过市场化寻聘，从华夏银行引入1名职业经理人作为公司总经理，首次聘期1年；制定职业经理人管理办法、职业经理人聘任合同书、经营业绩考核责任书，实行规范化管理；参照本地区行业薪酬水平并结合公司实际情况，确定了高于公司同级别人员30%的薪酬总额；实行风险保证金制度，预扣10%~30%的绩效工资作为项目风险保证金。

二是在所属业务相对成熟的商业保理公司实行经理层成员任期制契约化管理。2020年4月，国控资本选取商业保理公司总经理岗作为试点，制定实施方案、管理办法、经营业绩考核责任书及岗位聘用合同书等相关协议文件；首次聘期1年，薪酬总额比照国改基金公司职业经理人制定，薪酬结构由基础薪酬、绩效薪酬和超额奖励3部分组成，超额奖励不超过基础薪酬和绩效薪酬总额的10%，按照超额任务完成情况兑现。

（四）进一步完善法人治理结构，确保决策规范高效

一是落实外部专职董监事制度，董事会引入1名专职董事，2名专职监事，从人员结构上确保公司董事会决策更加科学客观，监督力量更加有效；二是健全董事会机构设置，董事会下设风险防控委员会并引入1名外部专家，对公司重大决策、重大事项、重要业务流程进行监督和评估；三是党委会与董事会在人员配置上高度交叉，党委书记兼任董事长，党委委员（除纪委书记外）全部兼任董事，既保证了党对企业的绝对领导，又提高了决策效率。

（五）增资引入知名民企对国际物流公司实施"混改"，助力公司创新金融业务模式

2019 年 9 月，国控资本通过增资引入知名民企深圳前海瑞茂通供应链平台服务有限公司（以下简称"前海瑞茂"）对所属全资子公司河北国控国际物流有限公司（以下简称"国际物流"）实施"混改"。"混改"完成后，国控资本持股 51%，前海瑞茂通持股 49%，国际物流注册资本金由 5 000 万元增至 2 亿元。本次"混改"旨在通过深化与中瑞实业及瑞茂通的合作，借助中瑞实业在大宗贸易供应链、不动产、金融三大领域成熟的发展经验、丰富的业务渠道及广阔的业务资源，推动落地供应链金融模式，开展供应链金融业务，促进公司转型升级。

（六）以项目跟投作为突破口，试行中长期激励约束机制

为强化投资项目激励和风险约束机制，按照河北国控《项目跟投若干规定》，国控资本将河北广电项目和某地产项目 2 个市场化投资项目作为试点，探索建立共创事业、共享收益、共担风险的项目跟投机制。跟投人员包括参与项目决策的平台公司高级管理人员以及参与项目实施、投后管理的人员。跟投人员通过公司代持的方式参与，单一项目总跟投比例原则上不超过总出资额的 20%；单一人员单一项目的跟投比例原则上不超过总出资额的 1%，且跟投金额不少于 1 万元。目前，上述 2 个项目共有 23 人次参加跟投。

（七）全面加强党建，确保党组织的领导地位

一是在国控资本及所属 5 家子公司组建时坚持"四同步"，即同步建立党组织，同步任命党组织干部，同步完成党建要求进章程，同步制定党组织议事规则，对党组织的机构设置、工作职责任务、参与重大问题决策的主要程序等内容作了规范。二是明确党组织在公司法人治理结构中的领导地位，严格落实党组织研究讨论是公司董事会、经理层决策重大事项的前置程序。三是党建与经营深度融合，服务中心促发展。国控资本党委始终坚持党建工作与中心工作一起谋划、一起部署、一起落实、一起考核。

三、改革成效

通过实施"双百行动"综合性改革，国控资本被赋予了更加充分的经营自主权，组织活力有效释放，市场化经营机制更加高效，经营效率显著提升。

经营指标连续 2 年大幅增长。2019 年，国控资本实现营业收入 6.83 亿元（含国际物流收入），完成收入指标 2 600 万元的 2 627.03%；实现利润总额 1 162.67 万元，完成利润指标 1 000 万元的 116.27%。截至 2019 年 12 月 31 日，资产总额达 11.72 亿元，净资产达 8 亿元，资产负债率为 31.72%。

创新融资工作取得突破性成效。面对日益严峻的融资形势，国控资本业务团队积极调整融资理念，不断创新融资方式、努力拓展融资渠道，大力实施"走出去"融资战略，以投行化思维开展股权类及创新类融资业务，通过股权质押、短期融资债、可转债、并购贷等多种方式，2019 年累计为河北国控融通资金规模 20 多亿元，到位资金 6.62 亿元。

项目开拓迅速推进。国控资本成功布局了支持省内优质民营上市公司发展的河北省首支纾困基金，完成晨光生物项目首笔投放 1 030.40 万元；设立河北省首支专业投资碳配额的基金，基金总规模 4 500 万元；出资 3 000 万元，完成首笔河北广电拟 IPO（首次公开发行）上市定向增发项目；落地恒大旅游集团项目，当年实现现金回流 550 万元；成功开辟国控系统外保理业务，完成元道通信保理业务落地放款 700 多万元。

7

以体制机制改革为抓手
促进持续健康高质量发展

山西杏花村汾酒集团有限责任公司

一、基本情况

山西杏花村汾酒集团有限责任公司（以下简称"汾酒集团"）以党建为引领，按照"双百行动"高质量发展要求，统筹"五突破、一增强"的6大目标和汾酒战略布局，切实从根上改、从制上破、从治上立，一手抓体制改革，一手抓机制创新，推动各项改革走深走实、有效落地。

汾酒集团是以生产、销售白酒、保健酒为主的省属国有独资企业，集团核心子公司山西杏花村汾酒厂股份有限公司（以下简称"汾酒股份"）于1994年1月在上海证券交易所挂牌上市，是山西省首家上市公司，也是我国白酒行业第一家上市公司。由于特定的经营环境及独特的发展历史，公司自身存在着诸多个性化问题和顽疾，虽然多年来稳健经营，但其发展的速度和质量与山西省委省政府的期望相比、与行业先进企业的发展速度相比、与自身应有的品牌地位相比都有明显差距。

一是体制不畅。汾酒集团与子公司汾酒股份的关系长期未理顺，母子公司之间责权不匹配，致使汾酒股份独立性不足，且两者之间还存在较多关联交易和同业竞争等问题。二是机制不活。汾酒集团尚未建立起与市场相匹配的激励和约束机制，责权利不对等问题仍然存在，公司活力未能有效激发。三是市场营销能力不足。与白酒行业龙头企业相比，汾酒集团营销管理模式相对落后，产品结构市场贴合度不够，盈利能力有待提升。

二、主要做法

（一）从制上破：以体制改革为关键，开辟汾酒特色"混改"路径

汾酒集团立足自身的短板和弱项，坚持综合改革与重点攻坚相结合的原则，经过反复论证，制定了《山西杏花村汾酒集团有限责任公司混合所有制改革框架方案》，确立了具有鲜明汾酒特色的混合所有制改革路线图，即在上市公司层面引进战略投资者，优化上市公司股权结构，同步推进集团整体上市，通过集团整体上市实现汾酒集团混合所有制改革。

1. 推进整体上市，理顺业务结构，实现集团"混改"

一是加快主业相关资产的注入。为做强做大白酒主业，将优质资源进一步向主业聚焦，通过股权、资产、业务整合等不同方式，将集团公司10项酒类及相关业务资产注入了上市公司，交易金额累计近10亿元。二是加快剥离与主业关联度不大的资产。采取无偿划转、市场化转让、清算注销等方式进行剥离、处置，协议转让汾酒文化商务中心项目和职业篮球俱乐部，以及剥离"三供一业"资产合计超过5亿元，无偿划转集团所属四川天玖和上海荣大投资公司约16亿元资产，完成职工家属区"三供一业"、职工医院、幼儿园的分离移交工作，为推动山西省经济、企业"轻装上阵"有效助力。

截至2019年年底，汾酒股份的资产证券化率超过92%，集团整体上市目标如期实现，内部同业竞争、资源不聚焦、业务流程不顺畅等问题得到有效解决。

2. 引进优质战略投资者，优化股权结构，提升"混改"质量

针对汾酒体制不畅、机制不活、营销能力不足的3大短板，在整体上市的同时，还必须通过引进优质的战略投资者，形成多元制衡的股权结构，进而逐步完善公司治理，建立现代企业制度，提升市场竞争力。因此在战略投资者的选择上，汾酒集团不以引入国有或民营资本为标准，而以改善公司治理水平和提高经济效益为导向，充分考量其战略协同效应，本着促进上市公司治理结构改善、管理水平提升、人才结构优化、市场渠道协同的原则，经系统研究论证，将华润创业作为引进战略投资者的首选目标。在山西省委省政府、省国资委的大力支持下，经过全面翔实的尽职调查，合作模式和合作路径的详细探讨和艰苦的商务谈判，最终以非公开协议转让的方式成功引进了华润创业为战略投资者，成功引资51.6亿元，在引资的同时更实现引智，为汾酒的发展赢得了更为广阔的战略空间。目前，双方在营销协同与管理提升方面的战略合作正在稳步推进。汾酒集团将持续深入探索央企与地方国企在混合所有制改革中的运营新模式。

（二）从治上立：以机制创新为动力，打造内生发展新引擎

在机制改革层面，汾酒集团从增量改革入手，不断完善激励约束机制，通过做大白酒主业，逐步释放改革红利，有效激发改革的动力和活力，为体制改革奠定坚实基础。

1. 完善市场化经营机制，将契约化管理作为有效抓手，推动营销系统改革

汾酒集团以契约化管理思维为基本逻辑，"一以贯之"地贯穿于集团改革全过程，着力下好"五步棋"。一是契约化管理，以营销单位为改革试点，签订目标责任书，同步推进组阁聘任制，明确规定：如完成目标给予分档次激励，其中被考核单位负责人可获得激励总额的40%；如完不成任务，被考核单位班子集体免职。厘清被考核对象责权利，有效地将责任压力层层传导。二是综合化指标，目标责任书确立六项基本指标及5大项

14小项辅助指标，完善考核办法，优化责任书考核体系。三是系统化授权，下放机构设置、干部组阁聘用、人事调配、投资决策等多项权利，配套出台考核激励系列办法，基本实现了责权利在制度层面的统一。四是制度化约束，大力构建完善纪检、审计、巡察、监事四位一体的大监督体系，确保授权接得住、行得稳，为改革事业保驾护航。五是市场化激励，开创性地运用模拟职业经理人制度，以市场化薪酬匹配挑战性目标，鼓励干部员工"跳起来摘桃子"，有效提升了营销系统活力。

2. 健全激励约束机制，探索实施股权激励，调动核心骨干员工积极性

2019年，汾酒股份对包括关键岗位人员、核心技术人员和业务骨干在内的395名人员实施了第一期股权激励，成为山西省首家实施股权激励的国有企业。本次股权激励是汾酒集团在中长期激励方面做出的积极探索，有效地将股东利益、公司利益和核心员工利益捆绑在一起，进一步激发了企业内部微观主体活力。

三、改革成效

（一）经营业绩持续提升

2019年，汾酒集团实现酒类收入118.52亿元、利润29.05亿元，主要经济指标创下历史同期最高水平。销售产品结构与区域结构持续优化，2017—2019年，汾酒集团亿元以上市场数量实现翻番，经销商数量由700余家增加至2 000余家。2019年"中国500最具价值品牌"显示，汾酒品牌价值达377.27亿元，较2017年增加214.44亿元，排名上升76位，进步速度全国第一。汾酒集团市值从2016年12月30日的216.64亿元，到2020年5月13日成功突破千亿，达1 022亿元，增长了371.75%。

（二）改革任务高效完成

汾酒勇挑重担、锐意改革，"三年任务两年完"，超额完成与山西省国资委签订的目标责任书各项经济指标，成功实现集团整体上市，混合所有制改革迈出"混"的关键一步的同时，"改"的步伐蹄疾步稳。《汾酒集团混合所有制改革的逻辑与实践》获得"2018年全国国企管理创新成果"一等奖，汾酒集团的改革受到了社会各界的肯定。

（三）企业活力充分激发

汾酒集团同步推进体制改革与机制创新，着力在"根上改、制上破、治上立"，有效解决了体制僵化的问题，激发出企业的内生动力，化解了内部矛盾。一是通过集团整体上市，实质性解决了集团公司与汾酒股份同业竞争的问题，实现资源优化配置，业务架构更加清晰条理，法人治理结构愈加健全；二是引进具备国际化视野和渠道优势的战略投资者，在"引资"的同时实现"引智"，有效弥补了人才、管理及市场营销等能力不足的短板，为未来发展赢得更为广阔的战略空间；三是通过以契约化管理为抓手的机制变革，进一步激发活力、动力、创造力，提高了汾酒集团角逐市场的本领和能力，实现动力、效率和质量"三大变革"。

（四）企业责任有力践行

汾酒集团积极承担国企责任，履行社会责任。集团推进厂办大集体改革，加速解决各类历史遗留问题，先后完成了职工家属区"三供一业"、职工医院及酒都幼儿园的分离移交工作，完成了公务用车制度改革；筹建公益基金会，积极驰援抗疫，树立了良好的企业社会形象；积极响应国家号召，坚决服务国家战略，持续开展产业扶贫和驻村帮扶；连续9年发布汾酒集团年度社会责任报告，得到了社会各界的广泛好评。

8

推进厂办大集体改革　激发发展动力活力

太原钢铁（集团）有限公司

一、基本情况

太原钢铁（集团）有限公司（以下简称"太钢集团"）是我国特大型钢铁联合企业和全球不锈钢行业的领军企业，是山西省省属重点骨干企业，具备年产1 200万吨钢（其中不锈钢450万吨）的能力。2019年，太钢集团产钢1 086万吨，其中不锈钢418万吨，实现营业收入797亿元，实现利润35亿元，实现税金27亿元，获评山西省优秀企业和制造业单项冠军示范企业，被确定为全国首批工业产品绿色设计示范企业。

太钢集团厂办大集体是20世纪七八十年代，由太钢集团资助兴办并向太钢集团提供配套产品或劳务服务的集体企业。太钢集团主办集体企业设立以来，在安置回城知青、职工子女就业及服务太钢集团发展等方面发挥了重要作用。同时，太钢集团推动对集体企业的管理模式由分散向集中转变，积极缩减集体企业规模，通过培养能力和配置业务，帮扶集体企业改革发展，但集体企业产权不清、人员负担重、无核心业务、发展没有后劲等问题始终没有得到解决。改制前，太钢集团主办的有工商登记的集体企业和分支机构累计133户，在职职工10 885人，退休人员1.76万名，总体资产负债率为58.52%。剥离厂办大集体成为太钢集团高质量转型发展的重要一环，在全国国资国企改革进入深水区、面临最后窗口期的关键时刻，太钢集团厂办大集体改革迫在眉睫。

太钢集团深入贯彻落实党中央、国务院关于解决国有企业历史遗留问题的决策部署，按照改革目标任务，通过体制创新，使厂办大集体与太钢集团彻底分离，减轻企业负担，促进企业"轻装上阵"；通过机制与制度创新，使改制后的新公司成为产权清晰、面向市场、自负盈亏的独立法人实体和市场主体，公平参与竞争；改制职工得到妥善安置，职工合法权益得到切实维护。

二、主要做法

（一）发挥党组织政治优势，建立高效组织领导体系和推进机制

太钢集团提高政治站位，深化思想认识，坚持把推进厂办大集体企业改革作为重要政治任务，切实抓紧、抓实、抓好。

一是发挥党组织的政治优势。太钢集团从大局出发，及时响应中央及省委省政府要求，各层级党组织及广大党员坚定打赢厂办大集体改革攻坚战的信心，把完成集体企业改革作为重要政治任务，坚定不移地推进。

二是建立健全组织体系和责任体系。太钢集团党委切实担起改革的政治责任，强化对改革工作的组织领导，成立了改革领导组，集团公司党委书记、董事长担任组长，在领导组之下，成立了改革工作组，集团公司分管领导担任工作组组长，具体组织推进改革工作。

三是建立高效推进机制。太钢集团厂办大集体改革坚持统一领导，合理分工，各专业各单位各司其职、各负其责，形成了合力推进改革的责任体系；建立了目标任务倒逼机制，制定了"施工图""作战图"，倒排任务，倒逼工期，推动各职能管理部门和改制单位严格落实改革责任和举措，协同作战，以非常之力推进厂办大集体改革工作；工作推进中，通过

简报、动态、纪要等多种形式，及时总结与反馈工作任务的落地情况，强化信息联动，促进改制各环节紧密衔接，各部门高效协同，保障了改革进度。

（二）坚持政策为纲，依法依规实施改革

太钢集团始终以国家和山西省的政策为遵循指南，推进厂办大集体改革，保证了改革方向不偏离、任务不落空、效果不打折。

一是强化对政策的解读学习。太钢集团组织开展相关学习，邀请相关专家深度解读国家及山西省的改革政策，推动公司各级各相关单位部门深刻理解改革精神，精准掌握改革政策，提高政策应用的能力和水平。

二是依法依规设计制定改革方案。太钢集团厂办大集体改革充分借鉴国内优秀企业改革经验，吸收了太钢集团历史改革经验，本着实事求是、公平公正、依法合规的原则，全面梳理了集体企业经营管理现状及改革存在的问题，就人员身份认定、企业改革方向、联产职工安置、预留费用标准、民主程序履行等事项，进行专题研究、集体决策，保障了改革方案设计全面、报批审核程序完整；改革方案、改革程序经过了法务中介机构的鉴证，听取了国企管理专家的建议，得到了山西省国资委、人社厅、医保局、财政厅等多部门的支持，做到了合法合规。

三是强化改革过程的把控。在改革推进中，太钢集团聘请国内知名的厂办大集体改革专家对改革核心环节进行指导和培训，全程由经验丰富的总协调律师跟踪辅导；聘请具有相应资质的会计师事务所全面开展集体企业所涉及资产的清产核资审计，聘请第三方评估机构对资产进行评估；对于权属关系不明及账外资产，按照实事求是的原则依法认定，并履行决策程序，确保了国有资产不流失。

（三）坚持以人为本，保持了大局的稳定

太钢集团坚持以人为本的原则，统筹部署，稳健实施改革，有效防控

了改革风险,保持了公司大局的稳定。

一是坚持把"以人为本"作为改革的出发点和落脚点。太钢集团厂办大集体改革以"职工队伍更加稳定"为第一要求,把妥善安置职工作为第一要务,坚持以职工为中心设计改革方案,按照"先安排职工,后处置企业"的原则,在现有组织框架下,提供多种安置方案,使职工有了更多选择。同时,太钢集团广泛开展政策宣讲,让职工全面了解改革,变"要我改"为"我要改",坚定了职工参与改革、支持改革的信心,保持了大局的稳定。

二是坚持全集团公司一盘棋的原则。结合太钢集团历史改革实践,太钢厂办大集体改革实行整体设计、统一布局,涉及的133户企业在基准日确定方案制定和报批、方案实施等方面执行整体设计、同步启动,执行一个标尺,保障了改革公平公正的顺利推进。

三是严格防范防控改革风险。太钢集团在推进厂办大集体改革中,把风险预防作为各环节工作的前提,做到风险防控与方案推进并重,防范改革过程中资产流失、职工稳定、生产中断等风险事项发生;针对潜在风险点进行识别,制定防控预案,将问题化解在苗头阶段,保障了改革的稳妥推进。

三、改革成效

一是实现了集体企业与太钢集团的分离。太钢集团通过厂办大集体改革,将符合国家产业政策、正常经营、市场前景较好的55户集体企业,重组整合改制为职工持股的有限责任公司;清算关闭了长期停产歇业亏损严重、难以持续经营的71户集体企业;对严重资不抵债的6户企业申请了破产。改制后的新公司中,1户福利企业由太钢集团参股,继续承担太钢集团助残福利事业,其他集体企业由改制职工持股,并依据现代企业制度建立起了完善的法人治理结构,成为独立的市场主体,于 2020 年 3 月开始自主运营,实现了与太钢集团的彻底分离。

二是妥善安置了集体企业职工。太钢集团在厂办大集体改革中,设置了内部退养、到改制后新公司工作、协议缴费、领取经济补偿金自谋职业等多种分流安置渠道,供职工自主选择。经过广泛的政策宣讲和解读,职工代表大会以 96% 的通过率高票通过职工安置方案。2019 年 12 月 31 日,太钢集团厂办大集体改革人员安置方案得到山西省人社厅、医保局的批复。截至 2020 年 2 月末,太钢集团厂办大集体涉改职工全部得到妥善安置。

三是实现了多方共赢的社会效益。太钢集团厂办大集体改革解决了长期以来的历史遗留问题,减轻了集团公司负担,实现了轻装上阵,提高了企业竞争力;明晰了集体企业的产权关系,优化了集体企业的人员结构,焕发了集体企业的发展新动力、新活力;参改职工按照本人意愿选择了适合自己的安置渠道,内退职工的权益得到了充分保障,多数职工通过改制入股,与企业建立了更加紧密地联系,分享了改革成果,获得感、满意度显著增加。

9

坚持问题导向　努力探索创新

内蒙古交通投资（集团）有限责任公司

一、基本情况

2018年8月，经国务院国资委批准，内蒙古交通投资（集团）有限责任公司（以下简称"交投集团"）成为"双百行动"综合改革试点企业。3年来，交投集团围绕国企改革重点工作，结合自身发展实际，进一步明确企业定位、厘清发展思路，健全企业法人治理结构、推进企业"瘦身健体"，构建企业制度体系、深化企业"三项制度"改革，坚持党的领导、加强和改进党的建设，国企改革各项任务取得了显著成效。

交投集团于2013年4月成立，注册资本为109亿元，是经内蒙古自治区政府批准成立的国有独资企业，主要职责是代表内蒙古自治区负责铁路、民航等重大交通基础设施项目的投融资和经营管理，是自治区重要的基础设施投资主体。

自成立以来，交投集团认真贯彻落实中央和自治区党委、政府各项决策部署，围绕服务国家和自治区战略、优化国有资本布局、提升产业竞争力的工作目标，构建了符合自身发展特点的公司治理结构，建立了更能够激发企业发展活力的内部体制和机制。同时，交投集团稳步推进铁路、航空等核心产业的投融资、建设及运营管理，重点发展金融保险、资产管理产业，培育发展外贸、能源、信息技术及医疗健康等战略新兴产业，为企业高质量发展提供战略上的支撑。几年内，交投集团聚焦主责主业发展，推进自治区重大基础设施建设，先后建成呼张高铁、通辽至新民北高铁、赤峰至喀左高铁、呼准鄂快速铁路、白阿扩能改造等重点项目，开工建设集通电气化改造项目，正在推进集大原高铁、包银高铁（含巴银支线）、锡太快速铁路等项目相关前期工作。全力推进航空产业发展，组建自治区首家本土航空公司，成功引进4架ARJ21-700飞机，开通运营呼和浩特至乌兰浩特、呼和浩特至锡林浩特、呼和浩特至通辽至海拉尔等往返航线；不断推动通航业务发展，常态化运行"呼和浩特至鄂尔多斯"等多条通航航线，现拥有固定翼飞机17架，开展空中游览、人工增雨、大气探测等业务，不断拓宽业务范围，提升通航发展质量。同时，交投集团承接自治区政府3支产业基金，实现有序投放与平稳运行；常态化开行自治区中欧班列，努力将"通道经济"转变为"落地经济"；承担自治区易地扶贫搬迁任务，支持自治区扶贫产业发展；推进国家数据中心北方节点建设，努力构建自治区大数据产业链和生态体系。

二、主要做法

（一）健全法人治理结构，形成规范有序的决策机制

一是不断强化公司治理，规范公司重大事项决策程序，根据相关法律及规定，修订党委会议事规则、"三重一大"事项集体决策制度实施办法、董事会议事规则，明确和清晰党委会议事范围、董事会职责职权、重大决策事项决策和监督等内容，厘清各治理主体履职行权边界。

二是根据公司改革发展需要，组织设立审计委员会、考核与薪酬委员会、战略规划与投资委员会3大董事会专门委员会，配套制定相关工作细则，明确各委员会组成、职责、议事程序等事项，形成科学、规范、有序

的决策机制。

三是全面规范所属企业法人治理结构，制定外派驻企人员管理办法，按照各所属企业的股权比例和管控导向，向各所属企业外派驻董事、监事人员，加强所属企业的监督管理，维护国有出资人合法权益，将出资人的管理理念传递下去，逐步形成战略协同效应。

（二）全面推进瘦身健体，促进企业"轻装上阵"

一是按照国企改革相关要求，全面清理整顿低质无效分支机构，对公司各级出资企业进行摸底调查，清理退出不具备发展优势的非主营业务，通过股权划转、减资、合并、股权置换、转让、注销等多种方式压缩产权链条，力争到2020年年底，下设出资企业减少50%以上，管理层级控制在三级以内。

二是加强制度建设，全面梳理原有规章制度，及时组织修订和增补各项制度，累计出台60余项管理制度，形成了包括党建及纪检监察、公司治理及集团管控、战略规划及投融资管理、人力资源管理、审计法务与风险管理、财务管理、综合管理等为一体的制度管理体系。

（三）强化投融资管理，完善市场化经营机制

一是强化投融资管理，规范交投集团本部及所属企业对外投资，制定出台对外投资管理办法、投资项目监控管理实施细则及融资管理办法，科学甄别合作伙伴，对每个项目建立检审档案，提高投资的质量和效益，保证投资运营的安全性、收益性。

二是持续深化全面风险管理工作，制定出台风险管理办法，健全风险防范机制，建立各业务环节风险管理流程，派出工作组对存在经营风险的企业进行蹲点调研，根据不同类型的风险科学施策、精准发力、逐一化解，有效解决企业潜在的经营风险，切实防范国有资产流失风险。

（四）加强干部队伍建设，激发企业内生活力

一是加强干部队伍管理，制定出台领导人员管理办法，严格落实党管干部原则，加强党组织在确定标准、规范程序、参与考察、推荐人选等方面的把关作用，拓宽选人用人视野，畅通"上、下"通道，建立健全适应现代企业制度和市场竞争需要的选人用人机制。

二是不断完善考核与薪酬管理体系，制定和修订员工绩效考核管理办法、中层管理人员绩效考核管理办法及薪酬管理办法等，通过绩效计划、绩效管理、绩效评价和绩效反馈等环节的循环，逐步提高管理水平，改善分配机制，最大限度地激发全体员工的积极性和创造性。

三是夯实人力资源管理基础，厘清公司各部室工作职责和分工界限，优化完善部门岗位设置，开展员工"双向选择、优化组合"工作，实现人尽其才，才尽其用；规范所属企业用工管理，严把进人关，开展部分所属企业岗位内部选聘工作，促进人才流动；扩大选人用人视野，制定员工招聘管理办法，积极探索市场化选聘职业经理人工作，启动应届毕业生校园招聘，建立人力资源信息库，为公司长远发展提供人才支撑。

（五）加强党的建设，促进国企改革深化

一是充分发挥公司党委的领导作用，把党的领导融入公司治理的各个环节，把党组织内嵌到公司治理结构中，通过修改完善相关规章制度，使公司党委参与"三重一大"事项的决策范围更加具体、决策程序更加规范，有效发挥公司党委"把方向、管大局、保落实"的重要作用。

二是加强领导班子自身建设，坚持正确的选人用人导向，推进干部队伍选拔、交流、考评、培训机制建设，加大竞争性选人用人力度，不断扩大竞争性选拔干部的比例，使之常态化、制度化、规范化。

三是推动集团纪检监察体制改革，整合原有纪检监察部门，组建监察专员办公室，设立机构，增加人员，纪检监察工作力量明显增强；成立党

风廉政建设和反腐败工作协调小组、党委巡察工作领导小组，强化对权力运行的监督和制约，针对审计发现的问题梳理廉政风险点，开展专项治理工作，营造集团风清气正的干事氛围。

三、改革成效

几年来，交投集团根据发展实际和市场规律，进一步明确企业定位，理清发展思路，提出核心发展产业、重点发展产业和培育发展产业的经营方向，形成主业突出、辅业配套可持续发展的现代产业体系。通过规范董事会和治理结构等方面的改革，逐步形成了职责明确、各负其责、协调运转、有效制衡的决策执行监督机制。同时，交投集团全面推进"建章立制"，构建了适应企业发展的制度体系；进一步强化投融资管理和风控管理，建立了全面风险管控体系；持续完善考核管理、薪酬管理和工资总额管理制度，建立了科学、规范的企业考核与薪酬管理体系。截至2019年年底，交投集团合并资产总额为316.19亿元，比2018年增长21.38%；合并负债总额为98.24亿元；合并所有者权益总额为217.94亿元，比2018年增长9.57%；总资产增长率达21.38%，企业总体效益持续提升，改革效果显著。

改革向前天地宽，砥砺奋进正当时。交投集团在深化国企改革新浪潮中，积极响应国家和自治区的政策号召，及时总结改革经验，紧抓改革新趋势和新机遇，有序落实新一轮改革举措，努力成为战略清晰、核心能力强、经营效率高、资源配置合理的国有资本投资平台，为打造祖国北疆亮丽风景线提供综合立体交通新支撑。

10

"双百行动"助推蒙能集团高质量发展

内蒙古能源发电投资集团有限公司

一、基本情况

内蒙古能源发电投资集团有限公司（以下简称"蒙能集团"）坚决贯彻党中央、国务院和内蒙古自治区关于全面落实国有企业改革的指示批示和各项决策部署，围绕国有企业改革"1+N"文件，聚焦"五突破、一加强"目标任务，深入推进综合改革，向能源资源、金融服务、综合新兴3大产业协同发展的综合性能源集团转型，努力建设成为内蒙古综合性现代能源支柱企业，探索具有蒙能特色的改革发展之路。

蒙能集团是内蒙古自治区直属独资企业，成立于2006年，注册资本为80亿元，经营范围涵盖电力、热力、煤炭等能源资源开发利用，金融服务，大数据信息服务，能源物流贸易等产业。蒙能集团积极践行"同心多元、产融结合""走出去、国际化"2大发展战略，协同发展能源资源、金融服务、综合新兴3大产业；现拥有发电装机容量572万千瓦，煤炭资源储量36.52亿吨，产能600万吨/年，拥有城市集中供热能力5 600万平方米，职工总数5 000余人；发电装机容量、煤炭储量和产量在区属国有企业中排名第1位；资产总额为392亿元，位列区属国有企业第3位。2017年12月，蒙能集团被内蒙古自治区国资委确定为改组国有资本投资公司试点企业，2018 年 8 月入选国企改革"双百行动"企业名单。

二、主要做法

（一）明确重点推进单位，寻求"点"上突破

为落实改革重点任务，打造改革尖兵，蒙能集团选取了所属兴安热电公司、杭锦发电公司、新丰热电公司、国际工程公司、电力工程技术研究院、资本控股公司、电建公司、新能源公司 8 家重点推进单位先试先行。新丰热电公司等单位不断深化股权多元化改革，努力扭转经营亏损局面；以兴安热电公司、资本控股公司等单位作为混合所有制改革试点，加快转换经营机制，提高资本配置和运行效率；将杭锦发电公司和新丰热电公司作为落实董事会职权改革试点单位，推行经理层成员契约化管理；以新能源公司、电力工程技术研究院等单位为试点，开展员工持股、股权激励、技术奖酬金等方面的改革；结合国有企业"处僵治困"要求，下大力气解决电建公司债务纠纷、企业稳定等历史遗留问题。

（二）分层分类授权放权，力争"面"上搞活

蒙能集团进一步加大授放权力度，增强子企业经营活力。一是分层次分阶段授放权。在原有下放人事、薪酬、招标、合同和生产管理 5 大类 23 项权利的基础上，2019 年，蒙能集团向 8 个重点推进单位授放了经理层成员选聘、工资总额备案管理、劳动用工管理、机构设置和人员编制、技改费用备案管理、存货和固定资产处置 6 项管理权限；制定了配套授放权"指导意见"，保证授放权事项有效衔接。2020 年，蒙能集团扩大了授放权范围，向所属全资和控股子公司授放上述 6 项管理权限；同时选取新丰热电公司和杭锦发电公司 2 家重点推进单位转变考核机制，按年度考核利润、安全和党建 3 项指标。根据该考核方式运作情况，适时扩大推广范围。二是分类推进授放权事项。蒙能集团积极推行经理层成员任期制和契约化管

理，在所属资本控股公司、物资公司等3家子公司开展市场化选聘经理层部分副职工作，共选聘了11人，实行任期制和契约化管理，并配套出台了薪酬与绩效考核管理办法；积极推进分配制度改革，制定工资总额管理办法、试点单位绩效考核管理办法及分子公司负责人薪酬管理办法，全面推行岗位绩效工资制，落实薪酬和绩效挂钩机制和差异化薪酬；在资本控股公司等单位落实工资总额备案管理，在电力工程技术研究院改革工作方案中明确引进非国有资本、完善法人治理结构后，落实股权分红、员工持股、超额利润分享等激励措施。

（三）完善现代企业制度，建立健全"三个体系"

蒙能集团坚持把完善现代企业制度作为企业提升核心竞争力和高质量发展的长效机制，着力构建"三个体系"。一是构建规范的法人治理体系。蒙能集团把党的领导融入公司治理各环节，贯彻落实党组织在现代企业制度和法人治理结构中的法定地位，明确将党的领导融入公司治理结构并写入章程。集团坚持党委会研究讨论作为董事会、经理层决策重大问题的前置程序；持续加强董事会建设，坚持发挥董事会专门委员会专业审核把关作用，保证科学决策；深入落实董事会职权，董事会与经营层签署经营责任书；具备条件的子公司全部设立董事会，建立子公司董事会考评制度。二是构建高效的决策运行体系。蒙能集团进一步厘清党委会、董事会、经理层会议的权责边界，制定了党委会、董事会、经理层会议权责清单；充分发挥党委"把方向、管大局、保落实"的作用，重大事项党委会研究、董事会决策后，由经理层具体实施，已形成相对规范完善的决策执行运行机制。三是构建全面的风险防范体系。蒙能集团建立总法律顾问制度、公司律师制度，设立党委巡察办、审计风险部和法律事务部，加强风险管控与隔离；多措并举降杠杆、减负债，分类制定化债方案，优化债务结构，将资产负债率控制在合理区间。

（四）解决历史遗留问题，努力实现"十个享有"

以改革为契机，积极解决历史遗留问题，努力建设和谐企业。蒙能集团筹集资金4.9亿元彻底解决了电建公司近10年的职工工资保险拖欠问题，妥善安置1 124名职工；完成了"三供一业"移交和"处僵治困"总体工作，保障了企业稳定；提出了"十个享有"（让职工享有更满意的餐饮服务、更温馨的住宿条件、更人性化的法定休假权利、更便捷的出行保障、更稳定的工作、更满意的收入、更充分的培训、更可靠的社会劳动福利保障、更优美的工作环境、更丰富的精神文化生活），把满足职工对美好生活的需要作为长期目标，常态化开展工作。

三、改革成效

蒙能集团开展"双百行动"综合改革以来，在生产经营、转型升级、推进高质量发展方面取得了显著成果。一是经营业绩得到了明显提升。2019年，蒙能集团发电量和营业收入均创历史新高，同比增利8 859万元，超额完成内蒙古自治区国资委年度考核目标。公司所属"双百行动"重点推进单位多项生产经营指标刷新了公司纪录，新能源公司持续盈利；杭锦发电公司转亏为盈，同比增利9 549万元；兴安热电公司和新丰热电公司大幅减亏，同比减亏9 798万元。二是混合所有制改革取得进展。在火电、新能源、金融、高新技术成果转化等领域，引进民营企业开展战略合作。兴安热电公司以煤电联营方式进行混合所有制改革的合作项目，已被国家发改委列入第四批混合所有制示范项目名单。三是煤炭产业取得突破。纳林希里煤田和色连二号北部区煤田取得探矿权，正在开展股权多元化和混合所有制改革，为公司转型升级、煤电一体化创造了积极条件。四是在贯彻落实国家和内蒙古自治区能源战略中发挥骨干作用。蒙能集团立足内蒙古自治区能源资源大区优势，积极贯彻落实国家和自治区能源战略。2020

年年初,蒙能集团金山热电厂 2×66 万千瓦火电扩建项目获得核准;主动参与自治区产业和资源整合,控股建设上海庙 2×100 万千瓦火电项目,为实现高质量发展奠定坚实基础,为促进内蒙古自治区国有资本布局和结构优化贡献力量。

11

以"混改"和员工股权激励为突破 有效激发企业经营发展活力

辽宁省交通规划设计院有限责任公司

一、基本情况

"十二五"时期,随着辽宁省高速公路路网的基本建成,辽宁省交通规划设计院有限责任公司(以下简称"辽宁交规院")发展步伐放缓,退出了国内公路勘察设计企业的领先地位,业务市场趋于萎缩,部分技术骨干流失到南方城市发展,企业发展遇到瓶颈。2018年8月,国务院国资委组织开展国企改革"双百行动",为辽宁交规院提供了难得的契机。辽宁交规院聚焦"五突破、一加强",坚持问题导向和目标导向相结合,以混合所有制改革和员工股权激励试点为突破口,着力优化体制机制,有效激发企业经营发展活力,通过深化改革走上一条复兴之路。

辽宁交规院成立于1954年,是辽宁省交通建设投资集团有限责任公司(以下简称"辽宁交投集团")的全资子公司、高新技术企业,主要从事公路工程、市政工程、建筑工程等的规划勘察设计咨询及公路养护施工等业务,先后参与实施了神州第一路(沈大高速公路)、国内第一条长线路6车道高速(京沈高速公路)、国内第一条高速公路全线改扩建(沈大高速公路改扩建)及国内寒冷地区最大跨径斜拉桥(鸭绿江界河大桥)等一系列具有里程碑意义的建设工程，在国内公路行业勘察设计市场具有较强竞争能力。

二、主要做法

（一）聚焦产业发展，将有效服务公司战略作为"引战"的先决条件

一是明确目标范围。辽宁交规院主要考虑与其发展战略有较强的互补性和协同性，具有较强的综合实力，能够为辽宁交规院带来关键资源和业务增量，切实促进辽宁交规院管理机制的优化和管理水平的提升，推动辽宁交规院尽快走入资本市场的企业。二是抓好项目推介和磋商谈判。遵循战略协同、文化契合、业务互补的原则，辽宁交规院在行业企业和民营企业中确定拟选定战略投资者名录，发出"引战"邀请，召开战略投资者推介会，同步在沈阳联合产权交易所进行了增资扩股信息预公告，更大范围地寻求战略投资者。辽宁交规院通过与具有较强投资意愿的企业开展多场实质性洽谈，最终锁定中铁十九局和设研院为2家最理想合作伙伴。中铁十九局为深耕辽宁多年的大型施工企业，市场资源丰富，与辽宁交规院能够建立生产联合；设研院为同行业上市公司，体制机制规范高效、科研设计水平领先，有助于辽宁交规院管理提升。三是依法依规操作。辽宁交规院以经核准的净资产评估价值作为产交所公开挂牌的基数，中铁十九局和设研院组成联合体参与投标，采用市场定价的方式完成交易。新公司由辽宁交投集团作为第一大股东并保持控股地位，持股比例为70%，战略投资者合计持股25%，员工持股5%。

（二）围绕核心骨干人员，精准实施股权激励

一是用好用活国家政策。辽宁交规院综合考虑现有收入结构、人员结构和行业人才竞争的实际，确定员工持股根据《关于印发〈国有科技型企业股权和分红激励暂行办法〉的通知》（财资〔2016〕4号）等政策文件

规定采取股权激励的方式组织实施，通过增资扩股方式解决激励标的股权来源，入股价格按照战略投资者实际入股价格确定，同股同价。二是细化骨干人员认定标准和股权分配权重。结合设计院管理人员尤其是高级管理人员基本为全省交通行业知名科研技术人才的实际，按岗位统筹管理和技术骨干认定标准。管理骨干主要为负责企业主要产品（服务）生产经营的高、中级经营管理人员；技术骨干主要为具备支撑公司主要资质所需的稀缺个人执业注册资格的员工，以及按照职称、注册资格、称号、专利、奖项、承担的项目、课题等要素综合评价模型遴选的员工。辽宁交规院共计遴选出符合持股条件的骨干员工160人，占员工总数的21.3%。同时股权分配权重进一步突出精准激励要求。高级管理（技术）岗位人员群体与其他员工群体按7∶3的权重分配，个人持股比例采用系数分配办法确定，即员工个人可认购的股权比例＝员工股权总额（5%）×（员工个人股权分配系数÷符合条件的全部持股员工股权分配系数之和），持股骨干在持股比例上限范围自愿认购，认购下限原则上不低于持股比例上限的50%，未足额认购的剩余股份可由其他愿意认购的持股人员进行追加认购。最终激励对象个人持股比例最高为混合所有制改革后公司总股本的0.1395%，最低为0.0091%。三是加强激励股权的管理。本次股权激励采用设立有限合伙企业作为持股平台的方式间接持有股权，持股平台不得从事除持股以外的任何经营活动。股权激励对象自取得股权之日起，锁定5年内不得转让、捐赠；在锁定期内，激励对象因本人提出离职或者个人原因被解聘、解除劳动合同，取得的股权应当在半年内全部退回，其个人出资部分按公司上一年度经审计的净资产价格与实际出资成本孰低的原则返还本人；在锁定期内，激励对象因公调离、退休、死亡等原因离开公司，取得的股权在半年内全部退回，其个人出资部分按公司上一年度经审计的净资产价格与实际出资成本孰高的原则返还本人。

（三）全面优化公司治理，突出重点完善市场化经营机制

一是厘清集团管控界面。辽宁交投集团按照以管资本为主加强国有资产监管的要求，以产权为纽带，依法履行出资人职责，落实公司董事会对公司中长期发展决策、经理层成员选聘、业绩考核、薪酬管理、职工工资分配、重大财务事项管理等职权，打造独立经营、自主发展的市场主体，将经营管理类178项管控事项中108项实施授权放权。二是优化公司决策机制。新公司董事会设5名成员，由辽宁交投集团和战略投资者股东委派，其中非执行董事占60%；实行党委书记、董事长"一肩挑"，完成党建工作总体要求进章程，制定党委会议事规则，明确党委会与董事会界面，建立党组织有效参与公司治理和经营管理的工作机制；建立公司董事会对经理层的授权体系，进一步明确公司经理层向董事会负责的组织性质，有效避免公司董事会决策职能和经理层执行职能的交叉重叠。三是深化"三项制度"改革，重点完善分配机制。辽宁交规院制定差异化薪酬结构，根据员工岗位职责和特点，设置了7个岗位序列、19个职级，实现员工横向调动、纵向晋升、岗变薪变；实现差异化薪酬兑现，实行全员绩效考核，绩效工资占比均达到60%以上，公司经理层通过量化评分考核结果确定各部门绩效奖金包，各部门通过强制分布确定各岗位员工考核结果，进而兑现绩效工资，以及职级晋升、薪酬档位调整。2019年度，员工薪酬档位调整21人，占员工总数的2.8%。此外，服务公司发展战略，在各层次考核中，加大科技研发、产业转化方面的考核比重，对做出特殊贡献的人员另行给予奖励。

三、改革成效

辽宁交规院改革工作虽然刚刚完成1年多时间，但是新公司就展现出了新的生机与活力。

一是企业经济效益增长显著。2019年，公司营业收入同比增长27%，利润同比增长13%，处于历史较好水平。二是企业决策更为规范高效。公司召开总经理办公会20余次，对企业经营生产、管理提升、人员招聘等事项进行决策；共召开董事会7次，对企业中长期发展规划、重大投资、经理层人员任免等事项进行决策；召开监事会1次，对公司运营和高管人员实行监督；召开股东会2次，审议批准公司年度预算等。涉及"三重一大"事项，公司党委前置研究。做到事事有人管、件件有落实，到位不越位、尽职不越权。三是市场开拓能力进一步加强。公司各级经营管理人员干事创业精气神更加充足，主动跑市场的意识更为强烈，在多省市业务市场实现零的突破。通过股权纽带，辽宁交规院与中铁十九局及其母公司铁建股份、设研院建立了牢固的合作伙伴关系，共同开发市场，2019年，通过联合体取得项目的合同金额近2.5亿元。四是企业核心竞争力进一步提升。2019年，公司引进博士后3名，人才结构层次进一步提高；通过持股骨干筛选和中层管理人员竞聘上岗，对工作认真负责、积极作为、敢于担当的员工起到了很好的激励作用，树立了正确的选人用人风向标，使"科研是第一生产力"的理念更加深入人心；通过薪酬改革，在员工收入组成中增加了特别贡献奖，重点奖励在科技研发领域获得重要成果的科研人员，同时建立科研成果转化利润分成机制，极大地调动了科研人员的积极性。2019年，公司获得发明专利1项、实用新型专利14项、软件著作权9项；自主研发的隧道检测车已投入使用；新材料销售收入达388万元，为2018年全年销售收入的2.8倍。五是员工精神风貌进一步焕发。公司广大干部职工的积极性、主动性和创造性得到充分调动，在骨干员工的带动下，广大员工充满了对未来憧憬，干事创业的劲头愈来愈强，跑市场、做设计、搞科研等每条线都焕发了生机，深化改革的意愿更为强烈。

12

以改革为引领
全力打造高质量发展现代企业

吉林化纤集团有限责任公司

一、基本情况

吉林化纤集团有限责任公司（以下简称"化纤集团"）是集国有资产经营、纺织服装、设计研发、建筑安装、商业贸易等科工贸一体化的大型综合性企业。近年来，面对压力和困境，化纤集团借助入选"双百企业"契机，持续深化改革取得明显成效：企业发展更加稳健、经营效果更加显著、优势资源更加凸显、发展活力充分释放、发展合力更加强劲。同时，在管理层级压缩优化、新产业布局方面也显示出巨大的活力。

化纤集团始建于1960年，目前已成为全国，乃至世界知名的腈纶纤维、竹纤维、人造丝、碳纤维原丝生产基地。产品除热销国内二十几个省、市外，还远销日本、韩国、美国、欧洲等10多个国家和地区。"白山"牌产品商标被认定为"中国驰名商标"，"白山"牌粘胶短纤维、粘胶长丝被评为"中国名牌产品"。

近年来，由于受经济大环境影响，行业持续低迷，企业运营遇到重重困难，连续亏损。面对压力和困境，化纤集团以改革创新破局，借助入选

"双百企业"契机，进一步坚定改革信心，通过组织领导、产业结构创新改革、完善公司法人治理结构、深化内部制度改革，不断完善市场化经营机制，推动企业创新发展，改革取得实质性成效。

二、主要做法

（一）加快结构性改革，促进企业创新发展

一是提升创新能力，优化产业结构。化纤集团以"双百行动"为契机，整合内外部资源，探索发展新途径，在巩固壮大原有粘胶纤维产业基础上，通过收购股份制等方式，先后注册组建了国兴新材料产业投资、吉林精功碳纤维、国兴复合材料等多家混合所有制企业，重点推进碳纤维产业发展，形成碳纤维原丝年产能1.6万吨、碳纤维年产能4 200吨，年销售收入实现11亿元，同比增长94%。

二是以创新发展为导向重塑组织机构及内控制度。按照化纤集团的主业功能定位，构建三级管控体系。化纤集团对集团总部职能重新定位，由管资产向管资本转变，在战略规划、资源配置、重大决策和风险防范等方面加强管控，减少事务性和具体业务管理，提升运营效能和管理水平；将集团公司原有15个职能部门缩减到8个，强化专业管理职能，重新构建企业内部标准体系框架，共计梳理各项制度4 268项、排查零散性标准文件384项。

三是着力健全法人治理结构，明确授权放权事项。化纤集团本体及二级企业均建立了董事会。为进一步提高董事会决策的科学性和专业性，董事会下设了战略决策委员会、审计委员会、提名委员会、薪酬与考核委员会、预算管理委员会，并且设立了2名非执行董事。制定了党委会、董事会、监事会、经理层议事规则，厘清了"三会一层"的权责，各治理主体严格按照议事规则行权履职。按照吉林市国资委对化纤集团直接授权，集

团在发展战略规划和主业管理、国有产权（股权）转让、部分资产处置、投资与重组、融资及对外担保、国有产权无偿划转、资产评估、经理层成员市场选聘、经理层成员业绩考核和薪酬管理、股权激励10个方面，有了经营自主权。

（二）深化内部机制改革，不断完善市场化经营机制

一是薪酬与岗位贡献挂钩。化纤集团实行以岗定薪分配方案，通过以岗定薪，岗变薪变，职工工资收入能增能减的分配方针，建立起"管理人员能上能下，职工能进能出，收入能增能减"的激励机制，从而打破干部和工人的界限。即职工在管理岗位上工作的就是管理人员，在生产岗位上工作的就是生产人员，在岗期间分别享受管理人员和生产人员的相应待遇。在公平、公正、公开、透明的基础上，形成员工岗位靠竞争，工资收入靠贡献的激励机制。2018年和2019年，职工收入同比分别增长3.6%和5.4%。

二是实施人才强企战略。化纤集团制定了重点人才培养、引进、留住管理制度，坚持甄才、选才、育才、用才、留才的用人方针，实行目标管理策略，有目标、有措施、有责任、有落实，留住人才、培养人才、用好人才，造就了一批年富力强、扎实肯干的企业人才队伍。2018—2019年，化纤集团向在职专业人才发放补助金65.3万元，打破"平均主义"，建立差异化的薪酬分配办法，极大地激励了人才队伍的积极性。

三是稳步推进职业经理人制度。化纤集团通过市场化选聘方式，在深圳天竹生态服饰和河北天竹科技2家子公司聘任了2名职业经理人，其薪酬标准已超过其他公司总经理薪酬。同时，化纤集团正在积极筹备全面向所管控企业推行职业经理人制度。

四是管理方法创新。化纤集团在各个方面广泛推广ECRS（取消、合并、重排、简化）管理，突出体现在人力资源方面，通过ECRS管理，围

绕精简的原则，对各个岗位进行重新梳理、优化和定义，利用机器代人和信息化代人等手段，不断优化岗位人员，将优化人员统一分流到缺员岗位和新建项目，截至 2019 年，集团已累计优化人员 1 543 人。同时，化纤集团鼓励各公司、各车间、各班组开展以作息时间优化、工资总额承包等方面的创新和试点，从顶层设计上给予支持和鼓励，从而推动 ECRS 工作的深入、有效开展，实现人力资源的优化配套。

（三）加强党的领导和党的建设不动摇，全面保障企业改革发展

一是坚持把关定向。化纤集团发挥党组织在公司治理中"把方向、管大局、保落实"作用，明确党组织职责权限，使党组织在公司治理结构中的法定地位更加巩固，党组织领导班子研究讨论已成为董事会、经理层讨论和决定企业重大事项的前置程序。下属控股及全资子公司全部将党建工作要求写入公司章程，将党的领导充分融入公司治理。

二是坚持夯实基层党组织建设。化纤集团及时理顺组织隶属关系，不断健全完善党建工作制度体系和工作遵循；以党建工作责任状为抓手，紧密地将党建工作融入中心工作，全力实施党员培养工程、建功工程、创新工程和送温暖工程，全面提升基层党建能力水平，使党的建设在生产经营中充分体现出有形成效。

三是坚持党管干部、党管人才原则。化纤集团认真落实国有企业"好干部标准"，突出科学用人导向，注重在生产经营一线中发现、培养和选拔干部，从具体工作上识别、考核和评价干部，对于不适合岗位工作要求及群众反映集中的干部予以组织处理；完善市场化经营机制，遵循以岗定薪、岗变薪变和契约化管理的激励机制，推行所属企业经营管理者市场化选聘，进一步深化干部制度改革，实现干部"能上能下"、收入"能高能低"。

四是坚持筑牢从严治党监管体系。化纤集团进一步落实党委主体责

任、纪委监督责任，强化政治监督、制度监督、民主监督和"三重一大"事项监督，强化执纪问责力度，抓好廉洁从业教育，全面推进"三不"体制机制建设。

三、改革成效

通过"双百行动"改革，化纤集团加快向高质量转型升级。

（一）发展活力充分释放、发展动力更加强劲

化纤集团 2019 年实现工业总产值 91.1 亿元、销售收入 117.1 亿元、进出口总额 3.4 亿美元，员工人均收入在连年持续增长的基础上再度同比增长 5.49%。

（二）体制机制改革压缩管理层级

化纤集团以提升现代化经营水平为目的，协调推进决策、执行、监督等内部方面改革，构建管理扁平、快速有效的组织架构，提高组织运营质量和规范性，将化纤集团定位为统筹管控职能；严格执行母、子、孙三级公司管理体系，精简越级公司，大力压减管理层级，按照分级负责、分步实施、分类处置的工作原则，运用市场化、法治化手段，优化存量、严控增量、持续推荐"瘦身健体"，实现管理层级在三级以内。

（三）大力整合碳纤维产业资源，培育新型产业

化纤集团大力整合以碳纤维及复合材料为核心的新材料板块，通过纵向延伸、横向并购的思路，成功收购方大集团在吉林方大江城碳纤维有限公司 70% 的股权，与精功（绍兴）复合材料有限公司签订战略合作协议，又与风电巨头丹麦维斯塔斯公司和白城市政府签订了三方合作协议，成为国内唯一一家进入风电巨头丹麦维斯塔斯公司的大丝束碳纤维原料供应商，初步构建了"原丝-碳化-复合材料"全产业链的碳纤维产业平台。

13

抢抓发展机遇期 深入推动综合改革见实效

龙建路桥股份有限公司

一、基本情况

龙建路桥股份有限公司（以下简称"龙建股份"）是黑龙江省建设投资集团有限公司（以下简称"建投集团"）所属国有控股上市公司。近年来，龙建股份作为"双百企业"勇于全面系统改革，加快打造企业治理结构科学完善、经营机制灵活高效、党的领导坚强有力、创新能力和市场竞争力显著提升的地方国企改革样板和尖兵，改革成效逐步显现：2019年实现新增合同订单213.39亿元，综合营业收入达111.06亿元，利润总额达3.06亿元，总资产达197.44亿元，净资产达21.98亿元，分别较2017年增长48.43%、10.36%、63%、54.51%、121.05%，打造了新一轮经济增长极。

龙建股份是建投集团所属国有控股上市公司，是目前东北地区实力较强的道路桥梁等大型综合建设企业之一。主要从事国内外公路工程、市政公用工程建设，具有公路工程施工总承包特级资质、公路设计甲级资质、市政公用工程施工总承包一级资质及对外援助成套总承包企业资格，曾获得多个鲁班奖、詹天佑奖、李春奖、国家优质工程奖、交通运输部优质工程奖，多次被评为全国优秀施工企业、全国交通百强企业、中国建筑业竞争力 200 强企业，入选 ENR 国际工程承包商 225 强。

龙建股份作为"双百企业"紧扣"五突破、一加强"重点任务，以国企改革"1＋N"政策体系为指导，以深化供给侧结构性改革为主线，勇于全面系统改革，加快打造企业治理结构科学完善、经营机制灵活高效、党的领导坚强有力、创新能力和市场竞争力显著提升的地方国企改革样板和尖兵。2019 年，龙建股份荣获"新中国成立 70 周年"工程建设行业"功勋企业"称号；排名我国对外承包工程业务新签合同额前 100 家企业的第 29 位。

二、主要做法

龙建股份深刻把握新时期国企改革政治、政策和发展 3 大机遇，加强战略优势资源整合，完善法人治理结构，强化价值管理，大力实施科技创新驱动，聚焦改革重点难点，推进各项改革任务见实效。

（一）聚焦激励约束量化考核，推动市场化布局调整迈出新步伐

一是全面推行差异化薪酬管理。龙建股份基于高质量发展需求，将完善激励约束机制作为牵动企业体制机制改革的"牛鼻子"，构建与企业经济效益同向联动的绩效考核体系，健全权属企业负责人"强激励、硬约束"动态绩效考核机制。按照功能定位分为施工类、设计类、设备类和物资类 4 大类别，结合发展规模和功能定位差异化制定分期考核方案和计分细则实施绩效考核。薪酬等级分为 20 万～＜30 万、30 万～＜40 万、40 万～50 万元 3 个等级，按照收入规模和实现利润 2 个维度，确定年度基本薪酬和绩效薪酬标准，更好地发挥绩效考核在企业运营过程中的导向激励作用。

二是推进市场化布局整合重组。龙建股份修订经营管理办法，深度调整经营模式，确保省内市场龙头地位，确立了立足省内、深耕省外、拓展

海外的经营策略,市场化布局整合重组优势不断显现,经营态势持续向好。公司聚焦开发省"百大项目",2019 年,实现省内市场订单金额 116.36 亿元,较 2017 年增长 23.66%;省外市场发挥经营公司统筹布局及区域分公司开疆拓土独特优势,稳固新疆、内蒙古、四川、安徽等市场,2019 年,实现省外市场订单金额 94.08 亿元,较 2017 年增长 122.65%;国外市场重点开发冈比亚、赞比亚、蒙古国等"一带一路"沿线及周边国家,以"援外促自营",以"联合体促自营",2 年来实现海外市场订单金额 52.02 亿元,较 2017 年增长 602.02%。

(二)聚焦价值创造能力提升,推动公司管理体制变革取得新成效

一是持续推进公司管理体制改革。龙建股份立足做强做优做大特级工程总承包能力这一主业,充分发挥母子、总分公司各自优势,实施"母强子壮、总优分专"集团化管理体制改革,制发《龙建路桥股份有限公司管理体制调整专项方案》,统筹推进畅捷公司、龙桥钢结构公司等经营弱势、资质弱势的子公司转制为分公司,推动非专业化子公司向专业化子公司重组整合。

二是深入推进"创效型"项目管理改革。龙建股份按照市场决定资源配置原则,积极探索项目扁平化、集约化管控新途径;制发《优化完善项目综合管控体系的指导意见(试行)》,推行精益管理,加强主要生产要素集中采购,建立 ERP(企业资源计划)集约化管控举措和试点实施"1+4+N"为推进方式的"项目直管"创新管理模式;依托"合同-成本-财务"管理主线,采取总控管理主核引领,工程管控、资源配置、成本控制和财务运行的次核驱动管控手段,加强项目成本全过程管控力度,推行项目目标责任与薪酬分配、绩效考核、集约化管控及管理制度 4 项体系建设,推动业务部与项目部"管干"协同作战,不断将总部管理优势转化为项目管控优势,建立企业价值管理长效机制。

三是推动科技研发驱动智能管理体系升级。龙建股份将创新驱动作为高质量发展的战略支撑，借助大数据、"互联网+"等战略机遇，大力实施科技创新和管理创新，逐步推动向智能型、智慧型企业迈进。引才引智构建科技研发体系，公司通过持续提高科研经费投入，加速成果转化促进管理升级；推动实现BIM（建筑信息模型）及"互联网+"技术在施工管理中的普及应用，加速推动智慧工地、智慧项目、智慧企业的管理架构升级。

（三）聚焦解决历史遗留问题，推动社会职能分离移交取得新突破

龙建股份坚决贯彻落实国家和黑龙江省关于"三供一业"分离移交的部署和要求，以"主动推进、合规操作、分步实施"的工作思路，在地方政府组织下，抽调业务骨干，认真梳理移交工作中的重点、难点、堵点问题，与供热公司、物业公司深入开展对接、协商、资产清查等工作，"一企一策"制定移交协议，严密工作机制和移交程序，强化组织保障，加强跟踪督导，确保龙建二公司向安达市、龙建五公司向哈尔滨市的"三供一业"分离移交工作顺利推进。

（四）聚焦强化"两个核心"作用，推动智慧党建助力"两心融合"新实践

一是加强企业党建工作，落实责任主体。龙建股份注重发挥党组织在企业治理中的政治核心和领导核心作用，将党建工作纳入公司章程，规范党委前置讨论研究重大决策问题的基本要求、内容和决策程序，将党组织内嵌到公司治理各环节，切实发挥好企业党组织"把方向、管大局、保落实"的重要作用。

二是打造"智慧党建"信息化平台，推进党建标准化建设水平再升级。龙建股份针对党组织分布广、实地考察难度大、海外沟通有时差等实际问题，借助新技术新手段，打造党建智慧平台，通过平台"全覆盖"

"高质量""能创新""差异化""树典型""全纪实"6 大功能,实现海内、海外 192 个党支部党建工作从计划、执行到反馈、查验全流程闭合式管理。

三、改革成效

近年来,龙建股份持之以恒抓改革,紧盯改革不放松,改革成效逐步显现,主要经济指标持续向好,2019 年实现新增合同订单金额 213.39 亿元、综合营业收入 111.06 亿元、利润总额 3.06 亿元、总资产 197.44 亿元、净资产 21.98 亿元,分别较 2017 年增长 48.43%、10.36%、63%、54.51%、121.05%,打造了新一轮经济增长极。

(一)通过强化党的领导,改革整体效应持续增强

龙建股份在"双百行动"中始终坚持党的领导、加强党的建设,全面增强了党组织的凝聚力和战斗力,持续提升了广大员工的使命感和担当作为能力,为企业做强做优做大、实现高质量发展提供了根本保障。

(二)通过深化经营体制机制改革,市场开发成果丰硕

龙建股份坚定"走出去,拿订单"的市场开发战略,统筹实施"投资+投标"双轮驱动的市场拓展模式,实现连续 5 年新增合同订单超百亿元;同步坚持"正向激励、效益优先"原则,优化完善与市场机制有序接轨的中长期激励机制,2018 年权属企业负责人(正职)之间年度薪酬差距达 2.53 倍,同比增幅最高达 81%、降幅最大达 49%,2019 年权属企业负责人(正职)之间年度薪酬差距达 1.96 倍,同比增幅最高达 64%、降幅最大达 11%。

(三)通过实施管理体制机制改革,规模效益显著提升

龙建股份优化完善项目综合管控体系,推行母公司更强、子分公司更壮更专的管理体制变革,完成经营弱势、发展能力不足的子公司转制分公

司，布局铁路及轻轨业务板块组建铁建分公司；发挥公司宏观管控引领和服务提升一体化管理优势，强化投融资事业部对PPP（政府与社会资本合作）等投资类项目全生命周期统筹管理，全面加强国际分公司围绕海外重点项目重要风控点加强管理，构建"一体三驱"项目管理新手段；强化生产要素动态管控，集采范围覆盖省内、省外和国外重点项目，2019年，沥青、水泥、钢筋3大主材集采率达80.96%，采购成本大幅降低。

（四）通过实施创新科技研发改革，经济增长再添新动能

龙建股份利用博士后工作站平台引入科研高端人才，与中交宇科（北京）空间信息技术有限公司开展共建共赢合作，共同打造"智慧工地综合监管云平台"，进一步提升了科研创新对公司全产业链的服务能力。

（五）通过实施"瘦身减负"，企业历史遗留问题逐步化解

龙建股份妥善解决龙建二、五公司"三供一业"分离移交的历史遗留问题，当年减少负担占2家企业利润总额的10.4%，为企业"轻装上阵"参与市场竞争创造了良好环境。

14

积极深化体制机制改革
强力激发企业活力动力

东方国际创业股份有限公司

一、基本情况

东方国际创业股份有限公司（以下简称"东方创业"）是东方国际（集团）有限公司（以下简称"东方国际集团"）控股的一家集货物贸易和现代物流为一体、产业经营与资本运作相结合的大型综合型企业。近年来，面对发展后劲不足的局面，东方创业围绕国际贸易综合服务发展战略持续深化改革，成效显著：股权和治理结构不断优化，主业资源更加集聚，经营水平进一步提升；市场化经营机制更加健全，企业内生动力不断增强；发挥贸易供应链的综合优势，更好地承担了国有企业的社会责任。

东方创业现有职工近 3 600 人。2019 年，东方创业实现营业收入 176.92 亿元、利润总额 2.36 亿元、归属于母公司股东的净利润 1.13 亿元。截至 2019 年年底，东方创业总资产为 87.49 亿元，净资产为 44.54 亿元。

作为一家处于充分竞争行业的上市公司，多年以来，东方创业经营平稳，但发展后劲稍显不足。近年来，东方创业贯彻"主业稳中求进，投资提质增效，改革寻求突破"战略方针，围绕国际贸易综合服务发展战略，加强产业布局,助推产业发展,主营业务核心竞争力不断增强,资产和运营质量不断提升,经营规模和经济效益持续快速增长。

二、主要做法

自入选国企改革"双百企业"以来,东方创业积极深化体制机制改革,强力激发活力动力,推动企业进步发展。

(一)深化股权改革,引资引制,积累企业战略资源

推进上市公司"二次混改",是上海国资国企深化改革的重要举措。东方创业积极开展资本运作,主动利用资本市场,吸引发展资金,强化市场机制,通过获取战略资源夯实产业发展根基。

一是引入战略投资者,优化完善股权和治理结构。"混"是手段,"改"是目的。2019年9月,东方创业引入上海头部企业集团作为战略投资者,进一步优化上市公司股权结构,改善公司治理机制,同时加强与优秀企业的战略合作,快速复制战略合作伙伴的产业运作经验和战略资源,为发挥产业协同效应奠定了坚实基础。2020年年初,东方创业再次深入"混改",通过引进具有业务协同能力的战略投资者,将市场经营、资源协同、产业互动的改革又向前推动了一大步。

二是引入产业基金,助推子企业产业拓展和市场布局。东方创业积极推动所属子公司直接"混改",旗下"大健康"龙头企业东松医疗积极引入健康产业基金作为战略投资者;通过微观主体的混合多元,倒逼企业加快产业发展步伐,借助健康产业基金的专业背景和资源优势,积极拓展医疗器械维保、第三方消毒等上下游产业,为企业形成核心产业链闭环发挥了积极作用。

三是实施重大资产重组,围绕核心业务整合资源。东方创业原有的货物贸易及现代物流业务是其发家之本,近年来又主动整合了采购、生产、

运输、仓储、报关、销售等供应链的上下游环节，形成具有强大优势的全产业链，为客户提供全方位一站式服务。为加大与东方国际集团相关业务板块错位竞争、优势互补，经中国证券监督管理委员会审核通过，东方创业于 2020 年再次实施重大资产重组，发行股份收购东方国际集团和上海纺织集团旗下贸易及物流资产，进一步集聚核心资源，充实业务内涵，强化产业功能。

（二）激发活力动力，利益捆绑，集聚持续发展动能

员工是企业最重要的资源，尤其在市场化程度高、竞争充分的贸易与物流企业，员工直接决定了业务能级和市场份额。为激发员工积极性、主动性、创造性，焕发企业活力，东方创业坚持市场化导向，强化员工与企业的命运共同体，积极构建利益捆绑机制。

一是构建市场化用人和分配机制，最大程度地调动企业员工积极性。东方创业坚决破除员工身份限制，全面推行公开招聘制度，建立以合同管理为核心、以岗位管理为基础的市场化用工机制，畅通退出渠道，构建起正常流动机制。目前，已经建立形成"管理人员能上能下、员工能进能出、收入能增能减"的动态调整机制，切实形成"能者上、平者让、庸者下"的用人导向。同时，东方创业不断完善科学合理的考核机制，坚持激励和约束相结合，建立业绩考核和薪酬挂钩的差异化薪酬机制，对创造突出业绩的业务人员，进行差异化薪酬分配。

二是坚持市场化导向，推行经理层成员任期制契约化管理。东方创业董事会确定经理层成员任期，任期届满后，重新聘任并签订协议。通过契约签订、考核实施和薪酬管理等环节强化契约化管理。东方创业董事会与经理层签订经营业绩责任书，明确考核内容及指标，采取年度和任期相结合的方式对经理层完成情况进行考核，薪酬激励则直接源自年度和任期经营业绩考核结果。目前，东方创业已对各级公司经理层成员全部实行契约考核管理。

三是探索激励约束对等，强化员工与企业风险共担、利益共享。针对外贸行业特点和发展趋势，在国资保持控股前提下，陆续对下属 8 家企业实施经营者团队、核心骨干员工股权激励，激励对象以现金出资入股，明确各方责任和义务，建立起风险共担、利益共享的"命运共同体"，真正实现了经营者团队、核心骨干员工与企业发展紧密捆绑的长效激励约束机制。此外，东方创业还积极探索现金分红的激励约束机制，在下属的国服公司以新增投资项目为试点，以"超额利润分配"方式激励项目团队，即项目团队向国服公司缴纳一定比例的风险保证金，当项目发生亏损时，该风险保证金将优先用于弥补国服公司亏损，同时按照约定的超额利润分配比例，由项目团队分享投资项目超额利润分红。

三、改革成果

（一）股权和治理结构不断优化，主业资源更加集聚，经营水平进一步提升

东方创业通过引入各类战略投资者，在获得优质资源和业务协同效应的同时，治理水平和决策效率得以全面提升。通过重大资产重组进一步集聚了贸易物流行业的优质资源，延伸产业链布局，成为国内外贸和物流行业资源最丰富、技术最先进、产业链最完整的上市公司之一，东方创业资产质量、盈利能力显著增强，预计营业收入和净利润将有更大提升。

（二）市场化经营机制更加健全，企业内生动力不断增强

通过构建市场化用人和分配机制，东方创业最大程度地调动了企业员工积极性；通过对经理层成员实施任期制和契约化管理，逐步形成了更加市场化、更加适应企业发展需要的"强激励、硬约束"管理机制；通过对下属核心企业实施股权激励，既实现了团队和业务稳定，也实现了营业收

入和利润规模的快速增长,为东方创业长期健康稳定发展发挥了重要作用。目前,东方创业下属实施股权激励的 8 家企业的营收合计接近合并报表营业收入的 30%,其中,东方创业"大健康"业务板块龙头企业东松医疗的营业收入、净利润和人均创利近年来均实现了两位数的增长,进一步凸显和释放了改革红利。

(三)发挥贸易供应链的综合优势,积极承担国有企业社会责任

2020 年,东方创业全力抗击疫情,积极发挥渠道以及物流供应链的优势,加大口罩、手套、护目镜、防护服、呼吸机、额温仪等防疫物资的全球采购力度,据不完全统计,已累计采购各类防疫物资总金额达 3.34 亿元,积极担负了国有企业的社会责任,也有力提升了东方创业的社会影响力。

15

分层分类构建立体激励体系
激发企业活力动力

上海海立（集团）股份有限公司

一、基本情况

上海海立（集团）股份有限公司（以下简称"上海海立集团"）是上海电气集团控股的公众公司。公司以入选"双百行动"企业名单为契机，成立改革与激励工作小组，党政联合，开展专项调研，针对不同员工群体，分层分类构建立体激励体系，带来了体制机制不断完善、青年人才脱颖而出、市场竞争力持续提升的显著成效。

上海海立集团1992年在上海证券交易所实现整体上市。经过20多年发展，形成压缩机、电机、驱动控制、冷暖关联、汽车零部件5大产业的多元化格局，现有二级控股企业10户，从业人员约1万人，其中主业空调压缩机产品已遍及全球165个国家和地区的亿万家庭，全球市场份额居前3位。公司先后荣获全国五一劳动奖章、全国质量奖、上海市市长质量奖、智能制造试点示范企业等奖项。

上海海立集团在上市公司层面持续保持规范运作，运营体制覆盖了国资、民资、中外合资、中方控股、外方控股等多种形式，主要业务分别处于白色家电、新能源汽车行业等完全竞争的市场环境。面对产业结构及布局调整、国际化转型发展等要求，人才在企业发展中的作用愈发凸显。如何培养、建设符合企业转型发展需求的人才队伍，如何激发人才工作积极性，面对干部队伍建设、人才储备发展、员工干事动力等课题，上海海立集团亟须改革现行的激励机制，为企业发展赋能。

上海海立集团以市场需求为导向、以科技创新为根本、以实现国际化和多元化发展为目标，建立健全激励体系，充分激发员工的改革动力和创新活力，寻求持续发展、做强做大的突破之路。

二、主要做法

上海海立集团以"双百行动"为契机，成立改革与激励工作小组，党委书记担任组长，党委副书记、总经理及专职副书记担任副组长，党政联合，开展专项调研，针对不同员工群体，分层分类构建立体激励体系。

（一）针对企业经营者与核心人员队伍，强化价值创造，着力完善激励机制

上海海立集团深刻认识到，激发经营团队、核心团队的活力和内驱力是企业发展的关键，要以市场化为导向，向勇于挑战、勇于承担责任的人员进行倾斜。

一是集团本部施行短期激励与中长期激励相结合的薪酬结构。上海海立集团短期激励实行年度总收入和业务绩效挂钩，采取 3 年期"目标年薪＋超额激励"分配模式；集团本部核心员工及委派至二级公司财务负责人，按照企业类别、营收规模及社会水平对标确定目标年薪，分享超额利润，超额激励覆盖各业务板块利润中心和各工厂、部门成本中心；中长期激励采取限制性股票激励计划模式，激励对象包括集团中高级管理人员、核心经营和技术骨干。通过将核心员工与企业发展实现利益捆绑，同步解决动力、活力和压力 3 方面不足问题。通过对突出贡献者给足信任、给大

空间、给够激励,强化价值创造,鼓励员工想干事、干成事。

二是集团下属子公司积极开展员工持股。上海海立集团推动下属三级企业杭州富生、安徽海立等实施核心团队持股,建立员工与企业风险共担、利益共享的捆绑机制;持股对象覆盖中高级管理人员及技术骨干;聘请第三方专业咨询和法律机构,研究设计员工持股方案,确保员工持股计划科学合理、依法合规;尤其是为避免股权固化僵化,重视股权流转和退出机制的设计。

(二)针对科技与专业技能人才队伍,强化典型塑造,着力技能经验传承

一是激发核心科技骨干积极性。上海海立集团党委召集成立专项小组,党委书记带队深入各被投资企业开展调研,深入了解集团及各被投资公司关于科技人员激励的现状、问题及需求等情况。根据调研结果,集团整合现有多种分配奖励项目,重构科技人员激励机制架构,制定科技人员专项激励方案;聚焦企业发展战略确定新领域、新产品的关键突破方向,公开招募项目带头人,按照项目重要性、完成度及市场接受度、销量、利润等关键指标实施激励,并上不封顶。

二是提升专业技能人才业务能力。上海海立集团建立"首席技师工作室",定期组织技术研讨会,研讨解决生产过程中的"疑难杂症",促使技能人员具备更为多元的基础知识、灵活的专业技能、面对复杂工作的应变能力以及获取新知识的方式方法。同时,集团开展员工技能比武、技师带教等活动,形成"比、学、赶、超"的良好氛围,为公司打造一支高技能人才队伍。

(三)针对青年后备人才,强化唯才是举,着力加快储备人才培养

上海海立集团历来重视青年人才培养,积极为青年提供施展才华、竞展风采的广阔舞台,鼓励青年参与到企业重点项目建设中去,在攻坚克难

中不断挑战自我、树立理想、施展抱负，积极成长为不可或缺的人才。同时，也针对青年成长的不同阶段、不同需求，制定个性化的激励机制。

一是注重新进人才的规划与发展。上海海立集团将激励重点放在职业发展规划和实施上，建立大 Y 型职业发展路径，尊重新进员工个性、特长和兴趣，提供管理、技术、技能、业务等多维度发展通道；通过"E18""管培生"等人才吸引及培养计划，帮助青年明确发展方向，锚定目标不断努力。

二是加快青年员工的培养与选拔。集团针对入职 10 年以下的青年员工，秉持"依托主业内部选拔培养，新产业外部市场招聘并举"的人才发展策略，强化唯才是举，加快干部人才队伍、专业人才队伍、后备干部队伍等 3 支人才队伍的培养和选用；开展海立"优才""鹰才（精鹰）"、国际化人才的外语学习、异地企业送教上门等工作，探索人才培养新模式，筑牢企业转型发展的人才基础；探索领导干部任期制建设，加大年轻干部培养选拔力度，加快中层管理团队、被投资企业领导班子年轻化建设。

三、改革成效

（一）体制机制不断完善

混合所有制改革取得进展，完成 3 家下属企业的股权改革，2 家企业的经营团队持股为 30%，1 家企业的经营团队持股为 6.92%，形成了由国资控股、社会资本参股、员工持股的全新股权结构。公司治理机制继续健全，按照新的上市公司治理准则，完善投资、运营、财务、内控、审计、干部管理、安环等制度流程，将党建工作嵌入流程、固化制度，构建符合法律法规、国资监管和上市公司管控要求、适应转型发展的体系。

（二）青年人才脱颖而出

完善分类发展、分类监管、分类定责的目标考核体系，发布以经营业绩为主的量化考核标准和激励方案,做到方法统一、标准公开。通过科学的考核机制筛选人才,上海海立集团中层以上领导人员中,40岁以下占比超过10%,各级后备干部中35岁以下青年占比达47%,实现领导人员队伍趋于年轻化。

(三)市场竞争力持续提升

上海海立集团继2017年营业收入首次突破百亿之后,连续3年保持增长,2019年达到121.4亿元,3年平均净资产收益率(ROE)超6%。市场竞争能力进一步提升,在中国轻工业百强榜单上大幅跃升36位,排名第41位。2019年,公司获得中国最具成长性上市公司百强榜、中国证券金紫荆奖、上海证券报金质量奖等多项荣誉。海立集团作为100家ESG(一种充分考虑环境、社会和治理因素的投资理念)风险最小的A股主板上市公司入选首次发布的责任云指数,企业社会责任报告获得中国社会科学院五星级评级。

16

打破股权僵局 解决遗留问题
为百年老凤祥插上腾飞翅膀

老凤祥股份有限公司

一、基本情况

老凤祥股份有限公司(以下简称"老凤祥股份"),2009年由中国第一铅笔股份有限公司更名成立,是上海市黄浦区国资委所属企业,也是上海工业系统较早一批改制上市的股份制企业。目前,已经形成了以"老凤祥"商标为代表的黄金珠宝首饰、以"工美"品牌为代表的工艺美术品、以"中华"商标为代表的笔类文具用品3大核心产业。2018年,老凤祥股份以入选"双百行动"企业名单为契机,积极解决职工持股历史遗留问题,优化股权结构,打破股权固化僵局,加速对具有170余年历史的"老凤祥"品牌实现"全球著名品牌和国际一流企业"的战略目标。

20世纪90年代末,作为老凤祥股份最核心业务板块的下属企业——上海老凤祥有限公司(以下简称"老凤祥有限")设立职工持工会,264名职工以现金和历年工资结余形式出资入股,后又实施46名自然人(经营者和技术骨干)持股,合计持有老凤祥有限股权21.99%。其中,职工持工会持有15.99%,自然人持有6%。职工持股为发挥全体职工特别是经营骨干的作用、推进企业的发展起到了重要作用。

近年来，随着老凤祥有限的高速发展，职工持股所导致的股权固化问题逐渐显现。一方面，企业的资金需求越来越大，资金成本压力渐增，而老凤祥股份作为上市公司受制于老凤祥有限的股权结构问题，难以将市场融资直接用于有限公司发展需要；另一方面，因职工持股机制不够明确，70%以上的持股经营者超过退休年龄，股权相对固化制约了企业发展。此外，上市公司的中小股东们则更希望老凤祥有限的经营骨干能更多地结合股份公司层面的总体发展，发挥更大的作用。老凤祥有限迫切需要通过引进战略投资者实现股权有序流动，解决股权固化、激励机制不完善、资本运作受限等方面存在的历史遗留问题，推进老凤祥有限转型升级。

二、主要做法

老凤祥有限既经历了企业改制、股东增资扩股、上市公司收购国有股等公司层面的股权变动，也经历了职工全员入股、经营技术骨干增持等职工股层面的购股退股。股权改革既涉及上市公司敏感信息，也涉及持股职工切身利益，社会关注度高，必须系统谋划、规范推进。

（一）全面梳理股权沿革，厘清股权变动脉络

公司从梳理编制相关法律文件、职工持股会股权历次进退情况及持股额的变化、持股会成员及自然人（经营者）持股出资人持股情况及股数清单等基础性材料着手，全面梳理形成职工持股会和自然人持股情况，持股会260名成员及46名自然人（经营者）出资人对各自的持股情况及股权数额没有任何争议。通过明晰股权、明确权属，达到了定分止争、减少矛盾的目的，为股权改革的顺利推进打下了扎实的基础。

（二）坚持专业化操作，确保股权转让合法合规

老凤祥有限实施职工持股后，相关法律法规多次调整修订。职工持股会又经过了职工退股、经营管理人员增持、退股条款暂停执行等诸多情

形，情况较为复杂。在现阶段股权改革过程中，公司选择了社会公信度高、业务能力强的独立法律顾问，会同有关法律专家，从持股会章程修订合规性、规范性文件性质及效力范围、持股理事会权限等股改中可能存在的风险点，从客观公正的角度出具法律意见，把好政策关、法律关。

（三）及时披露信息，改革全程公开透明

为避免因信息沟通不畅而引发不必要的猜测和矛盾，公司对外通过上市公司信息披露平台及时披露信息，对内通过定期召开各条块负责人情况通报会，最大程度地满足职工知情权。对于个别职工的意见，采用分块负责、层层传达的方式，在各基层单位设立咨询接待点，向员工解释股权转让的有关情况、方案政策，把分歧化解在萌芽之中；对于上市公司董事会层面的意见，公司领导班子通过主动与上级监管部门沟通、聘请专业咨询机构等方式，坚持在法律框架下处理和解决问题，充分尊重各方意见，争取各方支持。

三、改革成效

老凤祥有限职工持股会股权转让改革，从企业未来战略发展出发，把握关键环节，稳定、妥善、一次性彻底解决股权问题，为老凤祥股份高质量发展创造了条件。

（一）实现了强强联合协同发展

老凤祥有限职工股股权转让不是为了单纯退出，而是要通过股权转让，实现强强联合、优势互补。为此，公司在股权受让方选择上不是简单地考虑PE（市盈率）价格，而是坚持"四个是否"，即从是否具有战略发展的眼光、是否具有国内外资本运作的经验、是否具有携手进退共同发展的诚意、是否具有强大的融资能力和资金实力等多个维度综合考虑来筛选战略合作伙伴。最终，老凤祥有限选定中国国新控股有限公司全资子公司

——国新控股（上海）有限公司（以下简称"国新上海公司"）作为战略合作伙伴。

（二）妥善解决了职工股权问题

国新上海公司统筹协调，发起设立总规模30亿元的老凤祥专项基金，收购职工持股会及自然人持有的21.99%的股份。转让对价以老凤祥有限经审计的2017年度净利润为基准，运用PE估值方法确定，受让价格为每1元注册资本人民币60元（含税）。经过前期细致的准备工作，在职工持股会会员大会和自然人持股大会上，股权转让方案分别以99.94%和100%获得高票通过。其中，对于未量化到个人的股权转让资金，成立股权转让结余管理领导小组，制定方案，明确使用范围、用途和规则等。

（三）打造了企业与骨干员工利益共同体

在收购过程中，老凤祥有限给予持股员工及高管行权选择权，可以按照约定价格将部分或全部持有的股份以现金方式转让给老凤祥专项基金，也可以通过"换股"方式持有老凤祥专项基金份额，"换股"比例原则上不超过基金总额的30%。经协商一致，38名经营技术骨干运用部分转让股份所得资金参与基金投资，迈出股权改革关键一步。骨干持股以外的基金份额，由国新上海公司遴选战略投资者，进一步推动资源协同。

（四）进一步捋顺了上市公司股权结构

老凤祥专项基金持有老凤祥有限股权满5年且条件成熟时，由老凤祥股份通过定向增发方式收购该部分股权。交易完成后老凤祥股份持有老凤祥有限100%的股权，专项基金持有老凤祥股份定向增发的股份。若上市公司未通过定向增发方式收购该部分股权，则适时有序转让部分股权。

2019年，老凤祥股份全年实现营业收入496.29亿元，同比增长13.35%；完成利润总额24.93亿元，同比增长15.95%，经营规模和经济效益再次刷新历史最高水平。老凤祥股份将加快推动"双百行动"综合改革方案落地，进一步完善上市公司的治理结构，进一步规范企业的改革发展，促进公司可持续发展，努力引领老凤祥品牌向着"民族化、国际化、全球化"的战略定位继续迈进。

17

增强内生动力　激发发展活力
坚定稳步推进市场化改革

江苏省国信集团有限公司

一、基本情况

江苏省国信集团有限公司（以下简称"国信集团"）是在江苏省国际信托投资公司和江苏省投资管理有限责任公司等企业基础上组建的大型国有独资企业集团。2018年以来，国信集团紧紧抓住改建国有资本投资运营公司试点和国企改革"双百行动"的机遇，明确提出探索适合国有企业更好更快发展的模式和路径，随着"双百行动"综合改革持续推进，国信集团经济效益显著增强，行业地位不断提升；治理结构更加规范，管控能力有效提升；激励约束更加健全，经营机制更加灵活。

国信集团2001年8月经江苏省政府批准组建，公司主营业务为能源、金融、新兴产业投资。经过近20年发展，国信集团注册资本已达300亿元，总资产为1 942亿元，净资产为1 014亿元。截至2019年12月底，集团二级子企业共有30户，集团本部参股投资项目73个。

近年来，国信集团在改革发展过程中面临着一些困难和问题，主要表现在集团管控体系有待进一步优化、市场化经营机制不够健全、激励约束机制有待进一步完善、人才队伍与集团发展需求不相匹配、转型发展还不到位及新动能培育不够等,亟须通过深化改革,破解发展难题。2018年以来,国信集团建立以管资本为主的管理体制,利用投资和运营2个平台实现国有资本保值增值、合理流动;完善公司法人治理结构,厘清出资人事权边界,落实董事会职权,着力形成权责明确、运转协调、有效制衡的公司治理体系;进一步聚焦主业,做强能源,做优金融,投资战略性新兴产业和高新技术产业;提升非主业资产整合能力和效率;坚持市场化导向,加快建立激励与约束有效结合、压力与动力有效传递的管控体系,释放企业发展活力,努力实现把集团建设成为一流国有资本投资运营公司的目标。

二、主要做法

(一)以市场化为导向重塑组织架构

按照国有资本投资运营公司的功能定位,国信集团构建"集团总部—二级平台公司—三级子公司"三级管控体系;对集团总部职能重新定位,由管资产向管资本转变,在战略规划、资源配置、重大决策和风险防范等方面加强管控,减少事务性和具体业务管理;启动集团总部机构改革,坚持精简高效原则,从严控制机构设置和部门领导职数,因事设岗,提升运营效能和管理水平;建立以能源部、金融部两个事业部为主体的专业化管控体制,强化专业管理职能。修订集团内控权限指引,将自主经营决策事项逐步归位于子公司;将投资、部分产权管理和重大事项决策等出资人权利,授权给具备条件的二级子公司行使;将延伸到三级及以下控股企业的管理事项,原则上交由二级子企业依规决策。

(二)以市场化为导向改革选人用人机制

一是推进高级管理人才的市场化招聘,建立职业经理人制度。2018年,国信集团以子公司江苏省国际信托有限公司(以下简称"江苏信托")

为试点面向社会公开招聘高管和骨干人才，通过严格的报名、资格审查、素质测评、适岗性评价、组织考察与审核、公示等程序，引进了包括2名副总经理在内的一批具有成熟业务能力、经营管理能力的高端人才，引进的专业人才和专业团队使江苏信托异地展业得以实施，新业务得到快速发展，开拓了市场发展新空间。江苏信托采用市场化方式选聘高管，实行高管任期制和契约化管理，也为集团进一步推行职业经理人制度积累经验、打下基础。二是推行经理层成员任期制和契约化管理，深化干部人事制度改革。2019年年底以来，国信集团在二级子企业层面，全面启动经理层成员任期制和契约化管理工作，一企一策制定具体方案。通过签订聘任协议和业绩合同，约定企业与经理层成员之间的责任、权利、义务，严格聘期管理和目标考核，畅通经理层成员退出机制。三是建立集团总部全员岗位聘任机制，深化劳动用工制度改革。国信集团制定出台总部员工岗位聘任管理办法，总部全员签订岗位聘任合同，从制度上实现员工岗位"能上能下"、人员"能进能出"。

（三）以市场化为导向改革激励机制

一是通过试点企业以点带面改革收入分配管理制度。早在2016年，国信集团就把江苏信托作为薪酬市场化改革试点，打破原来的工资总额制，实施成本收入比薪酬制度。"双百行动"综合改革期间，江苏信托继续完善配套制度，建立全员市场化考核机制，薪酬与业绩全面挂钩。根据绩效考核的结果，该公司同类部门员工最高和最低薪酬水平相差8倍，对履职不力的干部实施降职处分，对不能胜任工作岗位的员工及时劝退，对未完成年度最低业绩指标的业务部实行减薪并重新配置人员。通过一系列措施，有效推动了"三能"机制的落实。二是在集团上下全面建立激励与约束并重的分配体系。2019年年底，国信集团针对总部和所属企业分别出台了一系列收入分配管理制度。其中，集团总部员工薪酬管理办法和岗位绩效考核办法将员工绩效薪酬占比提高至40%~60%,实行月度考核和年度考核相结合的全员绩效考核机制,实现了集团总部员工收入能增能减。集团所属企业工资总额管理办法旨在改革薪酬决定机制,强化工资总额增长与企业经济效益的挂钩关系,明确工资总额分级管理体系。集团所属企业负责人薪酬管理办法和经营业绩考核办法旨在建立与企业效益、规模相适应的负责人收入分配制度,强化绩效薪酬与综合考评、职工工资的挂钩关系,鼓励各企业打破"平均主义",建立差异化的薪酬分配办法。

三、改革成效

随着"双百行动"综合改革持续推进,企业活力正在焕发,运营效益明显提升。

(一)经济效益显著增强,行业地位不断提升

截至2019年年底,国信集团总资产同比增长17.25%,净资产同比增长10.96%;2019年实现利润总额76.54亿元,同比增长5.28%,创历史新高;建成江苏省最大的综合能源供应平台,能源板块综合实力居江苏省各发电集团第1位、全国省级能源集团前列;全省约50%的电力供应、约16%的天然气供应来自国信集团控参股电厂,切实承担起江苏省能源供应主力军的责任;建成江苏省最大的金融投资平台,国信集团现已成为江苏省主要金融企业华泰证券、江苏银行、江苏信托、利安人寿、紫金保险的第一大股东,直接经营信托、财务公司、担保、期货、保险经纪等金融业务。江苏信托2019年主要经营指标再创历史新高,实现利润总额29.5亿元,同比增长36%,人均净利润达1 374万元,经营效率领先;综合实力从2017年的行业第10位跃居第5位,行业评级A级,各项经营和风控指标均位居全国前列。

(二)治理结构更加规范，管控能力有效提升

国信集团构建了涵盖国资监管机构与集团党委会、董事会、总经理以及下属企业的多层级管控与授权体系，"集团总部—二级平台公司—三级子公司"管理架构基本形成。董事会组成结构进一步优化，董事会的独立性和专业性得到进一步提升，各治理主体的权责边界和决策程序进一步明确。在管理方面，通过加强财务管理、完善投资决策管理体系、建设全面风险管控体系、重大事项双重法律审核、建设 ERP 管理平台等一系列"组合拳"，极大地提升了集团整体管控能力。

(三)激励约束更加健全，经营机制更加灵活

国信集团初步实现了"收入能高能低、岗位能上能下、人员能进能出"，"高水平大锅饭"现象基本得到扭转，广大干部员工的积极性和主动性不断增强。国信集团资产结构不断优化，转型升级不断加快；主业集中度进一步提升。截至 2019 年年底，能源、金融和新兴产业投资板块总资产、净资产、营业收入、利润总额分别占集团的 75.6%、86.1%、63.6%、97%。能源产业结构加快调整，金融业务结构持续优化，新兴产业投资积极稳健。坚决退出低效无效资产和非主业参股投资，"僵尸企业"全面出清，管理层级压缩至 4 级，资产结构更加优化。

18

深化改革攻坚　激发企业活力

南京旅游集团有限责任公司

一、基本情况

南京旅游集团有限责任公司（以下简称"南京旅游集团"）是南京市委市政府重点打造的市属国有旅游产业专业化运作平台。公司以入选"双百行动"企业名单为契机，加大改革创新力度，推动全市旅游资源"统起来、串起来、活起来"。通过"双百行动"综合改革，企业活力进一步激发，发展质效显著提升。2018—2019年，南京旅游集团营业收入和利润总额平均增长率均超过30%，经营业绩位列全省同类平台第一、副省级城市前列。

南京旅游集团成立于2017年12月，是南京市委市政府重点打造的市属国有旅游产业专业化运作平台，集旅游开发、景区运营、旅游服务、酒店餐饮、商业会展、旅游金融于一体。截至2019年12月底，公司总资产为421.8亿元，净资产为156.2亿元；2019年实现营业收入39.5亿元、利润总额2.6亿元，同比分别增长34.1%和75.6%。全资、控股二级子企业25户，参股二级子企业12户。

南京旅游集团针对本市旅游资源分散，品牌影响力不够；发展不均衡，带动力不足；旅游配套少，服务不全等诸多难点和痛点，研究提出了

3大目标：一是通过兼并重组，延伸旅游产业链、价值链，营业收入、利润总额等主要经济指标实现3年翻一番；二是通过混合所有制改革，引"战投"、转机制，并通过深化企业内部"三项制度"改革，进一步激发企业活力和内生动力；三是通过推进旅游与文化、科技及传统产业融合发展，提升对南京经济的带动力和贡献度，并加大旅游营销推广，提高南京旅游品牌知名度和国内、国际影响力。

二、主要做法

（一）强化制度设计，着力健全企业法人治理结构

一是明确集团授权放权事项。2019年8月，南京市国资委授权南京旅游集团及董事会行使企业中长期发展、主业范围、投资决策、经理层成员业绩考核和薪酬管理、经理层成员选聘、职工工资总额等9项股东会职权。南京旅游集团从修订章程、配套制度、优化流程等方面推出了21项工作举措，不断加强集团的行权能力建设，确保对授放权接得住、行得稳。二是构建"外大于内"的董事会结构。目前集团董事会成员7人，其中内部董事3人，外部董事4人，进一步优化了董事会结构。三是设立董事会专门委员会。为进一步提高董事会决策的科学性和专业性，南京旅游集团设立了提名与薪酬考核委员会、战略委员会、审计委员会3个专门委员会，且全部实行"外大于内"的结构。四是制定完善"三会一层"议事规则和决策清单。南京旅游集团制定党委会、行政办公会制度和董事会及专门委员会议事规则，同时对集团"三重一大"决策事项和其他经营事项进行全面梳理，梳理出75项决策事项，实行清单式管理。五是构建分类授权管控体系。南京旅游集团按照充分授权、部分授权、集中管控等不同模式，研究制定子企业分类授权放权清单，探索将选人用人、薪酬分配、投资决策等职权分类授予所出资企业，进一步激发企业发展活力和动力。

（二）推进内外部资源整合，加快资产证券化步伐

一是完成市国资系统涉旅资源整合。南京旅游集团通过无偿划转、股权市场化交易等方式，完成国资系统内 13 家企业股权整合工作。二是推进市属部门涉旅资源整合。南京旅游集团完成了红山动物园、燕子矶公园行政隶属关系调整，完成了南京东部园林公司股权无偿划转，基本完成明城墙、甘熙故居、紫金山索道等旅游资源合作运营工作。三是并购外部旅游产业链资源。南京旅游集团加大投资并购力度，集团所属的国资经营公司于 2018 年年底收购了华东地区最大的地接社德高旅行社 48% 股权，成为第一大股东，集团主营业务从南京拓展到华东地区；2019 年年底南纺股份成功通过发行股份收购夫子庙游船 51% 股权，南纺股份向旅游业转型迈开步伐。四是整合内部存量资源。南京旅游集团对酒店、商业、旅游建设等板块实施所有权和运营权分离，以新成立的紫金山庄酒店管理公司为主体，将集团旗下酒店逐步整合到管理公司；将南京商厦百货零售经营权授予南京南商商业运营公司，推进资产证券化。五是化解历史遗留问题。南京旅游集团大力清退非主业、非控股、非盈利的低效劣势企业和低效参股投资，累计实现 21 户（项）低效劣势企业及低效参股投资市场化清退，共回收资金 3 亿元。

（三）深化内部制度改革，不断完善市场化经营机制

一是薪酬与考核目标挂钩。南京旅游集团对所属企业实行分级分类管理，分类制定指标体系和薪酬调节系数表。2019 年年末，集团 1/3 的成员企业负责人因业绩未达标，薪酬自动下降，最大降幅达到 12%；1/3 企业负责人薪酬上涨超过 8%，成员企业负责人最低薪酬与最高薪酬差距达 1 倍以上。积极探索股权激励、超利润分成、分红激励等多种激励方式，激发集团干部职工干事创业的积极性。二是实行人才强企战略，不断提升核心竞争力。南京旅游集团多措并举引进集团稀缺的专业人才，2018 年以来

选聘了 10 余名旅游策划和运营人才，公开选拔中层干部 5 名，18 名管理人员实现上下交流。为解决现有薪酬体系与市场薪酬差距大问题，2019年上半年，南京旅游集团设立人才发展专项资金，在引进的高层次人才完成年度目标任务的前提下，其薪酬与引进时承诺的薪酬差额部分，从专项资金中给予补贴。三是推行经理层成员任期制和契约化管理。南京旅游集团二级子企业经理层成员全面实行任期制和契约化管理，非经理层领导班子成员实行任期制考核，实现了企业领导班子考核全覆盖，对任期考核不合格的领导班子由集团党委提出调整意见，打破"铁饭碗"和"大锅饭"。四是加快建立职业经理人制度。南京旅游集团通过市场化选聘方式，聘任了 1 名集团副总经理，其薪酬标准已超过集团董事长。同时，在商业一类子企业推行职业经理人制度，在混合所有制企业全面实行职业经理人制度。目前集团共有 11 家企业共 18 个岗位聘任了职业经理人。

（四）推进股权多元化和混合所有制改革，积极探索企业管理新模式

一是全面实施新增企业"混改"。南京旅游集团围绕旅游产业链，积极与华住酒店集团、上海德必集团等旅游业界龙头企业开展合资合作，总合作规模超过 100 亿元，新设和并购 10 家混合所有制企业。二是分类推进存量企业"混改"。南京旅游集团以转机制、增活力为目标，分类推进所属金斯服装厂、松竹物业等存量企业"混改"，目前集团混合所有制企业比重已达到 60.5%。三是探索混合所有制企业管理新模式。南京旅游集团研究出台国有相对控股混合所有制企业管理暂行办法，对混合所有制企业经营管理中的重大事项决策权、经理层选聘、财务管理、党建工作等方面进行约定；注重发挥中小股东和战略投资者参与企业治理的积极性，推动混合所有制企业实现"人合、资合、机制合"的协调统一。

（五）加强党的领导和党的建设，为企业改革发展提供坚强保障

一是抓把关定向。2018年以来，集团党委召开党委会，其中与改革工作相关的议题超过2/3，充分发挥了"把方向、管大局、保落实"的作用。二是抓基层党组织建设。南京旅游集团党组织注重在用好干部、配好资源、服务监督上着力，营造风清气正的干事创业氛围。集团完善企业党组织和纪检监督体系，原董事长兼总经理转任党组织书记兼董事长4人；原党组织书记兼经营层副职转任党组织书记2人；督促没有设立纪检委员的单位完成设立，配备纪检干部18人。三是抓特色党建品牌建设。开展"一企一品"特色党建品牌创建活动，南京旅游集团建立17个基层党建创新品牌。四是抓监督体制建设。南京旅游集团压实党委主体责任和纪委监督责任，把党风廉政建设纳入集团党委中心工作；加强纪检监察、审计、监事会、财务总监等专业监督，建立分工明确、相互协调、信息共享的"大监督"机制。

三、改革成效

通过"双百行动"综合改革，企业活力进一步激发，发展质效显著提升。2018—2019年，南京旅游集团营业收入和利润总额平均增长率均超过30%，经营业绩位列全省同类平台第一、副省级城市前列。2019年，中国旅游研究院、中国旅游协会联合发布全国旅游集团排名，南京旅游集团跻身行业20强。一批重大项目崭新亮相，熙南里大板巷街区已成为南京又一张旅游名片；秦淮河水木秦淮街区重新改造升级，打造全国知名的艺术生活街区；幕燕片区环境提升，滨江樱花大道成为南京新的网红景点。集团加强与全国酒店龙头企业华住集团合资合作，打造文化主题酒店，并于2020年上半年陆续开业。一批老字号品牌重绽芳华，集团联合南京各大旅行社，盘活国展中心闲置地下空间，打造南京首家老字号博物馆及放心旅游商品旗舰店。黄埔大酒店与民营企业合作，重新激活"六华春"老字号品牌，赋予传统金陵菜新的活力。一批特色活动彰显魅力，南京旅游集团挖掘传统民俗文化内涵，先后组织了端午秦淮河龙舟竞渡、七夕为爱酷跑、重阳国际登高节等节庆活动，讲好南京故事，传播中国文化。南京旅游集团成功举办了第一届"金陵菜主题厨艺大赛"，来自38家星级酒店、社会餐饮企业的百位大厨现场比拼，一批名店、名厨、名菜脱颖而出，打响了南京地方菜系知名度。

19

聚焦转型发展　激发内生动力 全面推行职业经理人制度

华泰证券股份有限公司

一、基本情况

华泰证券股份有限公司（以下简称"华泰证券"）是一家中国领先的大型综合性证券集团。公司紧紧抓住入选国企改革"双百行动"企业名单和列入江苏省第一批混合所有制改革试点企业的机遇，明确提出将实施职业经理人制度作为改革的重点内容。通过"双百行动"综合改革，华泰证券市场化经营机制和激励约束机制不断完善，组建了一支高素质的经营管理团队；建立了一套完整的经营管理团队市场化管理制度；为公司打造"国际一流投行"注入了强大动力。

华泰证券具有广泛且紧密的客户资源、领先的数字化平台和敏捷协同的全业务链体系，各项主要业务均位居行业前列，综合实力稳居行业第一方阵。公司前身是1991年4月成立的江苏省证券公司，是中国证券监督管理委员会首批批准的综合类证券公司。2007年12月整体改制成为股份制公司，2010年2月在上海证券交易所挂牌上市，2015年6月在香港联交所挂牌上市。2019年6月，公司作为"沪伦通"首单在英国伦交所发行全球存托凭证（GDR），成为国内首家在A＋H＋G三地上市的金融机构。2019

年7月，公司分拆境外子公司AssetMark在美国纽约证券交易所成功上市。目前，公司已经形成了中国内地、中国香港、美国三地联通、战略协同的国际化发展新格局。截至2019年12月底，公司总资产为5 621.81亿元，排名行业第3位；净资产为1 256.55亿元，排名行业第4位。2019年，公司实现营业收入248.63亿元，归属于上市公司股东的净利润90.02亿元。公司在境内外拥有全资子公司4家，控股子公司3家，分公司30家，证券营业部241家。

由于市场化经营机制和激励约束机制不够健全，既不利于公司内部管理人才梯队建设，也不利于从外部成熟市场招募到高素质、复合型、具有国际视野的高级经营管理者，公司紧紧抓住改革的机遇，明确提出将实施职业经理人制度作为改革的重点内容，主要目标是通过优化经营管理者配置和管理方式，建立市场化导向的选人用人和激励约束机制，切实提升公司的经营活力和竞争力。

二、主要做法

（一）准确把握改革方向

在资本市场和证券业开放步伐明显加快，金融机构混业发展和交互渗透领域不断延伸的全新竞争态势下，拥有一流的职业经理人队伍是证券公司保持市场竞争优势、激发高层管理人员活力的关键。

近年来，华泰证券受制于传统国有企业的制度约束，市场化机制激励约束机制不健全已成为制约企业向更高层次发展的"瓶颈"。为破解发展难题，2018年8月，华泰证券被纳入"双百行动"综合改革企业名单和江苏省第一批混合所有制改革试点企业。根据江苏省委省政府批准的改革总体方案，确定在华泰证券开展建立职业经理人制度试点，按市场化方式选聘公司经营管理层并确定薪酬。华泰证券董事会加强对经营管理层业绩考核，建立健全科学合理的奖惩机制，调动经营管理层积极性。经营管理层市场化选聘工作，由江苏省委组织部牵头，会同江苏省国资委等相关部门制定工作方案，报省委研究同意后实施；有关职业经理人考核机制、薪酬机制、奖惩机制等具体办法，由华泰证券党委会同董事会拟订，江苏省国资委、江苏省财政厅进行全面严格审核把关后，提交江苏省国有企业改革领导小组研究同意后实施。

（二）科学制定工作方案

试点任务目标确定后，华泰证券在充分调研的基础上，结合企业实际，深入推演，反复论证，研究制定市场化选聘工作方案，明确选聘职位、选聘条件、选聘流程等，为市场化选聘职业经理人提供了基本遵循。

在制定工作方案过程中，华泰证券把遵循市场及行业的运行规律贯穿制度体系设计全程。在选聘职位设置上，参照国际投行实践，不设总裁、副总裁，设置执行委员会；在绩效考核上，考核维度多样化、考核内容差异化，以经营业绩为主、兼顾社会责任和政治责任；在薪酬激励上，充分考虑证券行业特征，绩效年薪等与个人年度绩效和公司年度整体经营业绩挂钩。

（三）精心组织市场化选聘

一是严格把关定向。华泰证券始终坚持把党的领导贯穿在市场化选聘职业经理人全过程，江苏省委组织部、国资委党委、财政厅党组等职能部门派人全程参与，在确定标准、规范程序、审核把关等方面切实发挥好应有的作用。华泰证券党委认真执行"三重一大"议事决策制度，严格落实重大问题前置程序，选聘工作方案、选聘实施方案及职业经理人薪酬考核方案均经党委前置研究并报上级机关审批或备案，严格把关后实施。二是坚持规范操作。2019年3月30日，华泰证券发布公告，首次全球选聘职业经理人。经过层层把关和严格筛选，于2019年10月召开第四届董事会第二十五次会议，董事会聘任了首席执行官、执行委员会主任。2019年12月16日召开第五届董事会第一次会议，根据首席执行官、执行委员会主任提名，董事会聘任了6人为公司执行委员会委员。新选聘的执行委员会委员，既有深耕通信行业多年、对金融与科技结合颇有经验的跨界精英，也有金融行业任职多年、管理经验丰富的专业人士；既有在公司任职20年以上的原公司高管转任，也有历经市场前沿一线检验的中层管理人员提任，一支高素质专业化经营管理团队初步形成，为公司战略转型和国际化及高质量发展奠定坚实基础。三是确保稳妥有序。为有序推进选聘工作，华泰证券成立了职业经理人市场化选聘委员会，由执行委员会主任担任选聘委员会主任，公司党委副书记担任副主任；选聘委员会严格按照有关规定和规则程序，依法合规推进选聘，重大问题、重大事项及时请示报告；同时，注重做好干部职工的思想政治工作，及时了解思想动态，妥善解决苗头性、倾向性问题，确保了市场化选聘期间干部队伍整体稳定。

（四）严格任期管理和目标考核

华泰证券坚持契约化管理，经营管理层每届任期3年，每年签订目标责任书，约定市场化的目标任务和业绩基准。职业经理人考核指标全面对标市场和行业，选取具有典型意义、行业通用的指标，并根据行业情况设定具有挑战性的目标值；实行差异化薪酬，实行年薪制，绩效年薪等与个人年度绩效、公司年度经营业绩挂钩，并结合市场数据对职业经理人的薪酬水平进行动态调整；实施市场化退出，在聘任协议中明确职业经理人的退出条件，将目标责任书完成情况作为其劳动合同管理、考核评价及奖励兑现的重要依据。聘任期满，聘任协议自然终止；需续聘的，由公司董事会重新履行聘任手续。年度考核不合格、连续2年年度考核被认定为一般或严重违法国家法律法规的，聘任协议终止或解除。

三、改革成效

通过"双百行动"综合改革,市场化经营机制和激励约束机制不断完善,为推进公司高质量发展注入了新的活力。

(一)组建了一支高素质的经营管理团队

华泰证券通过市场化选聘的执行委员会委员,一支背景多元、能力全面的高素质专业化经营管理团队初步形成。新的经营管理团队视野开阔、经验丰富、业务能力强,充满了工作激情和活力,必将凝聚和激发公司全体员工的积极性和创造性,带领公司打开新的发展局面。

(二)建立了一套完整的经营管理团队市场化管理制度

华泰证券通过实施职业经理人制度,实现公司经营管理团队由组织任命向市场化选聘的转变,建立了以市场为导向的选人用人机制。全面推行经理层成员任期制和契约化管理,实行差异化薪酬制度,严格任期管理和绩效考核,真正实现经营管理团队契约化、市场化和职业化,为进一步激发其内生动力,提高其履职担当作为的积极性和创造性夯实了制度基础。

(三)为公司打造国际一流投行注入强大动力

华泰证券在江苏省属国有企业集团层面首家全面推行职业经理人制度,标志着公司市场化改革已经基本覆盖到全员,市场化水平迈上了新的台阶。同时,向全体员工全面传递公司深化改革的意志和决心,树立市场化改革的新标杆,有利于充分激发广大员工的积极性和创造性,为公司加快转型发展,打造国际一流投行注入了强大动力。

20

坚持市场导向　加快专业转型
打造科技型企业 "浙江样本"

浙江高速信息工程技术有限公司

一、基本情况

　　浙江高速信息工程技术有限公司（以下简称"高信公司"）是浙江省交通投资集团有限公司（以下简称"浙江交通集团"）旗下科技型全资子公司。近年来，高信公司以入选"双百行动"企业名单为契机，循序渐进开展实施混合所有制改革、治理结构优化、市场化选人用人和实施激励约束机制等一系列改革举措。2019年，高信公司的经营效率大幅提升、创新和改革活力显著增强、经营业绩明显改善。在深化改革进程中进一步营造了以领导率先示范、中层凝心聚力、职工积极响应的良好干事创业氛围。

　　高信公司是浙江省交通行业内创新型示范企业，高速公路系统集成业务位于全国同行前列，在全国智慧高速建设领域内具有先行优势，整体具备发展智慧交通产业较为完整的资质条件、业务体系与技术团队。

　　高信公司以"双百行动"为契机，紧扣"五突破、一加强"，以实施创新引擎、业务拓展、机制转换、团队动力"四项工程"为主线，以"三提升三转变"为综合改革目标，即以加速市场化专业化转型发展为核心，聚焦经营活力显著提升、内在动力显著提升、核心能力显著提升，竭力由资源依赖向市场竞争转变、由机电单一增长为主向智慧交通复合增长方式转变、由保障性信息服务企业向市场型信息科技企业转变；并制定"三年三步走"阶段计划，明晰工作重点，紧盯关键时点，倒逼推进综合改革工作加深加快，力争成为浙江省属科技型国有企业创新发展的改革示范和全国省属国企市场化发展信息产业"浙江样本"。

二、主要做法

（一）强化市场化选人用人机制，筑牢企业改革"人才之基"

"改革之道，要在得人。"高信公司借助"双百行动"改革东风，努力在公司构建"能上能下、能进能出"的市场化选人用人机制。一是在全省率先启动领导干部全员竞聘上岗。在高信公司率先试点领导班子全员起立，面向集团内外公开竞选聘，领导班子7人实现竞聘上岗，其中3人来自高信外部，新设首席技术官（CTO）职位，试行职业经理人管理体系。二是在浙江交通集团内部首次试点中层骨干全员竞选聘。高信公司针对30个中层岗位，分两轮面向集团内外开展公开竞聘和社会化选聘，外部引进5人，担任3个部门和2个业务单元负责人。新引进中层骨干平均年龄35岁，其中硕士6人，博士1人，骨干人才素质大幅优化。三是完善领导干部和中层骨干考核转正机制。高信公司规范人员引进门槛，畅通人员退出通道，强化总量控制。在和新聘任领导班子成员、中层骨干签约时明确转正和退出条件，以考核责任书为载体，将转正和退出条件契约化，强化考核结果的应用。2019年，有1人表现出色被破格提拔，对2名考核结果不合格的中层干部予以市场化退出。

（二）加快"混改"转型步伐，打造企业发展"科创平台"

"混改"过程吸收上市科技型企业优秀经验，构建共享平台、创新平台、互补平台，为科技型企业改革催生发展活力。一是吸收研发技术骨干持股，构建公司与科技人才共享平台。高信公司在引入2家战略投资者的同时，经过严格遴选，吸收49名研发、技术和经营管理骨干通过持股平台间接持股公司，其中经营骨干19人，技术骨干18人，研发骨干12人，占公司总股本的19.05%。期望通过较为紧密的利益捆绑机制，促进公司的持续发展。二是通过改制科研单元，打造公司科研创新平台。高信公司向科技型上市企业对标，设立云研究院，作为公司科研单元直接承担科技研发工作，集公司全力推动科研效应向头部聚集，通过持续的软著与发明专利产出，不断缩短与上市公司技术储备差距。三是通过人才复用和技术共享，打造公司互补平台。高信公司以云研究院为核心，向其他经营业务单元提供科技支撑和人才培养支撑，既便于科研人才指导一线技术实践，又方便一线经验反哺科技创新改进修正，形成了科研、创新、技术互补共生的良好局面。

（三）强化市场化激励约束，构造企业发展"动力之源"

高信公司强激励配合硬约束，共同催生改革发展新动能，为"双百行动"注入新动力。一是坚持激励与约束并重，实现权责并重的高效管理。除股权激励外，高信公司分业务领域对标同行业优秀上市公司，通过盈利能力指标、资产运营能力指标、技术创新能力指标等方面对标看齐，制定极具挑战性的多维度业绩约束目标。公司业绩考核包括非关联收入占比、综合毛利率、营业利润率、研发人员数量占比、软著等极具挑战性的目标。二是构建多序列多职类岗位体系，拓宽员工职业发展通道。高信公司构建"一人一岗、易岗易薪"薪酬体系，在管理晋升通道之外，增加研发、工程、市场和职能4个序列26个职类，设立8个层级对应8个薪级，优化相关制度，鼓励员工由管理、职能双向晋升或转变职业发展路线，提高员工综合能力，完善"双通道、多职类"员工职业发展通道。三是构建强关联考核体系，确定差异化薪酬分配模式。高信公司针对企业内部专业管理现状,大力推行薪酬分配差异化、收入水平市场化、绩效考核常态化,解决员工收入"该高不高、该低不低"的问题;包括公司领导班子在内的所有岗位均开展同级别同岗位工资根据绩效考核结果浮动;构建"单元、干部、员工"三位一体考核体系,月度考核绩效占月度工资比例为30%,并将单元考核结果和干部、员工考核结果相挂钩,营造"纵向联动、横向协同"的考核分配氛围。

(四)强化专业化内部治理,深植企业发展"活力之根"

高信公司通过加强党建,引领治理体系完善和治理流程优化,全面提升治理能力。一是坚持党的领导,加强党建融合。高信公司围绕党委核心作用发挥组织化具体化,坚持把党的领导融入混合所有制改革全过程,制定党委议事决定清单和党委前置重大经营决策审议清单,细化明确14大类69项重大事项清单,嵌入公司相应议事规则。2019全年召开党委会29次,研究或前置讨论"混改"上市、重大经营事项129项,确保企业改革发展保持正确政治方向。二是完善治理体系,改革制度先行。高信公司聚焦董事会专业化常态化以及内部综合实施精细化效能化,完善修订了公司章程、股东会议事规则、董事会议事规则、监事会议事规则,在国有企业改革过程中强化了出资人的合法权益,形成了具有法律约束力的公司文件;制定4个专业委员会(风控和审计、战略投资、提名、薪酬和考核)实施细则、外部专业顾问管理细则,公司"三会一层"运行制度更加规范。三是优化治理流程,提升治理能力。按照上市公司规范,高信公司对内部流程事权进行再优化再完善,下放日常经营事权24项,优化审批流程21项,进一步强化了专业管控和分工协同;从经营分析、财务体系、客户管理和企业文化等方面向上市企业全面对标对表,努力全方位健全公司市场化经营机制,提升公司专业化经营效能。

三、改革成效

近年来，高信公司循序渐进开展实施混合所有制改革、治理结构优化、市场化选人用人和实施激励约束机制等一系列改革举措，2019年，高信公司的经营效率大幅提升、创新和改革活力显著增强、经营业绩明显改善，在深化改革进程中进一步营造了以领导率先示范、中层凝心聚力、职工积极响应的良好干事创业氛围。

（一）开展人才制度改革后，公司市场竞争意识显著增强

浙江交通集团指导高信公司确定3年冲刺上市目标，完成从服务集团到面向市场转变；从区域公司到全国布局转变，已成立2家区域中心开展省外业务，预计2020年省外业务再创新高；从追求团队稳定到主动淘汰转变，从公司领导班子到基层员工工作饱和度较以往增强了1倍以上，活力充分激发。

（二）管理机制和考核机制改革后，团队活力和创新能力明显提高

2019年，高信公司实施收入水平市场化和绩效考核常态化之后，仅短短6个月就显著激发了管理人员的工作积极性和责任心，业务单元的成本意识和全面管控意识显著增强，项目利润和人员收入也有较大提升。2020年完成"混改"之后，骨干个人利益与公司业绩紧密相连，将进一步调动核心骨干人才的积极性，形成公司与核心人才风险共担、利益共享的"双赢"局面。

（三）加快市场经营机制转型后，经营效率大幅提升

通过经营机制和激励约束机制的全方位改革，高信公司2019年经营效率较2018年提升明显。关键人事指标如劳动生产率、人事费用率、人均人工成本、人工成本投入产出率、人均创利均有不同程度地提高。2019年，公司全员劳动生产率为每人346.09万元/年，同比增长105.65%；人事费

用率为6.85%，同比下降36.1%；人均人工成本为23.69万元，同比增长30.96%；人工成本投入产出率同比增长75.75%；人均创利23.68万元，同比增长130.13%。在改革过程中，国有资本保值增值率达139.18%，同比增长29.05%；净资产收益率达到48.74%，同比增长30.77%，在同行业处于较高水平，借助"双百行动"实施的大力改革为国有资产带来了正向收益。

（四）治理结构优化后，经营业绩和发展成果明显改善

经过治理结构的优化和选人用人的市场化选型，2019年承接业务量和公司业务涉及省份数量均明显增多，核心经营指标如营收、利润、新签合同额等均较往年有明显改善。2019年，高信公司新签合同额12.27亿元，同比增长184%，完成年度目标的171.2%；实现营业收入11.59亿元，同比增长128.20%，完成年度目标的116.09%；利润总额7 934.18万元，同比增长156.06%，完成年度目标的102.32%；省外市场新签合同额2.75亿元，同比增长49.66%；省外市场实现营业收入2.22亿元，同比增长87.06%。

秉承"有力推动、有效统筹、高效决策、及时推进"的工作原则，浙江交通集团实时跟踪和定期评估高信公司"双百行动"综合改革工作进展情况，实现母子公司两级联动，确保改革举措高质量落地。同时，浙江交通集团及时总结"双百行动"中综合改革工作经验，形成可复制、可推广的改革经验，其中，高信公司的领导班子和中层骨干市场化竞聘等做法已在集团其他子公司中得以推广应用。下一步，浙江交通集团将不断巩固深化"双百行动"改革成效，加快改革步伐，狠抓改革落地，释放改革红利，力争将高信公司打造成为浙江省科技型国有企业创新发展的改革示范。

21

以"混改"注入市场基因
以转型提升发展质量

浙江省浙商资产管理有限公司

一、基本情况

浙江省浙商资产管理有限公司（以下简称"浙商资产"）是全国首批5家、浙江省第一家具有批量转让金融不良资产资质的地方资产管理公司（以下简称"地方AMC"）。2018年以来，浙商资产以入选"双百行动"企业名单为契机，以"混改"作为突破口，持续深化改革，取得良好成效：公司整体实力稳步提升；公司治理体系持续完善；战略服务能力不断提高；行业引领作用显著发挥。

浙商资产成立于2013年。浙商资产围绕区域风险化解、服务实体经济为发展主线，已建立起不良资产收购处置、基金管理、投行服务、资产经营、金融服务5大业务板块，旗下囊括保理、破产管理、基金、行业研究等多个功能平台，通过省内设立3大业务总部、6家地市级资产管理子公司和省外设立5家办事处等方式，实现了覆盖浙江、辐射全国的业务发展格局。2019年年末，浙商资产总资产达到509.11亿元，当年实现营业收入54.55亿元，归母净利润11.58亿元，已成为浙江省内不良资产领域龙头企业，在全国地方AMC行业处于领先地位。

21 浙江省浙商资产管理有限公司

近年来,地方不良资产市场主体不断扩容,在"五大 AMC + 地方 AMC + 银行系 AIC(金融资产投资公司)+ 外资机构 + 民营机构"的激烈竞争格局下,浙商资产由于资金束缚、股权单一、经营机制活力不足、管理支撑欠缺等因素,发展瓶颈不断凸显。2018 年以来,浙商资产以"双百行动"为契机,以"混改"作为突破口,不断完善公司治理,推动经营机制转换,向着"以不良资产收购处置为基础,以资产管理为核心,具有国际视野、全国一流、具备多重金融服务能力的综合资产管理平台"的发展目标而不断迈进。

二、主要做法

(一)不断深化混合所有制改革,构筑改革坚实基础

浙商资产围绕公司战略发展需求,坚持以"引资本、引制度、引治理、引资源"为目标,通过两轮"引战"增资为公司可持续发展、全国性战略布局赢得更强的资金支撑、更高的业务协同及更大的行业影响。2018 年 8 月,公司完成第一轮"混改",引入 A 股上市公司财通证券股份有限公司("财通创新投资有限公司"出资)和 H 股上市公司远东宏信有限公司("宏信远展企业管理有限公司"出资),2 家公司分别以 20.37 亿元、9.81 亿元的交易对价增资获得浙商资产 20.81%、10.03% 的股权,浙商资产迈出了"混改"实质性的第一步。2020 年 3 月,浙商资产进一步深化"混改",在原股东财通创新投资有限公司跟投的基础上,浙商资产通过增资引入国新双百壹号(杭州)股权投资合伙企业(有限合伙)、湖州市交通投资集团有限公司及员工持股平台杭州敦琢股权投资合伙企业(有限合伙)。至此,原国有单一股东浙江省国际贸易集团有限公司的持股比例降至 58.64%,财通创新持股 20.81%,宏信远展持股 8.5%,国改双百基金持股 6.76%,湖州交投持股 4.99%,员工持股平台杭州敦琢持股 0.29%,

股权结构得以进一步多元化,为更深层次的改革奠定了坚实基础。

(二)建立健全法人治理结构,形成有效管控体系

第一轮"混改引战"完成后,浙商资产通过公司章程设置小股东及派驻董事一票否决权,提高了小股东及派驻董事参与公司治理的积极性。第二轮"混改"完成后,浙商资产通过进一步完善董事会决策体系(如减少大股东董事会席位至2/3以下、小股东派员担任董事并担任董事会项下专门委员会主任委员等),使法人治理体系进一步优化。浙商资产充分发挥国有控股企业的独特优势,坚持和加强党的建设,全面完成党建工作进章程,建立了"三重一大"决策制度、议事规则和重大事项党委前置研究程序,通过制度化安排实现了党的领导与公司治理的有机融合。

(三)探索市场化绩效管理机制,激发内生动力和活力

浙商资产坚持践行"四个好"措施,即用好的待遇善待员工,用好的机制留住人才,用好的教育塑造形象,用好的文化支撑发展,积极探索以"市场化选聘+契约化管理+精细化考核+个性化激励"形成适应市场节奏和公司发展实际的管理机制。一是基本建立了相对完善的职业经理人体系。作为职业经理人改革试点单位,浙商资产出台了浙商资产职业经理人管理办法、浙商资产职业经理人薪酬与考核激励办法,按岗按人进行考核和激励,加强与公司经营目标考核的挂钩效果,构建了职业经理人选、用、育、留管理体系。二是基本建立了相对精细化的前、中、后台绩效管理体系。根据子公司、前台业务单元的业态重点和不同发展阶段,浙商资产实行了"一企一策、一业一策",提升考核和激励体系的精细化管理,强化与市场接轨的正向激励;与中后台组织签订经营责任书,并据此进行年度考核,为公司战略和经营目标的实现提供有力地支持和保障。三是建立完善中长期激励约束机制。一方面,建立前台团队项目跟投机制并落地,在跟投机制课题研究基础上,结合公司业务实际和风控要求,制定业

务团队跟投管理指引，在子公司和省外办事处层面各落地一单进行试点；另一方面，于第二轮"混改引战"同步实施员工持股，根据"依法合规、公开透明、增量引入、利益绑定、动态调整"的原则，以岗定股+择优推荐确定名单，搭建双层有限合伙架构，经过问卷调查、两轮方案公示、两轮名单公示、个别访谈、召开职工代表大会等流程，制定并不断完善员工持股方案，坚定了员工信心、达成了发展共识。最终在170名符合条件的核心骨干员工中，共有149人参与了认购，形成员工与公司的"命运共同体"，充分激发责任感、积极性和创造性。

（四）启动接轨市场的组织体系改革，培植核心竞争力

为更好地适应战略导向和市场发展，加快向轻型化转型，公司已研究启动了囊括"组织架构、业务布局调整以及服务商体系构建"3部分内容的总体改革方案，希望通过循序渐进的改革创新推进战略升级、能力提升。一是构建"职责清晰、运作高效"的组织架构。浙商资产新增业务审查部，优化风控防线，形成"两室两部八中心"的新格局，大幅提升中心、部门间功能的内在逻辑性、独立性、专业化和协同性。二是构建"定位明确、运营有序"的业务架构。浙商资产省内在更加明确化解区域风险的定位下整合现有机构，省外为提升属地管理效率，筹划设立区域分公司，通过重新定位梳理各板块、各区域机构设置，形成定位更明确、分工更清晰、功能更完备、覆盖不良资产收处、投行业务、基金管理、金融服务、战略性和创新业务以及功能平台于一体的整体业务架构。三是打造"层次分明、管控有力"的综合服务商体系。浙商资产结合金融科技以及评估、法务等中后台专业技术打造公司内部能力聚合和输出平台——服务商平台，同时围绕平台建立试点服务商、对外服务商、外部服务商等体系，通过"平台+集群"的聚合与协同，大大提升公司综合资产管理能力和轻型化运营能力，营造形成强大的行业生态圈，为前、中、后台员工提

供了更加市场化的发展舞台，有助于公司成为不良资产行业的资源整合引领者。

三、改革成效

（一）公司整体实力稳步提升

近年来，浙商资产实现了跨越式发展，目前浙商资产总资产、净资产和注册资本较成立之初分别增长超23倍、10倍和5倍。2017年年末至2020年6月末，公司总资产和净资产年复合增长率分别为26.46%和46.21%；2018—2019年，公司利润总额年复合增长率为26.07%。通过两轮"混改引战"增资，浙商资产共引入资金50.43亿元，注册资本增至70.97亿元，合并资产负债率降至74.47%，成功迈入了地方AMC第一梯队，为业务发展提供了强有力的支撑。公司主体信用由AA+上调至AAA，获得债券发行市场机构投资者的青睐，近期更是成功发行地方AMC行业首个特殊机遇资产证券化产品。与新引入股东在资本运作、特定机械设备领域不良资产处置等方面资源协同效应逐步显现，2018年年底，公司和财通证券共同完成了浙江省首单国资纾困民企项目——上市公司浙江亿利达风机股份有限公司的控制权收购。

（二）公司治理体系持续完善

以混合所有制为先导，通过完善公司治理机制中的各项制度安排，浙商资产的公司治理机制得到优化，治理水平有效提升。浙商资产党委充分发挥了"把方向、管大局、保落实"的重要作用，严格执行"三重一大"决策制度、议事规则和重大事项党委前置研究程序，切实把党的领导融入公司治理全过程。结合经营管理层构建的分级授权决策机制，浙商资产已基本形成"党委会、股东会、董事会、监事会和经营管理层（总经理办公会、业务决策委员会、风险预审委员会）"之间权责对等、运转协调、有效制衡的公司治理体系,公司治理机制的有效运行为公司各项工作的有序开展提供了坚强的制度保证。

(三)战略服务能力不断提高

浙商资产自成立以来已累计收购不良资产债权本金超过 3 000 亿元,遥居地方 AMC 行业首位,累计压降浙江省银行业不良率 1.61 个百分点。公司发挥专业优势有效协助地方政府化解区域系统性危机、深入服务实体经济,累计托管 11 家企业,通过和解、转让以及投行手段为 177 家企业提供帮扶,其中完成或正在纾困上市公司 11 家,解除担保圈超 300 亿元,化解 817.59 亿元债务危机,保障超 10 万人就业。公司在服务"凤凰行动、长三角一体化、甬舟一体化"等国家和省级重大战略、助力地方打好防化重大风险攻坚战等过程中发挥了带头落实作用。浙商资产的风险化解成果入选"省属企业十二件大事",专业形象和担当精神得到时任浙江省省委书记车俊同志 2 次高度肯定。

(四)行业引领作用显著发挥

浙商资产不忘初心,推动行业凝聚共识、坚定使命,做好服务实体经济、化解区域风险的"领头雁"。浙商资产的发展受到国家发展和改革委员会、国务院发展研究中心等多位司局级领导的高度认可,地方 AMC 行业的主要倡导者和推动者——张劲松充分肯定浙商资产实现了地方 AMC 设立的初衷。浙商资产还多次受邀参与银保监会、证监会等组织的行业研讨和主题授课,90% 以上的同行均来过浙商资产取经学习。此外,浙商资产为中国特殊资产 50 人论坛创始理事单位,多次成功主办特殊资产行业活动,受邀参加 IPAF 论坛等国内外知名行业论坛;浙商资产与各 AMC 公司保持良好互动、与 180 家中小银行建立联盟合作关系,2019 年与复旦大学联合发布国内不良资产首个行业指数,向行业机构输出了"浙商资产"经验,推动行业基础设施建设,不断扩围行业生态网络。

22

解放思想 深化改革 推动高质量发展

国元农业保险股份有限公司

一、基本情况

国元农业保险股份有限公司（以下简称"国元保险"）成立于2008年，由安徽国元金融控股集团有限责任公司（以下简称"国元金控集团"）等6家安徽省属国有企业和15个安徽地市投融资平台企业共同出资设立，注册资本为23.13亿元，为国元金控集团二级子公司。截至2019年年底，公司总资产78.6亿元，净资产34.2亿元。公司经营范围为：农业保险、财产损失保险、责任保险、法定责任保险、信用保险和保证保险、短期健康保险和意外伤害保险等。

近年来，国元保险改革发展中面临着一些困难和问题，主要表现在：除在安徽本地农业保险市场影响力和话语权较大外，在其他领域市场占有率低，竞争力明显不足；对优秀人才，特别是专业人才和混合型人才的吸引力有限，阻碍了保险业务与信息科技手段融合发展，年轻员工离职率呈逐步上升趋势；原有的管理模式，难以充分调动员工的积极性。

2018年以来，国元保险借助入选"双百企业"名单的契机，以"未来10年发展成为扎根于安徽、机构覆盖全国大部分省市的全国性、现代化专业农险公司"为目标，紧紧围绕"实现股权结构更加多元化，治理结构更加健全，市场化经营机制更加完善，激励约束机制更加优化，企业党的领导、建设全面加强"，解放思想，实施一系列深化改革和强化管理的措施，推动企业走上高质量发展之路。

二、主要做法

（一）全面加强党的领导和党的建设

国元保险坚持党对全面深化改革的领导，把加强党的领导和公司的发展战略规划统一起来。依据公司法、保险公司章程指引及上市公司有关规范要求，完成公司章程的修订，把党建工作纳入公司章程，明确"公司党委会研究讨论是董事会、经营层决策重大问题的前置程序"，全面落实党组织在公司治理结构中的法定地位。

（二）解放思想，转变方式，推动高质量发展

一是统一认识，筑牢深化改革和高质量发展的思想基础。国元保险坚持问题导向，在总结过去 10 年成绩、深刻反思存在问题的基础上，大力推动思想再解放，教育引导公司上下不断增强对深化改革重要性、紧迫性的认识，牢固树立质量效益意识，加快发展方式转变，坚定走质量效益型发展之路。二是明确各业务板块的发展定位，优化结构，提高质量。国元保险根据不同业务板块的发展现状和发展规律，明确农业保险业务坚持"以政策为导向、以合规为生命线、以优质服务为核心竞争力"的发展定位，商业保险业务坚持"以效益为中心、以市场为导向、以合规为底线"的发展定位，健康保险业务坚持"以可持续为标准、以规范优质服务为竞争力、以增值服务为效益增长点"的发展定位，省外分支机构坚持"以控亏和效益增长为导向，坚持合规，因地制宜，因省施策"的发展定位，并有针对性地采取改革措施。三是大力强化预算和考核管理。国元保险进一步健全与多种业务相适应的考核分配机制，制定并细化分解经营目标，在总

量指标外增加人均指标，鼓励减员增效，明确完成任务的刚性原则，综合运用经济手段、组织手段落实考核结果运用，打破"吃大锅饭"现象。

（三）落实职责，规范运作，进一步健全公司治理

一是切实维护各治理主体依法行使权利、落实职责。国元保险按照拟上市公司的要求，梳理并规范股东大会、董事会和监事会的召集、通知、召开等会议程序。在保障董事会依法独立决策的基础上，保证党委意见主张融入董事会战略决策，确保党委决策意图落实到公司各项经营管理中。二是规范董事会专业委员会运作。国元保险结合监管要求和公司实际，拟订董事会专业委员会调整方案，健全专业委员会设置，完善专业委员会职能，推动决策效率和水平进一步提升。

（四）改革人事，调整机构，完善市场化经营机制

一是实施用人制度市场化改革。国元保险坚持导向，规范程序，大力加强干部队伍建设。2018年以来，国元保险公开推荐、提拔任用一批分支机构负责人，实施较大范围的干部交流轮岗，从政府机关、保险同业引进高素质管理人员，同时调整了部分长期经营不善分支机构的主要负责人职务。出台关于建立职业经理人制度实行分公司经理层成员任期制和任期目标责任制试点工作方案，依据聘任合同、任期目标责任书和年度目标责任书等对职业经理人进行考核评价和决定是否续聘。2019年12月，山东分公司职业经理人试点正式实施。试点工作实施效果经及时评估并优化完善选聘、管理机制后，将按照"积极稳妥、有序推进"的原则逐步扩大试点。二是稳步推进总部和机构职能市场化改革。为优化管理体制、改善资源分配、加强风险隔离，适应公司向区域性、全国性发展的新形势，国元保险于2019年设立安徽分公司，并于2019年4月经监管部门批复开业、正式运转，12月圆满完成总部与安徽分公司人员双向选择工作。通过设立安徽分公司、实施人员双向选择，国元保险总部和省级分支机构改革工作

取得重大进展，总分职责进一步厘清，国元保险安徽分公司高效率、高质量的运转得到保障，总部也逐步向战略管控型总部转型，管理效率明显提升。为化解商业保险多年质量效益不佳的困局，强化责权利统一，国元保险从2018年开始首先在安徽省内实施商业保险经营管理模式改革，成立商业保险运营中心，模拟完全的商业保险公司独立运作，实行市场化的目标、市场化的薪酬、市场化的激励，用市场规律和对标行业的方法推进经营管理体制创新。

（五）绑定骨干，激发全员，构建短期和中长期结合的激励约束机制

一是抓住"关键少数"，实施员工持股。根据中国银行保险监督管理委员会备案和安徽省国资委批复，2018年9月，国元保险156名公司管理层、业务骨干和专业技术人才出资金额3.32亿元，认购公司股份2.10亿股，占公司股权比例9.08%，建立员工与公司、股东风险共担、利益共享机制。二是推动全体员工干事创业，启动薪酬分配制度改革。国元保险系统梳理薪酬现状和存在的问题，聘请专业第三方咨询机构对公司薪酬制度体系进行优化和设计。

三、改革成效

"双百行动"实施以来，通过一系列力度空前的改革举措，国元保险经营管理机制进一步向市场化转换，激励约束机制逐步完善，企业活力进一步激发，改革红利不断释放。

一是经营业绩明显提升。2019年，在宏观经济增速降档、主营业务经受非洲猪瘟疫情和安徽地区严重干旱灾情的多重冲击和内部坚决实施业务结构调整的多重压力下，国元保险整体经营情况良好，各项业务仍然保持基本稳定，全年实现净利润1.75亿元，同比翻番，在全国86家财险公司中位居第17位，排名较上年提升4位。业务结构调整成效明显，质量显著提升，农业保险业务合规管理进一步强化，商业保险业务盈利水平创历史最佳，健康保险业务经营品质显著改善，省外分支机构坚持经营效益明显好转、实现整体盈利。

二是社会效益持续向好。2019 年，国元保险在服务国家战略和履行社会责任方面继续发挥积极作用，全年实现农业保险赔付 19.39 亿元，其中支付旱灾赔款 7.82 亿元，秋季作物赔付率较正常年景高 10 个百分点，支付养殖业疫情赔款 1.43 亿元，较正常年景高 130 个百分点，为实施"乡村振兴"战略和稳定农业有序生产提供了强有力的金融保障；通过减免建档立卡贫困户的自缴保费、"特色产业＋金融＋科技"项目产业扶贫、选派扶贫干部驻村定点帮扶等多种方式实施精准扶贫，为打赢脱贫攻坚战做出积极贡献。

三是发展基础不断夯实。通过改革，实现"职务能上能下、收入能高能低、人员能进能出"，打破"吃大锅饭"现象，广大员工对国元保险的未来发展更有信心，积极性和主动性不断增强，纷纷拥护改革、支持改革、投身改革，企业改革的良好态势和浓厚氛围逐步形成，为实现高质量发展奠定了坚实基础。

23

以建立完善市场化激励约束机制为抓手有效提升企业内生发展动力

福建龙溪轴承（集团）股份有限公司

一、基本情况

福建龙溪轴承（集团）股份有限公司（以下简称"龙轴集团"）是生产经营关节轴承、圆锥滚子轴承、高端轴套、齿轮、变速箱、免维护十字轴和滚动功能部件等机械零部件的现代化国有控股上市公司，是中国机械工业核心竞争力100强企业、首批全国工业品牌培育示范企业及首批全国制造业单项冠军示范企业。

作为国有控股上市公司，龙轴集团自改制上市以来，大刀阔斧推改革，取得了一定的成果，但企业规模、发展速度和经营业绩一直未有重大突破，亟须通过深化改革解决市场化经营机制不健全、发展缺乏活力、运行效率较低、"三项制度"改革不到位等突出矛盾和问题。龙轴集团坚持问题导向，以绩效体系构架为主线，以信息化建设为支撑，初步构建了企业薪酬绩效信息管理系统，助力"强激励、硬约束、重提升"激励约束机制的实施，激活内生性增长动力，促进企业持续健康发展。

二、主要做法

龙轴集团以入选"双百行动"企业名单为契机，坚持严管和厚爱结合、激励和约束并重,打造绩效管理信息系统,基本构建了"绩效管理""项目管理""事项管理"模块,通过目标设定、任务分解、事项管理、措施落实、结果跟踪、绩效评价、问题反馈及改进的有机衔接与转换,推动数据化、信息化、科学化、市场化绩效管理体系,确保绩效考核评价更具客观性、公平性、公正性,有效激发广大职工担当新使命、展现新作为的干劲和激情。

(一)强激励,引导干事创业添动力

一是推行项目激励制度,创新评价考核模式。龙轴集团以信息化绩效管理系统为平台,推行技术创新、管理创新、"三新"市场开拓项目奖励制度。各部门(车间)评审立项的改进创新项目,统一通过"项目管理"模块进行建档、登记,录入项目的目标、措施、资源需求、进度及成果交付时间(含关键里程碑节点的阶段性成果)等相关信息,可对实施情况进行实时的跟踪和监控。同时,针对项目实施周期长,激励时效性差的问题,优化绩效系统设计,建立"事项管理"模块,推动项目事项清单化管理,细化项目实施时间节点、任务举措及阶段性成果,策划项目阶段推进计划和里程碑节点,明确各阶段的目标和成果交付,所有节点并入"事项管理"模块,实时监控过程状态与成效;与系统的"绩效管理"模块相对接,将项目阶段性成果纳入月度重点工作事项考核,考核结果在当月奖金中及时予以兑现,通过阶段性成果奖励,提高激励时效,促进项目总体目标的全面达成。项目完成后,绩效管理系统比照项目实施计划,对项目完成的总体质量及其价值贡献等进行客观、公正的评价,并根据考核结果给予项目结题奖励。

二是实施改善创新提案,实现激励全员覆盖。龙轴集团坚持精益生产的文化引领力,努力营造全员改善氛围,培育员工创新价值观认同。持续开展全 PQCDLM(人员、质量、成本、研发、交期、管理)改善创新活动，动态征集改善创新提案，并将提案质量与各部门（车间）绩效考核相关联，对接"绩效管理"模块，将提案数量、质量与效果的奖惩落地至岗位绩效考核，并在薪酬体系中予以实时兑现。针对各类型的改善点和问题点，举一反三，分析总结共性问题，从中提炼系统、全面的改善项目，纳入项目激励体系，固化提案改善效果，营造全员改善氛围。

（二）硬约束，保障目标达成加压力

一是健全完善绩效考核体系，强化履职评价和岗位考核。龙轴集团注重结果导向、强化责任约束，通过绩效管理信息系统搭建以集团战略为主轴，整合相关部门的职能战略，形成由上而下各层级清晰完整、相互支撑、相互关联，以"关键绩效指标＋任务事项"为基础的全方位、多维度、立体化的绩效考核体系，确保集团战略和年度经营目标层层分解落地。围绕公司战略与年度目标，公司高管负责牵头组织各分管部门对相关业务模块进行系统梳理，全面分析现状及面临的问题，识别风险与难点，提出业务模块目标，并对业务目标进行分解，形成支撑总目标达成的子目标。目标与举措经确认后，再进一步指导各子目标负责人，对子目标进行策划，形成支撑各子目标达成的具体工作事项及年度实施计划，并推送到绩效管理信息系统中对应的"项目管理"模块或"事项管理"模块，对各项目/事项过程状态进行监控，结果导入"绩效管理"模块，进而实现各层级目标与绩效评价考核的关联和传导，提升整体绩效水平。

二是通过绩效管理信息系统，加强过程考核和动态监控。龙轴集团利用"互联网＋绩效考核"动态采集客观绩效考核数据，打破"信息孤岛"和"数据烟囱"，促进各部门之间信息互联互通。各层级管理者借助绩效管理信息系统平台，按权限将年度经营计划及重点工作任务事项层层分解、落实到岗位绩效计划。管理者根据系统展现的实时进度、完成情况及阶段性成果，比照、衡量、总结，及时沟通、反馈，适度纠偏纠错，并按任务事项计划进度节点给予下属客观、公正的考核评价。通过信息化手段透明展示过程绩效，通过过程及时、有效地跟进，确保目标、任务的全面实现，促使广大员工转变思想观念与工作态度，从被动应对上级任务转化为自身绩效目标达成的自主行为。

（三）重提升，促进企业增长强后劲

一是充分发挥绩效考核结果的"尺子"作用。龙轴集团把绩效管理信息系统所呈现出的公平、公正、客观的绩效考核结果作为衡量员工能力和业绩的重要标尺，与员工职业生涯发展通道紧密结合，树立重实干重实绩的用人导向，建立完善市场化的"引人、用人、育人、留人"机制，引导员工正确认识企业发展与个人利益的关系。

二是充分发挥绩效考核结果的"镜子作用"。龙轴集团通过实施绩效管理信息系统，强化目标分解落实和过程动态监控管理，及时展示责任单位及相关人员工作目标完成进度与质量，为各级管理者开展绩效跟踪、检查、沟通、指导提供数据和信息支撑，弄清目标差距，查找自身短板，清楚改进思路与方向，补短板、强弱项，持续改进工作绩效，提升增值空间。

三、改革成效

一是提升企业经营绩效。龙轴集团借助绩效管理信息系统，以"强激励、硬约束、重提升"的市场化激励约束机制为抓手，传导压力、激发活力、凝聚合力，提升企业内生动力，引导广大员工与企业战略发展同向而行、同频共振。近年来，虽然面对行业景气度下滑、主机客户减量压价、贸易摩擦的挑战，但集团经营业绩逆势增长。期间，2018年集团实现营业收入102 582万元，首次突破10亿元关口，相比2016年增长67.58%；实现利润总额7 582万元；归属于母公司股东净利润为8 775万元，相比

2016 年的 6 174 万元增长 42.13%；归属于母公司股东扣除非经常性损益的净利润为 4 354 万元，相比 2016 年 -3 486 万元增长 124.9%。

二是创造企业增值空间。龙轴集团借助绩效管理信息系统，通过绩效系统的模块化将项目转为事项管理，分解落实年度经营目标计划，缩短项目激励周期，提高激励时效性，增强员工责任担当意识，引导技术管理人员参与创新，提升企业增值空间。2017—2019 年，公司围绕全价值链管理，深入挖掘成本效益，制订、落实"降本、增效"计划 400 项，实现增收节支 1.19 亿元。2019 年，公司共收集改善提案 3 358 项，已完成 2 267 项，775 项实施中，待实施 316 项，并以部门（车间）为单位，通过月绩效考评兑现奖罚，引导员工参与改进创新，营造全员改善氛围。

三是促进员工与企业共同成长。龙轴集团借助绩效管理信息系统，龙轴集团成功的打通了"能者上、平者让、庸者下"的职业发展通道，确保职务职级评定制度有效落地，形成以公平、公正、客观的绩效评价为基础的动态良性竞争。近年来，新选拔（含同职级转任重要岗位）中层领导干部 34 名、聘任业务主管 4 名、聘任首席设计师 2 名、首席研究员 1 名、教授级高工 3 名、高级职称 61 名、中级职称 147 名，聘任技师 2 名、高级工 64 名；2017—2019 年，职工年平均收入从 7.64 万元提高到 8.25 万元，增长 7.98%。

24

以"双百行动"综合改革为契机
向市场要活力要效益

福建福日电子股份有限公司

一、基本情况

福建福日电子股份有限公司(以下简称"福日电子"或"公司")是福建省电子信息产业的骨干企业之一,1999年5月在上海证券交易所挂牌上市。上市以来,通过资源整合、资产重组、结构调整,公司已从上市初的传统电视机生产企业成功实现战略转型,形成了通信及智慧家电、LED光电、内外贸供应链等主营产业,主要产品及服务包括智能手机ODM(原始设计制造商)、LED封装,LED应用产品及LED工程项目的设计、建设、投资及运营。截至2019年年底,公司职工总数为4 433人,总资产为74.92亿元,主营业务收入为113.77亿元。

入选"双百企业"名单以来,福日电子紧抓改革发展新机遇,针对市场化经营机制不到位、激励约束机制不健全、历史遗留问题解决不够彻底等深层次问题,进一步健全法人治理结构、完善市场化经营机制、推进股权多元化和混合所有制改革以及完善激励和约束机制等举措,已成为收入规模超百亿的国内知名的智慧通信及LED解决方案提供商。

二、主要做法

（一）全面布局，为改革凝聚力量

为更好地贯彻落实"双百行动"精神、凝聚全员力量共推改革，公司于 2018 年 10 月召开"双百行动"宣贯大会，公司经营班子成员、各部门负责人以及子公司主要负责人出席会议，会议详细介绍了"双百行动"综合改革的背景、目标、意义及具体实施方案，从思想上凝聚了改革的力量，为保障"双百行动"各项工作顺利开展奠定了基础。

（二）组织到位，上下一盘棋行动

为保证各项改革任务落地见效，公司成立了"双百行动"综合改革领导小组，并与福建省国资委及福建省电子信息集团建立了实时联动与定期沟通机制。同时，按照综合改革任务举措、时间要求和职责分工，进一步细化目标任务，逐一分解至主管领导、责任单位及人员。公司改革领导小组及时跟踪检查，强化督导考核，确保方案能够落地实施。目前，"双百行动"各项工作均在有条不紊地推进。

（三）以工作台账为基石，狠抓改革落实到位

1. 制定子公司经营授权制度，进一步完善法人治理结构

"双百行动"以来，公司在授权机制方面狠下功夫，与主要子企业深入探讨完善经营授权机制，使其符合发展需要，控股子公司中诺通讯、源磊科技、福日实业及福日科技等一级子公司均在公司指导下完成了经营管理授权制度的修订；通过完善经营授权制度，进一步厘清了各层级职权，尤其突出董事会在治理结构中的核心地位，形成了"上下联动、各司其职、密切配合"良好态势，各子公司决策效率均有显著提升。

2. 完善市场化经营机制，持续激发改革发展内生活力

公司积极推动企业负责人薪酬制度的全面深化改革，"双百行动"以

来,进一步修订《福建福日电子股份有限公司企业负责人薪酬管理办法》《福建福日电子股份有限公司所属企业负责人年薪制管理办法》,引入市场化对标方式,建立短期薪酬和长效薪酬相结合的薪酬体系,全面推动短期业绩、长期战略的协同发展。一是福日电子本部高管实行市场化薪酬,按同行业、同规模、同岗位、同业绩贡献进行市场对标,综合设计薪酬体系。其中,年度薪酬包含基本年薪、绩效年薪、任期激励。基本年薪是企业高管的年度基本收入,占标准年薪45%;绩效年薪与高管考核年度经营业绩完成情况和个人综合表现相挂钩,占标准年薪35%;任期激励与任期综合考核结果相挂钩(3年为一任期),占标准年薪20%,如考核结果满足发放条件,按前3年任期激励数之和发放。二是对所属企业从组织规模、组织影响力、经营难度、成长周期4个维度进行价值评估,积极完善所属企业高管差异化薪酬体系,实行分类管理。所属企业薪酬体系由年度薪酬(基本年薪、绩效年薪)和超额奖金构成。当企业年度经营业绩考核分数低于60分时,不计发绩效年薪;当年度经营业绩考核分数高于60分(含60分)时,绩效年薪=绩效年薪基数*年度经营业绩考核分数/100;经营业绩超出部分按照15%~30%的比例分段累进提取超额奖金用于奖励企业高管(超额奖金最高不超过基本年薪的2倍)。通过对所属企业高管年薪制度的改革,强化所属企业价值创造,确保公司中长期战略发展规划和阶段性经营业绩目标的实现。

3. 积极稳妥推进股权多元化和混合所有制改革

一是结合公司实际需求及资本市场情况,推进以非公开发行股票方式,引入认可公司长期发展战略及有助于提升公司竞争力的战略投资者,并最终确定了福建省电子信息(集团)有限责任公司、深圳市恒信华业股权投资基金管理有限公司及相关方于勇、吴昊为本次非公开发行对象,拟募集资金6.09亿元,中国证券监督管理委员会已受理公司本次非公开发行申请。二是完成全资子公司深圳市中诺通讯有限公司（以下简称"中诺通讯"）引入战略投资者工作。针对近年来中诺通讯资产负债率高及客户评级下降的问题，公司管理层积极应对，通过多个渠道寻找投资者，最终选定农银金融资产投资有限公司（以下简称"农银投资"）作为投资者实施市场化债转股。由农银投资采用现金方式对中诺通讯增资7亿元，增资完成后农银投资持有中诺通讯34.414 9%的股权，增资完成后中诺通讯资产负债率由70%以上降到60%以下，进一步优化了资本结构，提升了公司市场竞争能力，促进公司持续健康发展。

4. 健全符合企业实际情况的职业经理人制度

公司结合发展需求，按照"市场化选聘、契约化管理、差异化薪酬、市场化退出"的原则，打破职级、身份、学历等限制，通过集团内部竞聘方式选聘新一届经营班子。职业经理人制度采取"1+5管理模式"：即"一个基础、五化管理机制"，在明确法人治理结构的基础上，从权责明晰化、薪酬市场化、绩效契约化、管理合同化、退出制度化等方面开展体系建设工作，构建短期激励与中长期激励相结合的多元化激励机制，实现薪酬与考核的双对标，充分调动经营层积极性，实现国有资产保值增值。

三、改革成效

一是经营业绩不断上升。自2018年"双百行动"实施以来，公司经营业绩呈现不断上升的趋势。根据公司发布的2019年年度报告，2019年全年实现营业收入113.77亿元，较2018年同比上升3.53%，收入（客户）结构更加健康；实现归属上市公司股东净利润4 408.47万元，较2018年同比增长5.83%；资产负债率由2018年的72.41%下降到2019年的61.86%，企业抗风险能力进一步提高；经营性利润相比2018年增加将近6 200万元，盈利能力进一步提升。

二是现代企业制度进一步完善。近年来，公司通过内生式增长及外延式扩张，产业规模日益壮大，下属子公司数量不断增加，目前公司已拥有1个事业部、7家一级控股子公司、数十家二级（含）以下子公司。公司通过出台新的授权机制，提升公司及各级企业决策效率。2019年，公司对各主要子公司内控审计结果显示，各主要子公司治理结构上的内控风险大幅减少，决策效率有明显提高。

三是经营团队积极性得到有效调动。公司通过修订《福建福日电子股份有限公司企业负责人薪酬管理办法》《福建福日电子股份有限公司所属企业负责人年薪制管理办法》等制度，全面推动福日电子本部及各成员企业高管年薪制改革，坚持企业负责人薪酬与企业经营业绩紧密挂钩，形成激励与约束相结合的分配机制，并通过不断探索借鉴不同行业、不同企业、不同地区的薪酬体系，利用技术、管理以及业务资源参与分配的新途径等，进一步完善分配制度，激发了经营管理团队活力。

四是改善公司及部分子公司现金流，提高了盈利能力。公司通过开展非公开发行股票工作推进股权多元化，补充公司流动资金，为公司技术研发、产线改造、人才引进等方面提供强有力支持，进一步巩固公司行业地位。控股子公司中诺通讯通过市场化债转股引入投资者，在维持公司对于子公司控股权的同时，实现了子公司股权结构的多元化，提升企业的盈利能力、现金流水平，助推公司做强做优做大通信产业。

25

探索实施综合改革新路径
推动健康有序可持续发展

中鼎国际建设集团有限责任公司

一、基本情况

中鼎国际建设集团有限责任公司(以下简称"中鼎国际"或"公司")组建于 2011 年 12 月,是江西省一家拥有国内和国际工程承包及海外资源投资经验,集矿业、水电、建筑业投建营于一体的综合性跨国经营集团,业务范围还涉及房地产开发、工程设计咨询、劳务输出、进出口贸易等多个领域。2018 年 9 月,中鼎国际完成债转股和混合所有制改革,同步实施员工持股。改制后的中鼎国际由江西省投资集团有限公司(2019 年 2 月与原江西省能源集团有限公司合并重组,以下简称"江投集团")控股,建信金融资产投资有限公司(以下简称"建信投资")、江西鼎新企业管理股份有限公司(以下简称"鼎新股份")、江西文东实业有限公司(以下简称"文东实业")共同出资设立,股权结构为:江投集团持股比例为 49.09%,建信投资持股比例为 39.91%,鼎新股份持股比例为(骨干员工持股平台)6%,文东实业(民营资本)持股比例为 5%。作为国企改革"双百行动"入选企业,中鼎国际也是江西省国企改革市场化"债转股"落地的第 1 家企业,其改革成效作为供给侧结构性改革地方典型,入选

"庆祝改革开放 40 周年大型展览"。

二、主要做法

（一）以市场化债转股为突破口，降低资产负债率，增强资本实力

2017 年 6 月底，在江西省国资委的重视、指导和协调下，中鼎国际改制工作启动，江西省能源集团有限公司（简称"江能集团"）与建信投资签署关于省能源集团降杠杆暨市场化债转股合作框架协议，明确了合作方式和合作规模（总额 15 亿元）等内容，确定以中鼎国际为载体实施市场化债转股。双方协议将建设银行对江能集团的相应债权通过建信投资对中鼎国际增资，江能集团归还建设银行相应债务，中鼎国际引进民营资本增资完成"混改"，中鼎国际核心员工以增资方式实施员工持股，以增资扩股方式推进中鼎国际"债转股＋混改＋员工持股"的股权多元化改革，有效降低资产负债率，增强资本实力。

（二）以混合所有制改革为着力点，引入民营资本，发现市场价值

以 2017 年 6 月 30 日为基准日，江能集团通过公开招标方式并作为甲方聘请审计事务所和评估事务所，对中鼎国际开展清产核资、财务审计和资产评估。清产核资完成后，将中鼎国际非主业、低效资产和负债进行剥离，为企业减轻负担，以实现更好发展。2018 年 6 月底，中鼎国际完成非主业资产剥离工作，印度尼西亚海外矿业项目整体顺利移交，企业社区实现剥离代管，共剥离非主业资产 10.1 亿元。2018 年 8 月，中鼎国际增资扩股在江西省产权交易所挂牌引入民营资本，公告披露建信投资、员工持股同步增资。与中鼎国际具有资源互补的同业优势、又更具体制机制活力的民营企业文东实业摘牌。江能集团、建信投资、中鼎国际、鼎新股份、文东实业五方正式签订《中鼎国际债转股暨"混改"和员工持股增资协议》，合计对中鼎国际增资 5.7 亿元。

（三）以员工持股提升凝聚力，打造利益共同体，促进体制机制不断健全

一是根据企业实情，确定员工持股对象。中鼎国际报请江西省国资委批准列入2018年员工持股试点企业，与"混改"同步推进员工持股。中鼎国际有上市的长远规划，因此明确员工持股人数不超过200人，持股对象必须认同公司发展战略和目标，具体包括：公司（含子、分公司）高级管理人员及中层正副职、优秀一级建造师及部分优秀项目经理，共有191人持股，入股资金6 765.75万元。持股人员以职位、业绩以及对企业的贡献大小为标准，并和员工持股额度相挂钩，根据其职位上下变动和工作业绩考评结果对其持股额度进行评定，有升有降，避免出现平均主义、"吃大锅饭"。

二是实行动态调整，完善激励约束机制。员工持股在鼎新股份这一平台公司内封闭运行，不对外转让。但改制后的中鼎国际明确员工持股非终身制，健全和完善了退出机制，对不能正常履职的持股员工，持股平台及时办理其个人股权的流转和变更；持股员工正常退休、与企业解除劳动合同等，所持股权依次转让给符合持股条件的新核心骨干员工或持股平台公司暂时回购。员工持股流转价格按持股平台公司当期经审计的上一年度净资产值为基准确定。

三是结合员工持股，创新管理体制机制。结合员工持股方案的制定，中鼎国际还聘请专业人力资源咨询机构对薪酬绩效、组织架构、定员定编等进行了系统设计，按照国务院国资委"强激励、硬约束"机制精神，建立健全以合同管理为核心、以岗位管理为基础的用工制度，构建以体现岗位价值、个人能力、工作绩效等为分配依据的薪酬分配体系；同时通过完善企业内部监督机制，增强制度执行力，明确监事会、纪检监察、财务管理等部门的监督职责，建立健全重大决策失误、管理失职渎职责任的追究倒查和问责机制。为形成管理人员"能上能下"、员工"能进能出"、收入"能增能减"的市场化机制奠定了基础。

三、改革成效

中鼎国际改制完成后，通过1年多的提质增效和创新发展，较好地提高了企业资本增值能力，2019年公司实现利润总额8 794万元，比2018年增长了262%。目前中鼎国际在海外20个国家（地区）、国内21个省（自治区、直辖市）拥有在建、在营项目151个，工程质量合格率达100%，经济运行、安全态势总体保持了平稳，改革成效得到显现。

一是完善公司法人治理结构，进一步健全现代企业制度。中鼎国际改革改制前为100%国有控股，通过市场化债转股各方增资控股，变为股权多元化企业，改制完成后公司注册资本金由4.29亿元增至8.74亿元，企业资产负债率下降了10个百分点左右。公司改制过程中始终坚持党对国有企业的领导，充分发挥党建入公司章程在企业治理中的基础作用，以及党委的政治核心作用、股东大会及董事会的决策作用、监事会的监督作用、经理层的经营管理作用，并将风险管理和合规管理要求嵌入业务流程，内控与监督体系更加有力。

二是持续推进改革发展，进一步激发现有产业动力活力。中鼎国际在完成自身改制后，根据公司现有产业和权属单位行业特点及实际情况，推动改革不断向基层纵深，如在矿建、建安、市政、设计等分公司和位于粤港澳大湾区核心南沙的华南工程事业部推行"自营变联营"试点，以项目自行承接、自主实施、自负盈亏、规范管理、依法纳税为原则，采用风险抵押承包或模拟股份制，与公司签订内部承包责任状，进行项目承包或团队区域市场承包，公司按比例收取管理费，项目使用公司资金、设备均按市场化操作，通过责权利匹配，压实项目管理团队职责，创造内生动力，实现自营项目规模和效益最大化。

三是深化"三项制度"改革,进一步调动员工干事创业积极性。"混改"后,中鼎国际在册员工数量减少14%。作为面向国内、国际两个市场,利用国内、国外两种资源的外向型企业,中鼎国际总部直接管理、指导和服务其国外机构及项目,目前该公司已出台"三定"方案,完成了总部机构改革,正进一步推进权属单位"三定"改革,通过压缩管理层级、严控机关职数、降低机关费用等方式减环节、降成本,使管理更加贴近市场和现场。同时中鼎国际将党管干部和市场化选聘相结合,建立人才市场化选聘和退出机制,实行公司中层管理人员任期制,并实行基薪和绩效工资制度,做到级别变基薪变、岗位变绩效变,激发员工积极性主动性创造性,营造了干事创业、能者"有位有为"的良好发展氛围,助推企业竞争力不断提升。

26

改革促发展　创新谋未来
向世界一流企业转变

万华化学集团股份有限公司

一、基本情况

万华化学集团股份有限公司（以下简称"万华化学"）成立于1978年，前身是国家"六五"计划重点建设项目烟台合成革总厂，1998年年底改制为股份制公司。现已成为全球技术领先、产能最大的MDI（二苯基甲烷二异氰酸酯）制造商，同时拥有国内工艺先进、配套完整的丙烯产业链，以及特种胺、ADI、聚醚、PC、TPU、表面材料等大批化工新材料。

改革初期，由于体制机制僵化，人才不断流失，技术不断扩散，公司几近破产边缘。为了"活下去"，从20世纪90年代起，万华化学不断推进体制机制改革，资产总额从1998年第一轮改制时的1.6亿元增加到目前的969亿元，增长604倍；营业总收入近4 711亿元、利润总计948亿元、纳税总额超过373亿元。目前，烟台市国资委通过市级国有资本投资运营平台持有万华化学21.59%的股份，公众股占比45.35%，员工持股平台占比20.13%，外资占比10.7%，民营资本占比2.23%。

二、主要做法

2018年入选国企改革"双百行动"企业名单后，万华化学以打造世界一流企业为目标,通过实施整体上市建立规范现代企业制度,进一步释放创新发展活力,全面推动企业高质量发展。

(一)聚焦主业整体上市,持续打造风险共担、利益共享、多方共赢的"混改3.0"模式

自1998年以来,万华化学在不同发展时期,先后采取存量企业增量改制的方式,分"三个阶段"实施了混合所有制改革。在保持国有第一大股东及控制力的前提下,吸收管理骨干、技术骨干、业务骨干等员工入股,大胆引入外资、民资,构建起新型股权结构,为万华化学实施自主研发创新战略奠定了坚实基础。其中,在"混改1.0"阶段,万华化学成功将优质资产MDI剥离出来,联合东方电子等4家企业成立万华聚氨酯股份有限公司,并于2001年首次上市融资4.6亿元,成为山东省第1家先改制后上市的股份制公司。在"混改2.0"阶段,万华化学按照"精干主业、剥离辅助"的改革思路,实施"瘦身强体"战略,对原万华集团的全资中小子公司实施以产权制度为重点的改革改制;将企业办学校、医院、"三供一业"等无效低效资产剥离,实现了"轻装上阵"。在"混改3.0"阶段,2018年下半年,万华化学借助"双百行动"先行先试的政策东风,加快了新一轮"混改"的步伐,全面启动了整体上市工作。在将原万华集团整建制剥离的基础上,将万华实业集团分立为万华实业集团、万华化工公司。其中,万华实业集团下属的BC公司、宁波万华等资产被分立出来,装入新设立的万华化工公司,煤炭、建材、板业等盈利能力较差的资产保留在原万华实业集团。随后,再由上市公司万华化学反向吸收合并新成立的万华化工公司。最终,万华化学于2019年上半年完成整体上市,成为山东首家整体上市的国有控制上市公司,当年市值超过1 300亿元,跃居山东省上市公司第1位。

（二）抓住整体上市契机，规范建立具有世界一流企业特征和中国特色的现代企业制度

入选"双百企业"的万华化学更加注重现代企业制度建设在打造全球领先、世界一流企业战略中的重要性，在完成整体上市后，通过不断健全完善法人治理结构，夯实权责对等、运转协调、有效制衡的决策执行监督机制；通过刀刃向内推进内部市场化改革，建立起更加高效的内部管理激励机制；通过紧跟党和国家步伐，拥护党的领导、加强党的建设，在发展战略上乘势谋远，在生产经营上强基固本。

1. 用完善的公司治理结构规范企业决策运营

一是规范董事会建设，保障股东权益，确保企业市场主体地位。根据整体上市后的发展战略，2019年3月7日万华化学召开股东大会，完成了董事会成员的调整，烟台市市级国有资本投资运营平台委派3名董事，完成董事会更换工作。目前在11名董事中，有4位独立董事。各方股东按公司章程约定办事、按股权比例表决，真正实现了同股同权、共生共赢。在日常决策中，各股东代表通过在企业治理结构中的合理安排，形成了不同导向的利益格局，使企业决策更加稳健高效。

二是明确治理主体权责界限，保障管理层自主经营权。万华化学坚持把党委会研究讨论作为董事会决策重大问题的前置程序，实行党委书记董事长"一肩挑"，充分发挥党组织在企业管理决策中的引领把关作用；划分各治理主体权责界限，实现中长期发展决策权、经理层成员选聘权、经理层成员业绩考核权、经理层成员薪酬分配权、重大财务事项管理权、职工工资分配权等"应放尽放"，确保董事会、管理层能够按照法人治理的规定程序自主决策，大大降低了企业"行政色彩"；在探索建立职业经理人制度方面，除党委书记、党委副书记、纪委书记、工会主席4人为组织管理干部外，万华化学其余高管通过试点已基本实现市场化选聘、契约化管理、差异化薪酬，微观主体活力持续激发。

2. 用科学的激励约束机制永葆企业发展动力

一是实施全员考核，全员公开招聘，实行年度绩效考核。万华化学将员工年度评分定为1~5分，作为当年绩效工资、奖金及下一年度薪酬涨幅的依据标准，每25人以上的团队，每年强制有1人打分不得超过2分，对于得分较低的员工及时制定改进计划或劝退；每年对四级及以上员工进行"360考核"，由上级、平级、下级人员进行综合打分及民意评测，考核结果与近年绩效考核得分，作为直接影响相关的职级、职务晋升的关键因素；为适应国际化经营战略，以英语托业成绩为依据，强制设立晋级英语及格线，根据晋升的职级、岗位不同，设定不同的分数标准，作为职级、职务晋升的必要条件。实行严进宽出的用人政策，优化员工队伍。推行"负激励"，确保制度带电，仅2019年上半年就有4名员工因违反《万华十大不可违背条例》被辞退；实行亲属回避制度，禁止员工亲属进入公司（若确属以专业人才引进的，一律通过董事会决策）；对关键岗位、敏感岗位实行3年强制轮岗，加快推动综合型人才的培养。

二是打通职业上升通道，永葆企业发展动力。万华化学打通非管理人员的职业上升通道，根据不同岗位，设立与管理序列并行的专业序列。万华化学为职能部门非管理岗位人员设立综管序列，帮助经营人员实现职级晋升；为生产部门专科生设立技师序列、本科生设立工程师序列，帮助一线生产岗位人员实现职级晋升；为研发部门设立研发序列，帮助研发人员实现职级晋升。管理序列晋升与专业序列晋升采用同等考核标准，且相互之间可随时进行身份转换，打破员工晋升"天花板"，为企业发展提供不竭动力。

三是创新激励措施，激发创新活力。万华化学在引入"战投"、员工持股和推进整体上市的改革过程中，出台了技术创新奖励办法，实施技术创新成果转化效益分享,设立万华科技最高奖、基础研究奖、科技进步奖、团队协作奖等奖项,每年表彰1次。自主开发的新产品,成果转化盈利后连续5年按净利润15%提取科研奖金;对现有工业化装置工艺改进,1年内产生的效益按20%提取奖金。对长周期战略性研发项目实行阶段性奖励等。在公司科研体系推行去行政化,各研发中心全部取消行政职级,以课题组为基本单元,组长随课题进展可上可下,人员组合动态管理。新体制和激励机制的出台,迸发了员工激情,吸引了优秀人才加入,企业创新能力持续增强。

3. 用过硬的政治保障支撑企业一流的竞争力

一是坚持党建聚力,以"六化"党建强化组织战斗力。万华化学党建始终坚持"三原则":坚决拥护党的领导,充分发挥党组织领导作用,有效服务企业发展。在此基础上,探索形成了主题教育实效化、党建工作一体化、党群工作一体化、党建重心一线化、党务工作标准化、党风廉政建设常态化的"六化"党建模式,紧扣保障公司战略、服务生产经营的工作目标,不断强化思想共识和行动自觉,把支部建在装置上,让党徽闪耀在一线岗位上,叠加放大党组织和行政部门资源力量,厚植可持续发展的政治保障。

二是牢记使命担当,弘扬国有企业家精神。作为国有企业,万华化学历代领导人始终把为党奋斗、为国分忧、为民服务作为最高的价值追求,将坚持党的领导作为公司的最大战略。在万华化学经营状况最危急、改革推进最困难、企业发展最辉煌的关键时刻,一代又一代核心管理者始终怀着强烈的使命担当,率先垂范,以身作则,打破体制僵局,探索机制创新,破除自满情绪,并由此培育出优秀的文化土壤,不断孕育出企业发展的生机活力。

三、改革成效

一是综改任务按计划完成,企业实现高质量发展。自2018年"双百行动"以来,万华化学2018年度和2019年度改革任务均已100%完成。2019年,在全球经济下滑背景下万华化学仍实现销售收入681亿元、利润总额123亿元。

二是国有资本的影响力控制力显著提高。万华化学历经多轮混合所有制改革,国有股权比例由独资控股逐步下降为21.59%,国有资本权益由4.6亿元增加到91.5亿元,实现了国有权益的最大化。整体上市后,中诚投资、中凯信两持股平台与国有股东形成一致行动人,确保了国有资本的控制地位。同时,通过整体上市,BC公司与上市公司之间的潜在同业竞争问题得到根本解决,上市公司盈利能力和抵御经营风险能力进一步提升,股权结构更加透明清晰,治理机制更为扁平,组织架构进一步精简,决策效率进一步提升,员工积极性进一步释放,国有资本活力不断增强。

三是管理层决策水平更加科学高效。2019年下半年,万华化学为防止MDI技术授权扩散所带来的恶性竞争风险,新设立万华化学董事会以市场为导向进行科学决策,充分利用"双百企业"员工持股试点的政策红利,第一时间收购了同行业瑞典国际化工100%股权,通过谈判与国际化工授权的福建康乃尔聚氨酯有限公司股东达成战略投资意向。采用"上市公司+员工"受让股权的模式对康乃尔公司进行控股,保持了万华化学在全球化工行业内的持续领先,实现了各方共赢。2020年3月24日,福建福清临港化工园区建设项目已正式启动。

27

敢于先行先试 主动创新求变
实现高质量发展

山东黄金集团有限公司

一、基本情况

山东黄金集团有限公司（以下简称"山东黄金"）成立于1996年，2017年成为"中国第一产金企业"，注册资本为13.19亿元，权属企业117家，在职员工2.5万人，权属山东黄金矿业股份有限公司（以下简称"股份公司"），拥有A+H两个资本运作平台。经过20余年的发展，尤其是2015年改建为国有资本投资公司以来，山东黄金坚持党的领导统领全局，聚焦黄金主业，明确"争做国际一流，勇闯世界前十"战略目标，推进体制机制改革，提升和强化上市公司资本运作平台功能，优化组织结构与业务管控模式，压缩管理层级，组建企业"智库"，实施重大资产重组，与世界著名黄金矿业公司合作，着力补齐国际化发展短板，企业改革发展迈上新台阶。

但作为传统资源型国有企业，山东黄金混合所有制改革和主业资产证券化还未取得实质性突破，彻底解决"三供一业"分离移交、"处僵治亏"等历史遗留问题面临挑战，经理层成员任期制和契约化管理还未真正落地，市场化经营和激励约束机制建设才刚刚起步，科技创新、资本运作等水平距离国际一流目标要求还有差距，安全环保压力日益加剧，全面坚持党的领导、加强党的建设还存在薄弱环节。对此，山东黄金以实施"双百行动"为契机，以问题和需求为导向，主动先行先试，积极创新求变，力争通过3年的改革攻坚，开展集团层面混合所有制改革和主业资产整体上市，破除制约企业高质量发展的历史遗留难题，实现市场化与国际化运营机制建设重大突破，建成主业突出且具有全球竞争力和影响力的世界一流矿业企业，为山东省经济社会建设再做新贡献。

二、主要做法

（一）迅速行动，全力以赴，精心策划并实施具有山东黄金特色的综合改革方案

作为山东省首批"双百企业"中唯一的一级企业，山东黄金珍视机遇，迅速行动，加强整体谋划，建立工作机制，创新改革思路，以新发展理念和高质量发展为根本要求，本着"问题导向、重点突出、用好政策、补齐短板"和"任务指标定量化、改革措施具体化"的基本原则，研究形成包括7大领域、46项重点任务事项在内的综合改革方案；通过细化分解改革任务，排定"时间表""路线图"，逐级压紧压实改革责任，层层传导改革压力，增强了改革实效；重视改革举措的系统性和预见性，主要领导带头学习把握政策文件精神，积极主动沟通主管部门，在改革顶层设计和历史遗留难题解决等方面发挥关键作用，为山东黄金争当国企改革尖兵奠定了坚强的组织和领导基础。

（二）压实责任，强化考核，以改革创新精神推动"五突破、一加强"落实落地

一是混合所有制改革和主业资产证券化同步推进。以集团层面混合所有制改革和主业资产证券化为突破口，以"国企资源＋民营机制"作用发

挥为方向，对标国际先进，编制深化改革总体方案、混合所有制改革总体方案和 3 年工作计划，完成"战略投资者引入 + 主业资产整体上市"改革顶层设计；加快方案推进，完成非上市资产状况摸底调查和规范性问题整改，黄金产业链金融资产注入上市公司；引导 10 户权属企业完成混合所有制改革，引入 34 亿元非国有资本；完成香港联合交易所主板挂牌上市，搭建 A + H 两地上市架构和国际、国内 2 个资本平台，与世界著名黄金矿业公司在二级市场实现交叉持股；连续 3 年推进国际资本市场业绩路演，在加拿大设立代表处并举办矿业投资研讨会，首次实现与知名外资银行开展战略合作，加快推进国际并购和主业资产证券化具备有利条件。

二是历史遗留问题解决与依法合规经营取得重大突破。山东黄金研究利用政策精神，加大内外沟通力度，以点带面，逐个突破，2016 年至今取得各类权证及相关批复 920 项；深入细致调研，统一标准节奏，兼顾各方利益，完成 1.34 万户矿山居民所涉"三供一业"分离移交，关闭撤销 2 家企业办教育和 4 家企业办医疗机构，所涉员工得到妥善安置；狠抓"处僵治亏"，编制攻坚方案和 3 年工作计划，强化日常调度和节点考核，67 户"僵尸"企业完成处置，止亏治亏效果显著，3 户非主业企业实现退出；聚焦资产质量和运营效益提升，积极争取政策支持，整体授信额度突破 2 400 亿元，资产负债率降至近 10 年最低水平。

三是公司法人治理更加健全。山东黄金总结改建国有资本投资公司运行成效，结合业务管控实际，修订公司章程和党委常委会、董事会等议事规则，形成集团总部权责清单；针对企业实际分类施策，国内外法人企业全部压缩至四级以内；开展现场摸排分析，逐一提出整改意见，完成权属法人企业治理体系建设规范整改和公司制改革等专项任务；制定工作方案，建立督办台账，推动股份公司成为"山东省国有企业现代企业制度示范工程"企业。

四是市场化用人的激励约束机制发挥更大作用。山东黄金健全完善管理人员市场化选聘制度体系，市场化程度较高的部分企业引进职业经理人；将党建、经营、安全环保纳入年度考核体系，创立"三位一体"业绩考核新机制；大力选拔年轻干部，岗位竞聘中年轻干部比例占40%；对标行业先进，基本建成以岗位管理为核心的制度体系，薪酬分配制度更加完善；结合特定专业领域实际，采取特殊政策，外部引进人才实现市场化选聘、契约化管理、差异化薪酬和市场化退出的闭环管理；建立动态管理与调整机制，权属企业工资总额水平、增减机制等更具科学性。

五是党的领导党的建设全面加强。山东黄金坚持把"党要管党、从严治党"作为推动工作的坚强保障，将党建工作要求写入公司章程，确立党委（常委）会在公司法人治理结构中的法定地位；坚持新时期好干部"20字"标准，人才队伍数量、素质和结构得到持续改善；全面落实中央精神和山东省委常委会实施办法，营造了政治清明的企业发展环境。

（三）迎难而上，攻坚克难，以高质量发展为核心推动黄金特色改革

一是国际化战略取得重大突破。山东黄金以做强做优做大黄金主业为核心，牢固树立国际化创新发展新理念，修编"十三五"战略，进一步明确企业高质量发展方向和产业定位；坚持把并购海外优质资源作为增强竞争力、实现可持续发展的关键举措，持续放大国有资本功能，2017年新并购的海外金矿累计归属黄金产量达27.53吨，累计获得分红4.7亿元；坚持企业文化建设与战略实施同步落地，"厚道鲁商"良好形象在海外项目驻地更具影响。

二是新旧动能转换取得重大突破。山东黄金完善新旧动能转换重大工程工作方案，加快三山岛金矿"国际一流示范矿山"工程建设，2020年年底前将成为"智慧矿山"和"生态矿业"的行业引领者；建成莱州工业园，矿山装备供应商和服务商基地投入运营；新建黄金自然博物馆、沿海观光带及生态修复示范区升级工程助力"好客山东"生态旅游；紧盯安全环保"双零"目标不动摇，坚持"山东黄金，生态矿业"品牌理念，2020年年底所有矿山将全部达到"国家绿色矿山"标准，力争成为山东省乃至全国首家绿色矿业集团，行业地位得以持续巩固。

三、改革成效

一是黄金产量逆势上扬，国际地位显著提升。集聚优势资源谋发展，以"双百行动"促实力提升，山东黄金近年主要经济指标均超额完成进度计划，黄金产量以年均4.46%逆势增长，在全国黄金总产量中的总比提升6个百分点，连续3年稳居"中国第一产金企业"，在全球黄金行业排名由第15位上升至第10位，提前1年实现"十三五"战略目标，改写世界前十产金企业中没有中国黄金企业的历史，为进一步谋划"十四五"战略、实现更高质量发展奠定坚实基础。特别是2020年第一季度，在矿业行业因疫情影响整体低迷的形势下，山东黄金千方百计"战疫情、促达产、抢效益"，黄金产量逆势上扬，在山东省属企业中率先实现首季"开门红"，并成为全国唯一一家黄金产量、利润总额、营业收入第一季度均实现同比增长的大型黄金企业，受到山东省委、省政府表扬；第二季度，圆满实现黄金产量"过半"目标，签约并购加拿大黄金生产企业特麦克资源公司100%股权，要约收购卡帝诺资源公司，并购成功后，将进一步拓宽在产黄金资产全球化布局，持续放大国有资本功能。

二是改革速度明显加快，发展质量显著提升。山东黄金始终把加快混合所有制改革作为"五突破、一加强"任务落地的关键举措和重要突破口，下更大力气抓经营管控，下更大力气抓企业改革，下更大力气抓长远发展，下更大力气抓创新驱动，企业发展速度与质量明显提升，资产规模由2016年年初的793亿元提高至2019年年末的1 162亿元，实现利润总额较"十二五"末增长311.65%,连续4年在山东省国资委经营绩效考核中获评"优秀",被山东省委、省政府评为"山东省优秀企业",国有资本保值增值能力和国有经济竞争力、创新力、控制力、影响力、抗风险能力显著提升。

三是体制机制全面优化,管理运营模式先进。山东黄金始终在落实"双百行动"的过程中坚持世界眼光、国际标准,全面对标国际一流企业,通过改革深化内部运行流程,改进管理运营模式,加快推进治理体系、治理能力现代化建设,为高质量发展夯实了体制机制基础,员工价值创造活力有效激发,敢为人先、真抓实干的氛围更加深厚,改革压力成为改革动力,企业实现转型升级,迈上了建设具有全球竞争力的世界一流黄金矿业企业的新征程,具备了争做国企改革先锋的有利条件,有望为山东省经济社会发展做出更大贡献。

28

变革转型升级　动能转换引领
争当国有上市公司改革发展先行者

兖州煤业股份有限公司

一、基本情况

兖州煤业股份有限公司（以下简称"兖州煤业"）是以煤炭开采、高端煤化工为主导产业的国际化特大型能源上市公司。公司由兖矿集团于1997年独家发起设立，1998年分别在纽约、香港、上海3地上市；控股子公司兖煤澳洲公司分别于2012年和2018年在澳大利亚和中国香港两地上市。公司是中国唯一一家拥有境内外四地上市平台的煤炭企业，先后两次荣获"亚洲质量卓越奖"，连续多年获得普氏全球能源企业250强，被纳入MSCI中国指数成分股，位列2019年《财富》中国500强第58位、煤炭上市公司第2位。

入选"双百行动"企业名单以来，兖州煤业紧紧围绕"五突破、一加强"任务目标，抢抓山东新旧动能转换重大机遇，贯彻执行"国企改革发展十条意见"，发挥国有上市公司骨干带动和示范引领作用，相继采取了一系列突破性改革举措，下决心解决了多年没有破题、不敢动、不敢干的问题，实现了跨越式发展。

二、主要做法

1. 以加强党的建设统领全局,锻造独具特色的党建品牌

始终把党建作为上市公司的独特政治资源,立足四地上市实际,高擎改革攻坚红色旗帜,锻造了上市公司特色党建品牌。一是强化党的领导"夯基固本"。兖州煤业在煤炭行业上市公司中率先将党建写入公司章程,党组织在治理结构中的法定地位更加凸显。坚持党委把关定向与遵守监管规则相结合,以党委研究为前置程序,推动党委参与重大问题决策组织化、具体化、制度化。二是创新党建模式"彰显特色"。兖州煤业创建"双入双创"党建工作模式,即把党组织嵌入公司治理结构各环节,把党建工作融入生产经营工作全过程,促进党建工作创新、创效,"双入双创"成为公司党建工作的"红色引擎"。三是推动党建工作"规范科学"。兖州煤业在全省首家实施党建"两个1%"保障机制:按照职工总数1%比例配备党务工作人员;按照职工工资总额1%比例列支党建工作经费,确保基层党组织有机构管事,有场所议事,有人员干事、有经费办事。

2. 以体制机制改革激发活力,企业发展动力持续增强

主动拆壁垒、破坚冰、去门槛,倒逼企业改革突破、机制转换、创新发展,彻底解决"大企业病"问题。一是机构设置扁平高效。兖州煤业实施组织机构"三轮改革",机关机构由23个减少至17个,机关定员减少48%;权属公司机构数量压缩60%,劳动定员压缩20%。二是薪酬分配激发活力。兖州煤业废除实行10多年的岗位技能工资制度,推行岗位绩效工资制,薪酬分配向价值创造的关键环节、重点岗位倾斜。向499人授予4 632万份股票期权,成为首家实施股权激励的国有煤炭上市公司。三是"三项制度"深化变革。兖州煤业管理技术人员全部改为聘任制、契约化管理,在公司总部经理层探索实施职业经理人制度,基层单位推行公司化、事业部、项目承包、竞聘承责、岗位货币化5种经营模式，形成方式灵活、流程优化的市场化运作体系。

3. 以现代办企模式规范运营，内部管控体系高效运转

遵循市场经济运行与行业发展规律，加快管控体系向控放高效、运转协调转变。一是法人治理结构健全完善。兖州煤业科学建立公司治理结构，形成股东大会、党委会、董事会、监事会和经理层协调运作、规范有序的法人治理体系。构建企业内控、董事会决议落实情况监督评价、信息披露、派出董监高定期报告等规范化的上市公司运行机制。二是管理协同体系高效运行。兖州煤业在全煤炭行业率先建成投用共享中心，搭建财务、人资、物资、设备等10大资源协同共享平台，引领全国煤炭行业迈入数字共享时代。三是风险管控水平全面提升。兖州煤业建立以风控委员会抓全局、风险部门抓预控、业务部门把关、审计部门内部审计、纪委效能监察、工会职工代表民主评价"六位一体"的全方位风险防控体系。

4. 以混合所有制改革打破桎梏，经营机制更加灵活高效

坚持把"混改"作为深化改革的重中之重，实现1+1>2的叠加效应、倍增效应、聚合效应。一是坚持"国有体制、民营机制"，产权制度改革激发活力。兖州煤业完成金通橡胶、东方机电2家企业"混改"及员工持股试点。金通公司改革后经营团队和管理骨干持股45.5%，股权结构得到优化，利润较改制前增长745%，资产负债率由102%下降至51%。权属"混改"企业新风光公司主板上市稳步推进，城市轨道交通能量回收装置国内市场占有率第一。二是坚持"放眼全球、搏击世界"，国际化运营成为典范。兖州煤业引入非国有资本嘉能可公司，合作收购联合煤炭公司100%股权，被业界称为"足以改变煤炭市场格局的并购案"。灵活运用"绿鞋机制"完成兖煤澳洲香港上市，成为首家在澳大利亚和香港两地主板上市的国有控股公司。三是坚持"建章立制、程序规范"，"混改"制度

建设扎实推进。兖州煤业建立混合所有制改革工作考核问责机制，严格规范"混改"操作流程和审批决策程序，确保从源头防范投资风险。

五是以解决遗留问题瘦身健体，企业发展基础更加牢固。积极破解僵尸企业处置、资产质量不过硬、"三供一业"移交等历史遗留问题，企业发展基础更加稳定、可持续发展能力更加强劲。一是出清僵尸"抽短板"。兖州煤业实施治理整顿、改制重组、关闭退出、清理注销"四个一批"工程，完成65家公司的整合、转让、注销、退出，4户亏损和3户"僵尸"企业实现出清。二是聚焦主业"提质量"。兖州煤业围绕国企聚焦主责主业战略规划，实施非主业资产清理整合，大手笔剥离非煤贸易公司，两家非煤贸易公司收入占比达到公司总收入的35%，企业资产结构实现优化；于2020年疫情期间，借势国际煤炭形势震荡态势，低成本增持澳洲优质煤炭资源莫拉本煤矿10%股权，煤炭核心竞争优势加速聚集。三是移交职能"减负重"。兖州煤业在全省率先完成"三供一业"、市政社区管理职能、社会保险职能移交，实现了企业"轻装上阵"。

三、改革成效

一是党建引领保障作用坚强有力。党建工作融入企业管理全过程、嵌入公司治理各环节，为兖州煤业的改革发展提供了强有力的政治、思想和组织保证；党委会与董事会、监事会、经理层等治理主体的权责边界全面理清，实现各司其职、各负其责、协调运转、有效制衡；从严治党"两个责任"全面落实，营造了风清气正的政治生态；重实干、重实绩的鲜明导向牢固树立，"狮子型"干部选拔工程深入实施，锻造了一支素质全面、作风过硬、能打胜仗的干部队伍。

二是经营业绩增长保持强劲势头。改革红利已成为助推公司稳步发展的强大动能，2019年兖州煤业全年营业收入突破2 000亿元，达到2 006.5

亿元，同比增长 23.1%；实现归属于母公司股东的净利润 86.7 亿元，同比增长 9.6%，主要经济指标连创新高，均创出建企以来最好水平。骄人的业绩来自于山东省新旧动能转换带来的重大发展机遇，来自于贯彻落实"国企改革十条意见"带来的新动力，更是来自于入选"双百企业"后的综合改革实践。

三是体制机制改革成为先进典型。兖州煤业强力实施机关机构改革、人力资源五项整顿、阳光采购、市场化建设等一系列颠覆式举措，人员机构臃肿、行政化色彩浓厚、管理效率低下等"大企业病"得到根治；历史遗留问题妥善解决，实现企业零负担、干部有平台、职工有岗位；一系列改革举措打破了长期制约企业发展的体制机制障碍和利益羁绊，激发了企业生机活力，体制机制改革的经验做法在全国全省国资系统推广。

四是国际化建设成为靓丽名片。兖州煤业在澳大利亚获取一批规模大、品位优、效益好、竞争力强的矿产资源，全球资源整合能力持续增强；与国际能源巨头嘉能可博弈，变竞争对手为合作伙伴，成为澳大利亚最大的专营煤炭生产商。兖煤澳洲实现在中国香港 IPO 上市，多层次融资渠道、多元化股东背景、多结构市场组成推动国际融合发展能力全面提升。国际化建设成为国企典范，展现出兖煤人的宏大格局和宽广视野，彰显出公司的国际竞争实力。

五是企业保持和谐稳定良好局面。广大干部职工积极参与改革、拥护支持改革，体现了胸怀全局的责任意识，展现了无私奉献的担当精神。公司想群众之所想、急群众之所急，在工资增长、困难职工帮扶、民生工程建设、企业关停并转、"三供一业"移交等方面，为职工谋利益、办实事，不断增进职工福祉；积极履行企业社会责任，每年在精准扶贫方面投入资金超过 2 000 万元，造福一方群众，带动地方发展，树立了有责任的国企良好形象。

29

心无旁骛发展高端制造 改革创新迈向世界一流

郑州煤矿机械集团股份有限公司

一、基本情况

郑州煤矿机械集团股份有限公司（以下简称"郑煤机"）始建于1958年，隶属于原煤炭工业部，1998年下放至河南省管理，是我国第一台液压支架诞生地。企业总资产289亿元，净资产134亿元，拥有煤矿机械、汽车零部件、投资3个板块，在全球17个国家（地区）有28个分支机构、员工1.7万多名，已成为全球规模最大的煤矿综采技术和装备供应商、国际领先的跨国汽车零部件企业集团。20世纪90年代末，郑煤机濒临破产的边缘，新一届领导班子上任后，在上级党委政府及有关部门的指导和支持下，大刀阔斧改革创新，企业涅槃重生，走向国际市场。郑煤机改革发展历程概括为"三步曲"：第一阶段，2000—2005年，改革经营机制"活下来"；第二阶段，2006—2012年，改革产权体制"活起来"；第三阶段，2013年至今，转型升级"强起来"，逐步走向高端化、多元化、国际化。

二、主要做法

（一）以机制改革为突破口，强化激励增活力

郑煤机突破传统观念束缚，坚持市场化导向激励，探索出中层干部

100%全员竞聘、职工100%市场化流动、经理层100%市场化选聘的用人制度。

一是实行"三个100%"为核心的机制模式。郑煤机积极推行竞聘制、岗薪制、任期制、末位淘汰制的干部制度；采用合同制、劳务派遣制、专业顾问制等多种用工形式，形成内部人才市场化流动机制；2015年年初，郑煤机将经理层全部职位面向全国公开选聘，先后制定完善配套机制，形成了"市场化选聘、契约化管理、差异化薪酬、市场化退出"的有效模式。目前郑煤机经理层具备跨国公司高管经历和同行业背景，建立了一支具有国际视野和本土管理能力的高级管理团队。

二是大胆改革薪酬激励制度。员工层面，郑煤机提出"三个一线"：在技术一线、销售一线、生产一线，实行"能者多劳、多劳多得、不劳不得"为导向的市场化激励；高管层面，建立完善职业经理人的薪酬激励及退出机制。2019年7月，郑煤机先行先试，对核心骨干实施中长期激励，给予股票期权、超利润激励，将核心人才与企业发展绑定，为打造"百年老店"提供坚实支撑。

（二）以产权改革为核心，变革体制添动力

郑煤机按照"三个有利于"标准，开展混合所有制改革，最终实现整体上市，为企业发展提供了源源不断的动力。

一是持续推进产权改革，实现从工厂制到公众公司的转变。2002年，郑煤机先从一个全民所有制工厂改制为国有独资公司。历经有限责任公司改革、股份制改造和A+H股上市，目前，郑煤机已经形成了国有相对控股30.08%、社会公众股、企业核心骨干持股等混合多元的股权结构，促进了治理结构完善，放大了国有资本的影响力。

二是开展国有资本投资公司试点，探索授权经营体制改革。按照党的十八届三中全会的要求，河南省国资委以郑煤机为依托组建河南机械装备投资集团，2016年将公司9项出资人职责授权给河南机械装备投资集团；在此基础上，河南机械装备投资集团将9项职权授权给郑煤机董事会。授权体制改革为郑煤机开辟了市场化决策、大胆探索的空间。

（三）以结构改革为主攻方向，自主创新强实力

郑煤机把自主创新作为高质量发展的根本途径，按照供给侧结构性改革的要求，持续推进结构调整，坚定地朝着"具有全球竞争力的世界一流企业"迈进。

一是以创新驱动高端化。郑煤机以振兴民族煤矿装备制造业为己任，从"中国第一架"到"世界第一高"，创新已成为企业成长的内在基因和鲜明导向。目前，郑煤机为国家技术创新示范企业，建立了以国家认定企业技术中心、博士后工作站、院士工作站为平台的技术创新体系。

二是以市场引领多元化。在液压支架全国第一、市场占有率40%的情况下，行业的天花板成为企业持续发展的瓶颈。郑煤机坚持"离开行业不离开专业"，发挥深耕装备制造业优势，跨入市场容量更大、前景更为广阔的汽车零部件市场，实现了"煤机＋汽车零部件"双主业驱动。同时郑煤机主动推动煤机板块转型升级，一方面，着力发展高端智能制造，投资建设液压支架关键零部件智能生产线；另一方面，加快向"制造＋服务"转型，已成为煤矿综采综合解决方案提供商。

三是以产业转型走向国际化。郑煤机通过并购亚新科、博世电机，收获了全球研发、生产、销售和服务网络，奠定了"打造世界一流汽车零部件企业"的基础。同时加快研发煤矿综采无人工作面技术，实现了综采智能化、生产可视化、综合自动化，逐步占领国际高端市场。

（四）以党建为根本保障，"强根固魂"保定力

郑煤机贯彻落实党中央、河南省委及各级党委对国有企业党建工作的重要举措，把党建工作融入改革发展，结合实践细化出"一、二、三、

四"工作法:"一个目标"——发展;坚持两个"一以贯之";打造"三大工程"——阳光工程、清风工程、温暖工程;推进"四同建设"——同一单元、同一领导、同一目标、同一考核体系,为郑煤机健康发展提供了坚强的政治保障。

三、改革成效

一是企业实现高质量发展,国有资本大幅保值增值。多年来,郑煤机体制改革和产业转型取得实质突破,由国有工厂逐步发展为现代化的跨国上市公司,由单一煤机转变为双主业驱动,企业主要经济指标实现大幅增长,2014—2019 年,公司营业收入由 61.24 亿元发展到 257.21 亿元,净利润由 1.93 亿元发展到 11.4 亿元。国有股权对应净资产从 2000 年的负值,2006 年改制前(国有独资)的 4 100 万元,到 2019 年 12 月底的 36 亿元,国有资本实现大幅增值。

二是以员工为中心,不断激发企业活力。企业在危机时刻留住了关键核心人才,并吸引了大批优秀人才回流和加盟郑煤机,为企业改革发展提供了人才保障。通过深化"三项制度"改革和完善薪酬激励制度,初步建立了与人才市场基本适应、与企业经济效益挂钩的中长期激励约束体系,构建了较为合理的人员结构,激活了干部员工的创造力和执行力,激发了企业的内生动力,实现了企业与员工共同发展。

三是加强党的领导,积极履行社会责任。郑煤机始终坚持发展为了人民、发展依靠人民、发展成果由人民共享的原则,2020 年疫情期间严格实施防控措施,高效有序复工达产,其中以公司名义捐款 200 万元,党员干部带头、员工积极参与募集个人爱心捐款 58 万元,全部用于支援疫情防控机构;紧急组建装配队,支援安装 40 条口罩生产线,保障全省防疫物资产能;下属索恩格电机紧急向江铃负压救护车配套高质量起发电机,用于武汉一线疫情防控。通过开展"双百行动",推进实施各项改革举措,公司向治理结构科学完善、经营机制灵活高效、党的领导坚强有力、国内外竞争力全面提升的跨国企业集团更进一步。

30

以资本运营为统领 以"双百行动"为抓手

河南投资集团有限公司

一、基本情况

河南投资集团有限公司（以下简称"投资集团"）是河南省政府出资的综合性投资公司，注册资本为 120 亿元；围绕省定战略，重点投资战略新兴产业、金融及现代服务业、基础设施和基础产业等领域，控股企业 50 余家，直接参控股 8 家上市公司，拥有国内 AAA 信用评级。

投资集团于 2017 年被确定为国有资本运营公司试点企业，2018 年入选国企改革"双百行动"企业名单。投资集团明确了以股权管理、资本运营为主业，承担服务战略和市场运作"两个功能"；发挥河南省重点项目的投资保障、战略新兴产业的培育引导和社会投资的引领撬动"三大作用"；打造国有资本运作、社会资本合作、产业结构转型升级和省市联动发展"四个平台"；担负全省新兴产业的引领培育者、优势产业的发展壮大者、传统产业的整合提升者、不良资产的盘活处置者"四种角色"；推进经营模式、运营对象、投资方式、盈利模式、体制机制方面实现"五个转变"；围绕"五突破、一加强"，努力打造成为国内一流、管理规范、效益良好的国有资本运营公司。截至 2019 年年底，投资集团总资产为 1 724 亿元，净资产为 530 亿，管理资产超过 9 000 亿，高质量转型发展成效明显。2016 年以来，资产总额、营业收入连续保持 10% 以上的增长。

二、主要做法

（一）积极稳妥推进股权多元化改革

投资集团作为国有资本运营公司，需保持国有独资地位，对于集团出资的子公司，积极推进股权多元化和混合所有制改革。一是子公司以上市"混改"为主要手段，打造依法合规运作、机制灵活健全、管理能力现代化的上市公司。已有综合能源服务商豫能控股、环保科技产业子公司城发环境上市运作。二是对暂不能上市的企业，引入战略投资者实施"混改"。三是按照混合所有制要求新设企业。比如，发起设立河南省第 2 家地方 AMC（资产管理公司）——河南资产，引入的国投资产、中原信托、建业集团等 7 家股东发挥积极作用，支持河南资产围绕区域金融风险化解、国资国企改革、推动产业升级等取得突出成效。

（二）健全法人治理机构

一是优化管控模式，健全现代企业管理体系。投资集团对投资企业通过委派股权董事、提名经理层成员等方式依法行使股东权利，发挥积极股东作用，由"项目式管理"转向"通过公司治理机制行权"。目前，已完成 45 家主要控股企业的董事会机构建设、股权董事委派等工作。二是优化管控体系，打造强总部。投资集团建立完善"一级强、二级专、三级活"的组织架构。集团总部强化战略决策、资本运作、资源配置、监督评价、党的建设 5 大核心职能，不参与企业日常管理；二级公司形成独立运作的专业运营平台，作为资本运作主体，目前形成了综合能源、基础设施、信息产业、健康生活、军民融合等多个专业运营平台；三级公司是流动性强的市场化项目公司，宜参则参，宜控则控。三是探索建立完善科学高效的授权机制。投资集团推进建立企业管理能力评价体系，对子公司的管理能力进行全面评估，按照评估结果，"一企一策"设计授权机制，有效激发企业的活力。对法人治理结构完善、各项管理制度体系健全、风控有力的投资企业，建立权责清晰、边界明确的授权机制；对管理能力不足的企业，暂不授权或少授权，同时支持其尽快提升管理能力以达到授权标准，确保"放得下、接得住、用得好"。

（三）完善市场化体制机制

一是集团层面制定了《关于对领导人员实行分类分层管理的指导意见》《关于加强市场化经理层建设的指导意见》，在股权结构多元化，法人治理结构健全，董事会职权落实到位，市场化程度较高的单位对部分经理层岗位执行市场化选聘经理层人员制度，推行经理层成员聘任制、任期制和契约化管理。二是走市场化，增量与存量分类施策。存量企业在处理好改革与稳定关系前提下，"一企一策"推进体制机制创新，激发企业活力。比如，电力、造纸等企业参照行业特征，从考核体系、工资总额入手，拉开收入差距。新设企业完全市场化运作，对标行业领先标准建立运营模式、选人用人、绩效考核和激励约束机制，激发企业活力和人才潜力。比如，河南资产不设行政级别，股东不派人，所有高管和员工均通过猎头公司择优录用，建立国际通用的 MD 职级体系，市场化管理，专业化运营，岗位看能力，收入看贡献，是河南省国企改革对标典型。

（四）加强党建统领，增强改革保障

投资集团坚持党建统领、文化铸魂、清廉护航、群团聚力，以党建统一思想，为改革保驾护航。一是党建与改革同谋划。投资集团建立党组织书记抓基层党建工作台账，把党建考核同经营业绩考核相衔接，党建工作由"软指标"变为"硬要求"。二是创新党建工作方式。投资集团每周一"雷打不动"的召开党建工作周例会，第一时间安排部署党建工作；坚持"三必谈一警句"（部门主任必谈、分管领导必谈、党委书记必谈，每周一

篇廉政警句);开展"初心使命大家谈",每个部门轮流谈先进人物和事迹。打造"智慧党建云"信息平台,通过让信息"上云",支部"连网",党员"在线",实现党组织和党员实时、动态、精确管理,让党建工作跑上信息化"高速路"。在智慧党建云上,每个党员能学习、能交流,每个支部能活动、能培训,每个党委能考核、能管理,所有党建活动都能在这朵云上"一键搞定"。三是打造大监督2.0版本。投资集团在纪检、审计、法律、财务等4个专职监督部门和N个职能部门构成的"4+N"1.0基础上,创新建立内部巡察机制,打造"5+N"2.0版本。

三、改革成效

一是经营业绩不断提升。通过改革,投资集团不断激发企业活力,上下政治生态持续向好,干部职工干事创业积极性日益增强,保驾护航促进发展成效日趋明显。2019年年末较2016年年初,合并总资产增加573亿元,年均增长率约12.5%;合并净资产增加162亿元,年均增长率约11%;累计实现利润总额123亿元、净利润80.8亿元,年均净资产回报率为4.6%,整体业绩位于全省国有企业前列。

二是内部管理不断优化。投资集团创新模式赋能内部管理,提升经营管控效率。建设省管企业首家财务共享中心,推进"资本权利上移、经营责任下沉、数据资源汇聚"体系建设,实现财务数据全部上云、生产经营实时监督、财务组织全面激活,是企业效率提升的强支撑;自主开发投资管理信息系统,打通"信息孤岛",完善"全面覆盖+穿透管控+动态监测+智慧赋能"的投资管理体系,提高投资决策效率。投资集团打造员工"身边商学院",组织资本运作、工程管理、纪检监督、财务管理等人才培养工程,内部进行职业认证,在职业晋升上优先考虑,培养学的氛围、激发追的动力、实现超的目标,建设学习型组织,打造人才高地。

三是优化资本布局,服务政府战略。投资集团坚持企业属性,践行政府使命,以市场化方式推动政府战略落地见效。比如,围绕数字经济,与国家政务平台对接、"互联网+监管"建设进度居全国前列;全省审批服务事项网上可办率超90%;"单一窗口"平台申报量稳居中部六省首位。联合华为成立中原鲲鹏生态创新中心,组建黄河科技集团,本土"HUANGHE"牌服务器和台式机问世,鲲鹏生态在中原大地落地生根。围绕生态环保治理,投资集团已落实河南30个静脉产业园项目,占全省规划的半壁江山,全部建成后将占河南省垃圾处理能力的40%,将有效化解"垃圾围城""废料围城"等环保难题。围绕金融风险防范,发挥河南资产"金融稳定器"作用,投资集团帮助省内重点企业降低负债率,收购处置国开行、东方资产等不良资产包,综合实力进入全国同业第一方阵。围绕脱贫攻坚,投资集团坚持产业扶贫和"扶智"扶贫,对口帮扶村生活条件切实提高,村容村貌全面改善,2019年如期实现脱贫摘帽。

31

深化"双百行动" 锻造改革尖兵

中南建筑设计院股份有限公司

一、基本情况

中南建筑设计院股份有限公司(以下简称"中南院")始建于1952年,是国家最早成立的6大综合性建筑设计院之一,是全国勘察设计行业百强企业、当代中国建筑设计百家名院和湖北省勘察设计行业10强企业,连续多年被湖北省国资委评为"经营业绩A级企业"。从20世纪50年代在国家百废待兴中投身建设热潮,到20世纪60年代支援国家三线建设,再到20世纪70年代帮助唐山大地震灾区人民重建家园,中南院始终肩负起服务国家城乡建设的责任;从改革开放初期探索实行企业化收费试点,到新世纪初实行事业单位转企改制,从2009年作为全国首批试点企业实行股份制改造,到2018年入选国企改革"双百行动"企业名单,中南院始终走在改革创新的前沿阵地,企业活力不断激发。

近年来,中南院在行业增速下滑压力不断增加的背景下,实现各项主营业务指标的大幅增长。2019年,公司全年实现营业收入20亿元,同比增长45.71%;新签合同额78.41亿元,同比增长93.19%。在2020年抗击新冠肺炎疫情中,中南院集中力量办大事,临危受命、逆行出征,攻坚克难、使命必达,10天完成平时需要半年才能完成的雷神山医院设计任务，累计完成抗疫项目 38 个（含方舱医院 21 个），为抗击疫情赢得了时间，改革释放的巨大红利得到充分展现。

二、主要做法

按照"双百行动"综合改革实施方案，中南院以党建为原动力、以改革为风向标、以创新为主旋律，全力推动"双百行动"向纵深发展。

（一）完善法人治理结构，提升企业运营效能

一是充分发挥董事会作用。中南院健全公司治理架构，设立了战略、审计、提名、薪酬与考核、预算管理 5 个专门委员会，引入外部董事 4 名，有效发挥专门委员会和独立董事对公司经营管理的监督和指导作用。

二是厘清各治理主体权利边界。中南院明确界定董事会、党委会、经理层、监事会的职责权限和议事规则，形成各司其职、各负其责、协调运转、有效制衡的公司治理机制。

三是切实落实党的领导。中南院落实"四同步""四对接"要求，实现"双向进入、交叉任职"，党委书记、董事长"一肩挑"，明确党委会是董事会、经理层决策重大问题的前置程序，把党的建设写入公司及子公司章程，将党的领导融入公司治理各环节，切实将"把方向、管大局、保落实"的责任体现在党委决策和工作部署中。

（二）谋划转型升级变革，推动企业高质量发展

一是坚决废除"包干制"，落实全面预算管理。20 世纪 80 年代，为充分调动职工的积极性和主动性，中南院推行行业通行的经济技术承包责任制，即百元产值包干制（以下简称"包干制"）。过去 30 年，包干制有效地激发了生产积极性，推动企业实现平稳发展。然而，随着行业政策和市场环境变化，包干制造成部门间相互竞争而不是合作，难以形成各专业领域的核心竞争力，延迟了专业化建设进程，导致公司落后于行业大院。无

论是从落实全面治党的角度,还是从公司科学发展的角度,摒弃包干制都是必然选择。中南院坚决摒弃落后的包干制,落实全面预算管理,形成公司、部门、项目三级预算管理体系。

二是顺应国家政策,实行战略转型。中南院积极响应国家关于推动工程建设模式变革的倡导,根据市场形势变化,及时调整企业发展战略。一方面,中南院推动业务模式转型,由传统设计业务单轮驱动的发展模式,转向"设计和EPC工程总承包"双轮驱动,推动企业由单纯的建筑设计企业向以设计为龙头的工程总承包企业转型。面对巨大行业竞争压力,中南院深入推进营销、管理和技术全面升级,强化行业市场和区域市场营销战略布局,充分发挥设计牵头的优势,全员、全要素、全过程推动工程总承包业务发展,2019年先后承接EPC(工程总承包)业务68项,新签EPC合同额64.56亿元,同比2018年分别大幅增长100%和162.78%。另一方面,中南院积极推动生产模式转型,由单一实体公司向线上与线下相结合的互联网工程公司转型,推动大A工程网(互联网设计院)上线,推动行业上下游全产业链资源整合,促进人才、技术等生产要素内部自由流动。自"双百行动"实施以来,大A工程网(互联网设计院)内外网成交设计项目的工程投资总额超过130亿元。

三是变革组织体系,打造平台型组织。中南院引入平台思维,打造营销前台、生产中台和产品研发后台3大平台,逐步落实市场竞争机制,以市场化为导向、平台化为基础、信息化为手段,构建"开放、合作、共享"内部组织体系。近年来,中南院先后成立8个营销总监部、4个产品事业部、3个区域中心(第二总部),打造公共营销平台;调整原第一至第六设计院(综合设计院)为专业设计院,打造统一生产平台;推动部门总工及以上技术专家由公司集中管理,打造公共技术平台;成立科研管理部、12个工程技术研究中心(其中2个已于2019年升级为省级工程技术研究中心），打造产品研发平台；推行项目经理制，由直线式管理模式向以项目为轴线的强矩阵管理模式转变。

（三）健全激励约束机制，激发人才活力动力

一是打造年轻化干部队伍。公司党委坚持党管干部、党管人才，出台完善公司《领导人员管理暂行办法》，严格规范选人用人程序，杜绝不正之风，合理设置干部职数、优化干部层级；畅通人才成长通道，打造技术与管理双通道成长通道；健全干部梯队建设，大力选拔年轻干部，让年轻人有更广阔的成长空间；通过轮岗、交流、挂职锻炼等方式，全方位、多维度培养锻炼干部，建立了一支高学历、有冲劲、敢担当的复合型干部队伍。目前，公司中层行政、经营干部平均年龄由原来的 44 岁降至现在的 40 岁；其中，40 岁以下年轻干部的占比达 53%，干部年龄结构渐趋合理，呈现出年轻化的趋势。

二是探索市场化选聘机制。为深化干部人事制度改革，逐步建立分级分类的市场化用工制度，中南院积极探索市场化选聘机制，明确选聘方式及程序，对市场化选聘干部的岗位类型、薪酬考核方式进行了初步探索。2019 年，针对转型升级发展面临的项目管理和经营管理需要，市场化选聘管理人员 15 名，有效激发了人才队伍活力。

三是健全激励约束机制。经过前期外部调研、累计 9 轮征求意见、30 余次调整，中南院完成新一轮薪酬管理办法修订。新版薪酬办法明确了新一轮薪酬改革的重要原则及导向，以全面预算管理为基础，重点解决培育期总承包业务薪酬扶持及分配问题、全员营销激励问题、复合岗位取薪问题、与管理升级配套的职能部门薪酬改革问题、与技术平台建设配套的技术管理岗位薪酬优化问题，以制度形式规范了转型期各类岗位的薪酬核定规则，构建起"以岗位评价为基础、以业绩能力为导向，使技术、知识、经营、管理等要素合理参与分配"的薪酬分配体系，为企业改革发展提供

了重要支撑。

三、改革成效

一是党的建设全面加强。中南院党委先后被中共湖北省委评为"2018—2019年全省国有企业党建工作示范单位"、被湖北省国资委评为"第二批国有企业示范基层党组织"、被湖北省国资委评为"委级文明单位"。2020年年初，面对新冠肺炎疫情，中南院党委坚定不移地贯彻落实党中央决策部署，将打赢疫情防控阻击战作为重大政治任务，组建临时党支部和党员突击队，在抗疫一线发展党员，争分夺秒投入抗疫工程设计建设。短短10余天，完成雷神山医院设计任务并验收交付使用，彰显"中国速度""中国效率""中国精神"。1个月内，中南院累计完成包括雷神山医院在内的38个抗"疫"医院设计，共计助力提供3万余床位，让党旗在防控疫情斗争第一线高高飘扬，在2020年2月获得湖北省委组织部通报表扬。

二是企业行业地位持续巩固。通过向改革要效益，中南院改革红利开始释放，主要生产经营指标快速攀升，主要经营指标均创历史新高，超额完成上级下达的各项任务。2019年，中南院先后获评2019年ENR"中国承包商80强和工程设计企业60强"、大A工程网入选中央企业电子商务联盟2018年度"十大创新项目"，并作为建筑工程行业唯一代表项目接受由国家发展改革委组织的国家服务业综合改革试点评估专家组中期调研，企业行业地位更加巩固提升。

三是品牌影响持续增强。以改革发展促进技术提升，中南院数字化设计建造工程技术研究中心、荆楚建筑工程技术研究中心被认定为省级工程技术研究中心，产学研用一体化不断增强，依托工程技术研究中心完成的"荆州纪南文化旅游区"规划成功入选"践行联合国2010年可持续发展最佳实践"典范案例。公司全年立项外部课题8项，主、参编国家、行业和地方标准28项，获得发明专利1项、实用新型专利15项、软件著作权9项。获得省级以上技术奖项84项，其中湖北省科技进步奖2项、中国勘察设计行业奖一等奖4项、第十三届中国钢结构金奖1项、中国香港建筑设计卓越奖4项，品牌社会和行业影响力持续增强。

四是人才工作硕果累累。通过"强激励、硬约束"，中南院干部职工活力更为激发，人才队伍建设取得明显成效，特别是高端人才的示范引领作用更为显著。2019年，中南院1名同志被评为全国工程勘察设计大师，系近25年来湖北省产生的第2名国家级建筑行业大师，1名同志被评为享受国务院政府特殊津贴专家，1名同志被评为全国劳动模范。同时，青年人才培养力度不断加强，全年12名青年同志获评行业杰出青年设计师等称号。

32

聚力"双百行动" 开启改革发展新篇章

湖南建工集团

一、基本情况

湖南建工集团(以下简称"湖南建工")作为具有60余年历史的大型省属国企,湖南建工经历了积淀、快速发展、加强管控、稳步发展的几个阶段。目前存在的主要问题有:内部管理模式较行政化,经营机制不活;人员负担较重、历史遗留问题多;股权结构单一,当前机制不利于市场化管理;人才队伍建设机制较为落后,制约企业长远发展。

2018年,湖南建工作为地方国企,顺利纳入"双百行动"改革试点企业范畴,深入推进综合性改革。通过"双百行动"综合改革,力争实现"五突破、一加强"的目标,全面加强党的领导和建设,有效解决历史遗留问题,建立产权清晰、权责明确、管理科学的现代企业制度;探索建立市场化的考核评价机制和薪酬管理模式,吸引高素质人才,满足企业长远发展需要;优化企业资本结构和生产要素配置,提升企业核心竞争能力,提高国有资产的运营效率;健全业务清晰、经营独立、各板块协调发展的公司运行方式和经营机制,不断增强企业综合实力,助推湖南建工挺进"世界500强"。

1952年7月,经湖南省人民政府及中南军政委员会建筑工程部批准成立湖南省建筑工程局。1983年5月，湖南省建筑工程局转体为湖南省建筑工程总公司。1992年11月30日，经省体改委批准，成立湖南省建筑工程集团总公司（简称"湖南建工集团"）。2004年3月，湖南省国资委成立后，湖南建工集团被纳入首批省属监管企业。2017年6月，湖南建工集团顺利完成公司制改制，成立了湖南建工集团有限公司。截至2019年12月31日，湖南建工资产总额达570.05亿元，净资产达138.5亿元，在册职工26 721人。湖南建工注册资本为200亿元，年生产（施工）能力2 000亿元以上，连续16年入选"中国企业500强""中国承包商80强和工程设计企业60强"；位列"湖南企业100强"第4位；连续20年荣获113项中国建设工程鲁班奖。经过集团几代员工68年的共同努力，湖南建工现已发展成为建筑湘军的领军企业、省属国企的龙头企业、中国建筑的品牌企业。

二、主要做法

（一）坚持党的领导与公司治理有机统一

湖南建工党委始终把政治建设摆在首位，深入学习贯彻习近平新时代中国特色社会主义思想；坚持将党建工作纳入公司章程，严格落实党委会是董事会、经理层决策重大问题的前置程序；进一步完善"双向进入、交叉任职"领导体制，集团及所属子公司均实行董事长和党委书记"一肩挑"；扎实开展"不忘初心、牢记使命"主题教育，深入开展"企业党组织书记联项目"和"企业党员先锋行"活动，认真开展关于加强国有建筑施工企业党建与生产经营融合的研究调研活动；坚持"四同步""四对接"，不断加强党风廉政建设和反腐败斗争，为企业改革发展保驾护航。

（二）坚持强化总部管控与优化机制同步推进

参照上市公司股权架构，成立了湖南建工集团控股集团有限公司（系湖南建工集团母公司，湖南省国资委100%持股）和湖南建工股份有限公司（上市平台公司），有序推进管业分离，将管理职能上收至湖南建工控股集团有限公司，明确其作为集团总部，进行集团化管控；下沉业务经营职能，通过股权划转的形式，将目前湖南建工集团有限公司及其旗下的子公司股权注入湖南建工股份有限公司，有效规避母子同质化竞争问题，实现管理扁平化，更好地实现市场化经营机制突破，不断优化管理机制创新。

（三）坚持股权多元化和混合所有制改革齐驱并驾

湖南建工灵活运用产权改革工具，实现股权多元化和混合所有制改革突破。集团层面与银行等金融机构签订了债转股合作框架协议，基本确定以股权合作方式实现股权多元化。子公司层面，根据"先行先试、一企一策"的原则，分批分类有序推进重要二级子公司"混改"工作，第一批"混改"单位为湖南省第六工程有限公司和湖南省工业设备安装有限公司；第二批"混改"单位为湖南建工物业发展集团有限公司和湖南省建筑科学研究院有限公司，逐步在全集团形成可复制、可推广的"混改"经验，以点带面，在二三级子公司全面推进"混改"，充分发挥多方资本优势，形成产业链的良性联动。

（四）坚持"三项制度"改革与激励约束机制有机融合

湖南建工制定了"三项制度"改革总体实施方案，建立健全员工激励约束机制。一是推行领导干部竞聘制、任期制、交流轮岗制，推进建立职业经理人制度，增加市场化选聘比例，实现领导干部"能上能下"。二是加强劳动用工机制建设，启动全员竞聘工作，规范建立了员工退出渠道和正常流动机制，2019年引进成熟人才201人，招聘院校毕业生1 343名，通过考核解除劳动合同179人，实现员工"能进能出"。三是薪酬体系坚持效益优先、按劳分配原则，建立工资效益同向联动机制，强化负责人薪酬与业绩考核结果的挂钩力度；员工实行岗位薪酬制，落实"强激励、硬约束"机制，合理拉开薪酬分配差距，做到收入"能升能降"。

（五）坚持健全董事会和经理层建设协调推进

湖南建工增设董事会成员4名，预留外部董事和战略投资者董事席位，不断优化董事会组成结构；董事会下设战略投资与预算委员会、审计与风险控制委员会、薪酬与考核委员会，健全董事会及专业委员会工作制度，切实推进专业委员会履职常态化，切实做到集团重大事项党委会前置研究、董事会依法决策。同时，加强经理层队伍建设，不断健全完善经理层执行董事会决议、对董事会负责的工作机制，激发经理层活力、完善监督机制，健全以公司章程为核心的企业制度体系，保障各主体有效履职，初步形成了产权清晰、权责明确、运转协调、管理科学的现代企业制度。

（六）坚持"瘦身健体"与并购重组双管齐下

湖南建工通过积极推进"瘦身健体"工作，管理层级由四级缩减至三级，减少法人单位75户、非法人单位减少153家，基本完成5户"僵尸企业"出清。由此，推进集团内部组织机构专业化、集约化，确保组织精干高效。同时，湖南建工通过股权收购、战略合作等方式实施外部并购拓展，补齐集团专业短板，延伸产业链；成功收购大连港湾工程有限公司，赢得港口与航道一级资质，与集团现有资质配合投标，弥补集团在水工专业及资质方面的短板；与岳阳市人民政府签署《岳阳市公路桥梁基建总公司股权收购合作框架协议》，将收购岳阳市公路桥梁基建总公司70%的股权，发挥各方优势做强做优做大国有企业；与湖南黄金集团、湖南交水建集团三方强强联合成立湖南砂石产业平台公司，携手开发利用湖南省砂石矿产资源，不断优化集团产业结构布局。

三、改革成效

（一）坚持党的领导，充分彰显国企担当与责任

湖南建工坚持把发挥党的政治优势与尊重企业发展规律、依法治企有机结合起来，有效地解放、发展和保护企业生产力，为企业改革发展带来新动能，截至2019年年底，主题活动整体创效7.8亿元。党的领导全面融入公司治理，全面推行"三重一大"集体决策制度，切实发挥了国有企业党组织把方向、管大局、保落实的作用。湖南建工积极履行国企社会责任，圆满完成西藏玉麦乡小康示范村建设、湖南省易地扶贫搬迁项目建设任务、沅陵县茶溪村脱贫建设等扶贫工作，积极参加抗震抗洪抢险与应急抢险救援、疫情防控、首届中非经贸博览会接待等活动，累计捐赠和投入扶贫帮扶资金过亿元，体现了大型国有企业的担当和实力。

（二）体制机制创新，推进企业高质量发展

湖南建工通过实行管业分离，建立了以战略转型为根本，以效率为先导，以创新为抓手，管控路径清晰、管理流程顺畅、发展模式升级的高效运转的组织架构。湖南建工通过建立健全激励约束机制，破解了老国有企业行政色彩浓厚的问题；通过推进股权多元化和混合所有制改革，放大国有资本功能，提高了国有资本配置和运行效率。体制机制的不断创新，推进了湖南建工发展模式、产业结构、项目管理、生产技术、盈利维度的转型升级，推进集团跨越式发展，企业综合实力不断增强。2019年，湖南建工承接任务1 623.51亿元，同比增长4.26%；完成企业总产值1 088.32亿元，同比增长9.03%；营业收入，实现营业收入1 010亿元，首次突破千亿大关，同比增长11.02%，在湖南省国资系统排名第2；实现利润总额17.7亿元，同比增长15.23%，各项主要经济指标均创历史新高。

（三）改革成效突显，赢得资本市场头彩

通过开展"双百行动"改革，湖南建工解决历史遗留问题工作率先取得了突破，企业富余人员、企业办社会职能等遗留问题得到有效解决，实现了企业轻装上阵。湖南建工经济效益和发展质量的不断提高，提升了公司在资本市场的企业形象和地位。作为"湖南省联合授信管理试点企业"之一，湖南建工与31家银行业金融机构建立了授信关系，在金融机构累计授信规模达687亿元，银行信用等级连续多年为AAA级。通过资本市场的绿色通道，2020年第一期公司债券（疫情防控债）成功发行，发行规模为10亿元，期限3年，发行利率3.07%，系湖南省首支注册制公司债券，并创下了湖南省同评级同期限公司债券历史最低利率及集团历年来融资利率新低，充分显示了资本市场投资者对集团的高度认可，是湖南建工近年来改革发展各方面取得丰硕成果的生动体现。

2020年，湖南建工将高举习近平新时代中国特色社会主义思想伟大旗帜，在湖南省委、省政府和省国资委的坚强领导下，扎实推进"双百行动"综合改革，全面实现"五突破、一加强"改革目标，以更加坚定的决心、更加创新的理念、更加务实的作风，真抓实干，开拓创新，对标"世界500强"企业砥砺奋进。

33

以自下而上"混改"为抓手
促进企业高质量发展

湖南新天地保安服务有限公司

一、基本情况

湖南新天地保安服务有限公司(以下简称"新天地保安"或"公司")以入选"双百行动"企业名单为契机,结合公司实际情况,确定了"自下而上、分步实施、主次有别、分类推进"的"混改"总体推进思路,以"混"促"改",同步健全完善法人治理结构,进一步深化实化"三项制度"改革,构建更加灵活高效的市场化经营机制,优化企业内部管理流程,激发企业发展的动力与活力。

新天地保安成立于2015年12月,注册资本2亿元,系省属国有独资企业,主营武装押运、金融外包、智能安防业务,现拥有湖南悍豹武装押运有限公司、岳阳新天地保安服务有限公司、衡阳市保安公司、常德新天地保安服务有限公司、湘西新天地保安服务有限公司、中金鹰(海南)押运护卫有限公司6家守押子公司以及长沙新天地金融服务科技有限公司、湖南新天地智能安全科技有限公司、湖南新天地物联科技有限公司3家科技平台子公司。截至2019年12月31日,公司拥有员工6 000余人,总资产为12.72亿元,营业收入为6.56亿元,是湖南省内规模最大、实力最强的现代安保综合运营服务商。

二、主要做法

（一）自下而上推进"混改"，建立现代企业制度，激发企业发展内生动力

一是自下而上，分步实施。公司目前正处于转型发展的关键阶段，金融外包、智能安防等新业务仍处培育发展期，整体估值不高，且溢价战略收购整合守押子公司，导致整体商誉较高等，投资者退出通道不畅通，投资意愿不强，且一般要求"兜底"。为切实推动"双百行动"综合改革，公司结合行业发展特点和企业经营实际，以战略为引领，确定了"自下而上、分步实施"的"混改"总体推进思路，致力于以"混改"为抓手，激活各微观主体经营活力，进而进一步提升整体竞争力。公司坚持"宜混则混"、"靓女先嫁"的原则，先行推动具备条件的子公司实施"混改"，转机制、调结构、促改革。下一步择机推动保安板块整体"混改"，将子公司外部投资者所持股权向上折股到公司总的股权池，从而实现"1+1>2"的目的。目前公司下属9家子公司已有5家实现"混改"。例如，与楚天威豹、前海子丰合作设立长沙新天地金融服务科技有限公司，实现了金融外包业务从0到1的增长；常德新天地保安服务有限公司通过转让部分股权引入民营资本保民实业，为其基地化建设、新业务拓展提供了资源支撑。剩余4家中的岳阳新天地保安服务有限公司、衡阳市保安公司已与投资者达成初步合作意向，若成功实施，保守测算可引入1亿元的资金，同时也可为2家子公司凭证档案、涉案财物库建设及转型发展工作奠定坚实的基础。

二是主次有别，分类推进。公司实施"混改"不搞"一刀切"，而是根据主业与转型新业务各自特点，分类推进实施。针对守押业务，按照

"产业相近、行业相关、优势互补"的原则,引进 1 名外部股东,释放较大股权融资空间,既能保证国有资本绝对支配地位,又能实现资源整合产业协同发展。例如,常德新天地保安服务有限公司及中金鹰(海南)押运护卫有限公司均为单方外部股东,且持股比例均在 40%以上;针对转型新业务采取参股模式,重点引进产业链上下游、具备业务资源、拥有核心技术及成熟运营模式的外部投资者 2~3 名,从而实现多元化股权结构,将国有资本的资本优势与民营资本的灵活市场机制优势合二为一,为延伸新业务发展做铺垫,如湖南新天地智能安全科技有限公司、湖南新天地物联科技有限公司均为此种运作模式。

三是建立现代企业制度,规范法人治理结构建设。公司围绕市场化改革方向,坚持因企施策、"一企一策","混改"一个推进一个。公司整体板块在未实施"混改"的情况下,拟建立外部董事占多数的董事会,规范"三会一层"治理,构建有效制衡的法人治理结构,建立现代企业制度。同时,对已实施"混改"的子公司采用战略管控为主的管理模式,充分发挥其董事会的决策功能,不直接或间接干预公司的正常生产经营活动,保证其独立自主经营。在健全现代法人治理结构、构建现代企业制度体系的同时,优化企业内部管理,同步推进"一降一优一补"(降成本、优结构、补短板)三位一体,对运钞车、车辆保险等大宗项目进行公开招标和比价采购,每年节省近 200 万元;加强财务管控和资金集中管理,优化车组人员和押运车辆运营线路等降低内控费用近 300 万元。

(二)推行"三项制度"改革,构建市场化选人用人机制,全面激发企业活力

一是推动劳动用工制度改革,员工"能进能出"机制在逐步形成。公司全员签订了劳动合同,劳动用工逐步与市场化接轨。同时,公司对于富余人员未按照传统国企采取内退、待岗、息岗等形式转岗分流,而是通过市场化手段采取转岗、解除劳动关系形式畅通退出渠道。

二是深化人事制度改革，干部"能上能下"机制逐步形成。公司及子公司一律重新从严"三定"，所有中层干部就地"起立"，竞争上岗，新设岗位一律市场化公开竞聘。此外，中高层经营管理人员全部签订聘任协议。采用竞争上岗和干部聘任制方式，逐步建立了"能者上、平者让、庸者下"的用人机制。

三是推进薪酬分配体制改革，收入"能增能减"机制正在破局。针对子公司薪酬体系不规范、薪酬与效益未实行联动等问题，遵循"一适应，两挂钩"要求，严格按"效益增工资增、效益降工资降"和"岗变薪变"原则，将薪酬与企业效益、个人绩效挂钩，将绩效工资占比从20%提升至40%以上，对营销管理人员实行"基薪+业务提成"工资制，并实施超额利润奖励和企业负责人薪酬动态管理，月度薪酬按70%标准预发，年末按实际业绩核算，如2018年下属衡阳市保安公司负责人年薪为40.52万元，远高于公司本部副总经理年薪。同时，出台"强激励、硬约束"奖惩管理办法，对在经营业绩、降本增效、新业务拓展、创新发展、政策及资金争取等方面做出突出成效的团队及个人给予强激励，对业绩平平甚至下滑的给予相应的负激励，极大激发了广大干部员工干事创业的激情。

三、改革成效

公司通过实施"双百企业"综合改革，以自下而上的"混改"为抓手，激活了企业发展内生动力；通过持续深化"三项制度"改革，构建了市场化选人用人机制，激发了企业发展活力，取得了良好的效果。

一是"混改"释放聚变效应，提质增效促进企业高质量发展。公司通过实施自下而上的"混改"，改变单一的国有股权结构，实现放大国有资本功能。公司各级通过"混改"共引入非国有资本1.16亿元，为子公司基地化建设及拓展新业务提供了强有力的资金保障,企业内生活力明显增强,成为企业转型发展的重要支撑。截至2019年12月底,公司"三翼"业务收入占比从2017年的6.49%提高至12.2%,预计2020年营业收入可突破1亿元。

二是逐步形成了"员工能进能出、干部能上能下、薪酬能增能减"的机制。公司属劳动密集型企业,总体薪酬水平偏低,人员流失率高,加之"脱钩改制"前思想、观念、体制等方面的原因,员工思想观念僵化,工作效率低下。通过深化"三项制度"改革,打破了"铁饭碗""大锅饭";推行市场化选聘,优化绩效考核体系,最大限度地激发了干部干事创业热情,让有信念、有思路、有激情的干部,有机会、有舞台、有作为,全面激发了企业活力,提升了人力资源效能。截至2019年12月底,公司减少职能部门13个,精简管理人员职数55个,减幅达20%,劳动合同签订率100%,节约人工成本510万元。

34

以管资本为导向 释放企业经营活力

广东粤海控股集团有限公司

一、基本情况

广东粤海控股集团有限公司（以下简称"粤海控股"）统筹推进"双百行动"综合改革和国有资本投资公司改革等各项改革工作，按照"定准目标、充分授权、管好风险、强化考核"的原则，积极推动各项改革工作落地，围绕以管资本为主改革国有资本授权经营体制，探索开展国有资本市场化运作，在经营机制、治理结构、激励约束、资本投资、党的建设等方面取得了重要进展。

粤海控股是广东省规模最大的驻港窗口企业，是广东省属首家国有资本投资公司改革试点，现有业务涉及公用事业及基础设施、制造业、房地产、酒店及酒店管理、零售批发、金融等行业。截至 2019 年年末，粤海控股总资产为 1 167.17 亿元，总负债为 500.77 亿元，净资产为 666.4 亿元，资产负债率为 42.9%；2019 年实现利润总额 64.52 亿元，同比增长 51.8%；实现净利润 45.04 亿元，同比增长 69.4%。

二、主要做法

（一）统筹推进市场化经营机制、法人治理结构、激励约束机制等方面的改革，不断释放企业经营活力

粤海控股在完善治理结构、加强配套制度体系建设的基础上，对下属核心主业水务板块试点推行授权经营体制改革，推进市场化激励约束机制改革，激发企业发展内生动力。

一是完善市场化经营机制，实现"授得下"。粤海控股在投资决策、经营管理、人员管理、薪酬管理、考核激励等方面进行充分授权，经两轮修订调整，授予水务板块69项管控权限，大幅压短投资项目立项审批时间，从授权前的最长38天缩短到授权后的平均8天，投资决策效率大幅提升。

二是健全法人治理结构，做到"接得住"。粤海控股指导水务板块完善法人治理结构，健全党组织、董事会、经营班子会等决策机制。推行外部董事制度，由粤海控股总部直接派驻投资、财务、法务、工程等专业的董事参与项目投资决策。同时，指导水务板块完善配套制度体系，修订投资管理、全面风控等17项制度。

三是健全激励约束机制，确保"用得好"。粤海控股在水务板块推行职业经理人制度，实现"高管能上能下，人员能进能出，薪酬能增能减"。一方面，强化增量激励，对增量项目给予具有市场竞争力的奖金激励，分目标（根据拓展规模的不同，对激励水平给予阶梯式的提升）、分阶段（规模奖金在拓展第2年发放，效益奖金在项目投产运营后3年且达到立项收益要求的前提下发放，如不达立项收益要求则不发放效益奖金）设定奖励标准；同步配套建立对标考核机制，横向对标行业领先企业的新增拓展规模，鼓励水务板块不断超越行业领先企业，纵向对标板块历史经营数据，鼓励水务板块不断超越自我。另一方面，强化刚性约束，对当年评价低于60分或连续两年评价结果低于70分的职业经理人进行岗位、薪酬调整。通过一系列改革，让水务板块管理人员身上带着"军令状"，手中拿着"作战图"，眼里盯着"成绩单"，心中想着"奖金包"，充分调动企业各类人才干事创业积极性，激发各类要素活力，全面提升市场竞争力。

（二）积极对接资本市场，稳妥推进混合所有制改革，在国有资本投资公司改革上实现更大突破

一是借助资本市场稳妥推进混合所有制改革及员工持股。粤海控股结合属下企业广东粤海永顺泰麦芽有限公司（以下简称"永顺泰"）IPO 工作，以增资扩股和转让股份的方式引入非公资本，截至 2020 年上半年，共计转让 29.95% 的股权，合计募集资金 6.2 亿元，其中民营资本基金 6 家，国有独资基金 3 家，国资控股基金 3 家，国资参股基金 3 家，促进了国有资本与非公资本互相融合。此外，粤海控股选取属下企业广东粤海华金科技股份有限公司（以下简称"华金公司"）作为科技型企业体制机制创新试点，通过增资扩股引入了外部战略投资者（持股 18.01%）和核心员工团队持股（占比 10%），在保持国有资本控制力的前提下，充分发挥国有资本的放大功能。

二是在资本投资方面积极创新，实现国有资本大幅增值。粤海控股通过"投资-增值-注入-再投资"的资本投资良性循环，先后培育超过 20 个优质水务、公路及地产项目并陆续注入下属上市公司，使上市公司持续获得稳定的业绩支撑，市值翻倍增长，同时粤海控股作为大股东也实现国有资本大幅增值。

三是创新运用资产证券化工具增强企业长期发展动能。2019 年，粤海控股成功发行全国首单供水及 PPP（政府与社会资本合作）公募资产支持票据（ABN），即徐州市骆马湖原水项目第一期 ABN，不仅较原项目贷款在发行后首个 3 年共节省利息成本近 1 000 万元，更重要的是实现融资模式从主体信用向资产信用的转变从而显著增强了企业的融资能力。该项目获得了资本市场标杆奖项"介甫奖"等行业认可，财政部拟将粤海控股项目收录到 PPP 融资理论与实践的相关指导材料中。

三、改革成效

一是释放企业活力,打造全国水务龙头企业。粤海控股通过对水务板块在市场化经营机制、法人治理结构、激励约束机制等方面"一揽子"改革,水务业务经营取得跨越式发展:2016—2019年,年均拓展规模逾250万吨/日,约为"十二五"期间年均拓展规模的8倍。截至2020年上半年,综合水处理规模超过3100万吨/日,保持全国第2;区域布局扩大至全国14个省市,服务人口逾6600万人,居于全国乃至世界前列;水务板块营业收入从2015年的53.51亿元增加至2019年的86.37亿元,利润总额从27.38亿元增加至43.18亿元,总资产规模从171.57亿元增加至561.36亿元。

二是以"混"促"改",实现国有资本大幅增值。粤海控股属下企业永顺泰通过引入非公资本,同步推动法人治理结构优化,企业经营情况呈现良好的发展态势:麦芽年总产能规模逾90万吨,销量位居亚洲第1位、世界前5位,占国内麦芽销售总额的34%,出口市场涵盖亚洲、非洲、大洋洲的10余个国家和地区。华金公司自实施"混改"及员工持股以来,连续4年营业收入大幅提升,并实现新三板挂牌。粤海控股基本实现主营业务整体上市,其中粤海投资有限公司作为粤海控股核心上市平台,2018年入选恒生中国企业指数成分股,目前市值突破千亿港币,进入香港联交所市值前100位,在香港联交所上市的地方国资中市值居于前列。

三是强化政治引领,全力推进战略性保障性民生项目。粤海控股投资建设的珠三角水资源配置工程总投资逾350亿元,是广东省历史上投资规模最大的水利工程,并入选广东省主题教育攻坚克难案例;环北部湾广东水资源配置工程投资估算超过320亿元,子项目湛江市引调水工程已于2019年年底开工建设,预计2020年还将新开工4个子项目,投资额超过

60亿元。2020年,粤海控股计划投资新建韶关市南水水库供水工程等广东省重点项目,预计投资额超过30亿元。

此外,粤海控股高效落实了一批广东省委省政府交办的重点任务。汕头潮南区3个污水处理项目在2019年年底如期实现全线通水并达标排放;梅州市黄塘河、周溪河黑臭水体整治工程的工期从17个月大幅压缩到6个月,于2019年年底实现通水;全面接管引韩济饶工程,多措并举加快工程进度,有望提前半年竣工运营。

35

推动职业经理人改革
激发传统汽车制造行业新活力

广州汽车集团股份有限公司

一、基本情况

汽车行业是充分竞争型行业,在高度市场化条件下,充分竞争性国有企业作为独立参与市场运行的主体,受市场规律支配。广州汽车集团股份有限公司(以下简称"广汽集团")自2013年起便积极推动"创新变革促发展"改革行动,经过股份制改造,初步建立了多元化的股权结构和现代经营管理机制。在市场竞争压力日益加大的新形势下,传统选人用人方式和激励约束机制难以适应市场竞争的需要。随着改革进程的不断深入,职业经理人改革成为集团体制机制改革亟须突破的重要内容,有利于进一步完善法人治理结构,巩固、扩大改革成果,将改革精神纵深推进。同时,职业经理人改革也是完善企业激励约束机制的内在要求,提升人才竞争力的有效途径。

广汽集团成立于1997年6月,总部位于广州市天河区珠江新城,集团业务涵盖研发、整车、零部件、商贸服务、金融服务5大板块,是国内产业链最为完整的汽车集团之一,也是国内首家实现A+H股整体上市的国有控股股份制汽车集团。自2013年起,广汽集团连续7年入围《财富》

世界500强，2019年排名第189位。

近年来，广汽集团主动作为，借助"双百行动"改革契机，在确保国有资产保值增值前提下，持续推进创新变革，积极探索体制机制创新，生产经营保持健康稳定发展。2019年，广汽集团实现汇总营业收入3 634亿元，在行业出现负增长的情况下，顶住压力，延续稳健增长的市场表现，汽车销量位列全国前5名。

二、主要做法

（一）坚持党建引领和市场导向，开启企业发展双引擎

在推进职业经理人改革过程中，广汽集团充分发挥党组织把方向、管大局、保落实的领导作用，始终把坚持党的领导原则放在首位，坚持党的领导与现代企业治理相结合，坚持党管干部与董事会依法选择经营管理者及保障经营层的经营自主权相结合。通过"先党内、后提交"，确保党政决策方向一致、战略同步；推进"双向进入、交叉任职"，落实党委委员依法进入董事会和经理层。目前，集团职业经理人除1人外全部是党委委员，党委委员占职业经理人比例约90%。

（二）坚持依法依规，循序渐进开展工作

一是建立科学的职业经理人选聘标准和选聘程序，通过政治素质、职业操守、职业化能力、业绩表现等几个维度，全方位评估候选人能力；通过发布招聘信息、民主测评、综合考核评价、做出聘任决定等相关程序，建立严格规范、公开透明、公平公正的选聘程序。二是根据广汽集团实际，分批次合理规划，从严掌握职业经理人职位、职数配置。广汽集团于2018年12月正式实施职业经理人改革，完成了5名职业经理人的转聘，2019年又完成了2名空缺职业经理人的公开招聘，目前7名职业经理人已全部到位。三是职业经理人实行任期制、契约化管理，相关方案严格按照

程序报上级部门,并按照批复精神认真组织落地实施。

(三)完善法人治理结构,健全激励约束机制

集团对职业经理人实行动态管理,定期考核评价,构建科学合理的激励约束机制。一是强化董事会职能,不断完善公司法人治理结构,切实落实董事会对高级管理人员的选聘权、考核评价权和薪酬分配权。董事会牵头设立考核委员会,公开听取职业经理人述职,并根据业绩考核结果,公平公正制定相应的薪酬兑现方案。二是确立了效益优先、优劳优酬、按绩分配的薪酬分配和协商制度,将职业经理人个人绩效与公司利益紧密结合,成果共享、责任共担;持续优化完善职业经理人考核激励机制,探索"一人一方案""一人一指标"的差异化绩效指标管理体系,突显考核指标的岗位相关性、客观性、差异化和可量化。三是建立中长期激励机制,激励管理者着眼于企业的长期效益,实现企业长期发展目标。四是建立了职业经理人的监督管理和退出机制,强化职业经理人的管理约束,实现监管与激励的对称统一。

(四)探索推进下属投资企业职业经理人改革试点

广汽集团积极将职业经理人改革经验复制推广到部分下属投资企业,加大市场化选聘的高管比例,自上而下持续释放企业活力。通过起草投资企业职业经理人试点工作指导意见,规范试点企业基本条件、试点职位、职业经理人选聘标准等,明确试点工作的整体方向、引导工作有序开展。目前,集团正在积极选取下属试点企业,并指导企业开展职业经理人改革试点工作。此外,集团还不断建立完善包括市场化选任方式等各种选聘方式相适应的企业经营管理者和高层次人才激励制度,在研发中心设置专业技术和经营管理双通道,建立人才发展双轨制,实现干部"能上能下"、有序轮岗,进一步向分层授权、市场配置转变。

三、改革成效

总体来看，集团通过推行职业经理人改革，健全了公司治理结构，创新了选人用人方式。一是不断完善公司的法人治理结构，建立与市场发展相适应的现代企业制度，夯实国有企业健康发展基础，进一步提升了企业发展的竞争力。二是建立健全市场化的选人用人机制，完善了干部管理体制，推动干部"能上能下""能进能出"，造就了一批德才兼备、作风过硬、善于经营、充满活力的职业经理人人才队伍。三是进一步提升人才的吸引力和竞争力，筑就人才高地，建立人才优势，为培育具有全球竞争力的世界一流企业提供充足的人才保障。

（一）强化管控能力，顶住压力保业绩

广汽集团的职业经理人不仅是集团经营班子成员，也联系各下属投资企业，权威足、管控强。2018年下半年以来，汽车行业形势异常严峻，集团职业经理人第一时间带队到一线开展市场调研活动，带头跑市场、抓销售、抢订单，领导各企业积极应对，采取各种有效措施，攻坚克难，保证了集团生产经营的健康平稳，实现2019年销量优于行业水平4个百分点，市场占有率提升了0.35%，汽车销量进入全国前5名的成绩，在车市"寒冬"中显现出了强大的发展韧性。

（二）压实主体责任，勇敢担当作为

职业经理人改革实施以来，极大地激发了干部的主观能动性和责任意识。在集团经营班子的带动下，各项重点工作、重点项目建设成果显著，积极推进广汽智联新能源汽车产业园等系列重大项目建设，目前产业园已落实投资287亿元，落实用地约349万平方米；23个纳入广州市2020年"攻城拔寨"项目有序推进，年度计划投资完成率59%；此外，广汽丰田第三生产线扩能、广汽商贸南沙汽车产业园项目一期工厂等一批具有重大

战略意义的项目建成投产,有效增强广汽集团发展后劲。2020年疫情期间,集团经营班子发挥带头作用,全面落实党委决策部署,一手抓疫情防控,一手抓复工复产补产增产,扎实推进"六稳"工作、落实"六保"任务。成立口罩设备攻关党员突击队,攻关口罩机转产制造,仅5天即组装出第一条口罩生产线、13天达成批量生产,已累计生产超7 000万个口罩。2020年4月上旬,集团5 000余家零部件、物流供应商和销售店全部实现复工复产;15个市重点在建项目2020年3月末即实现100%复工。各企业积极推进补产增产,有条件的整车企业千方百计挖掘产能,集团整体产能利用率基本恢复到正常水平。

(三)激发创业激情,加快转型升级步伐

职业经理人改革创新了激励机制,使广大领导干部进一步转变观念,激发干事创业热情,齐发共进,形成合力,推动广汽集团加快转换发展动能,不断向"电动化、智联化、共享化、国际化"方向突破。广汽集团于2019年发布了"广汽e-TIME行动"计划[⊖],加快推进智能网联新能源汽车产业布局,在当前国内新能源市场同比下滑43%的情况下,广汽新能源实现逆势六连涨,AionS车型销量进入全球前10名,品牌力持续向上,被誉为国内最具成长性的后浪企业;发布了由广汽主导,腾讯、华为等多个战略合作伙伴支持,自主研发的,集智能工厂生态、自动驾驶系统、物联系统于一身的智驾互联生态系统ADiGO(智驾互联)生态系统,并通过持续迭代,不断升级系统功能;积极打造集团移动出行平台,如祺出行项目于2019年正式上线,目前广州市场份额已提升至7%,仅次于滴滴稳居第2位。完成集团数字化转型3年蓝图,启动自主品牌营销速赢项目,集团

⊖ "广汽e-TIME行动"计划:是广汽集团立足当前,以顾客体验为核心,面向未来高质量发展的行动举措。e-TIME行动中的e是Experience,代表顾客体验,这是一切工作的核心;T是Technology,代表科技创新;I是Intelligence,代表智能网联;M是Manufacture,代表智能制造,E是Electrification,代表电气化。

数字化转型战略稳步落地；坚定国际化步伐，以"一带一路"为根基，深耕重点市场，2020年上半年海外销量实现逆势增长13%。

（四）形成广汽模式，引领示范推广

作为广州市重点国有企业，广汽集团率先实施职业经理人试点改革，是广州市国资国企唯一一家职业经理人改革试点单位，形成了可以向全市、全省甚至全国符合条件的国有企业复制、推广的国有企业职业经理人改革的经验和模式，为进一步深化国资国企改革，发挥国企的主力军作用，当好"四个走在全国前列"排头兵，助力广州乃至全国的社会经济高质量发展，起到了模范带头作用。

36

紧抓"双百行动"机遇 综合改革成效可圈可点

广州医药集团有限公司

一、基本情况

广州医药集团有限公司(以下简称"广药集团")紧紧围绕"五突破、一加强",以高质量发展为目标,以健全中长期激励约束机制为抓手,扎实开展改革创新工作,取得了显著成效。

广药集团始终坚持以习近平新时代中国特色社会主义思想为指导,深入贯彻落实中央全面深化改革工作部署和广东省委、广州市委工作要求,努力将"双百行动"工作要求与企业改革需求相结合,围绕"五突破、一加强"扎实推进工作,以改革助推企业实现高质量发展、以创新赢得未来发展空间。2019年,广药集团实现销售收入1 330.51亿元、利润总额50.28亿元,位居中国500强第160位,排名逐年攀升,连续8年保持"中国制药工业百强榜"第1位。

二、主要做法

(一)以高质量发展为目标推进股权多元化和混合所有制改革

1. "宜混则混、宜参则参",将产业布局与机制创新紧密结合

通过"混改"建设广药澳门国际总部。2020年1月3日,为落实习近平总书记关于加强粤澳合作和促进澳门经济适度多元发展的要求,广药集

团（澳门）国际发展产业有限公司正式成立，首期投资15亿元，广药集团控股51%，联合广东省驻澳门龙头企业南粤集团、澳门企业城邦环球有限公司共同合资成立，成为粤港澳深化医药领域合作的强力纽带。

通过参股布局药店新零售。广药集团通过参股方式抢抓行业发展新机遇。2017年，为加强在西南地区布局，广州白云山医药集团股份有限公司（以下简称"广药白云山"）完成云南鸿翔一心堂药业（集团）股份有限公司（以下简称"一心堂药业"）非公开发行A股股份4 149.38万股的认购，持股比例6.92%，成为一心堂药业第三大股东。2018年，双方共同成立广州白云山一心堂医药投资发展有限公司（广药白云山参股30%），通过并购、新开设等方式快速整合广东省医药零售连锁市场，到2019年，连锁药店数量增加至63家，为集团新零售业务布局争取了宝贵时间。

2. 深化股份制改造，将主业聚焦与资本运作有机结合

2013年，广药集团顺利完成横跨沪、深、港三地资本市场的重大资产重组工作，成为我国医药行业第二家整体上市的综合性医药集团，开创了中国证券史先河。2016年，广药白云山成功完成非公开发行A股，融资逾78亿元，同时开展员工持股，成为国内首家成功实施员工持股计划的A＋H股上市公司。2019年9月，广药白云山启动分拆广州医药股份有限公司（以下简称"广州医药公司"）赴港上市相关工作，推进集团医药商业板块的业务资源整合升级，提高广州医药公司融资能力，强化广药白云山的主业聚焦和估值回归。

（二）以构建中长期激励市场化对标体系为目标健全激励约束机制

1. 编写集团"双百"工作"红宝书"，打通政策落地"最后一公里"

2019年10月，广药集团组织编写《广州医药集团有限公司所属企业中长期激励管理办法》（以下简称"管理办法"），分别从"混改"企业员工持股、科技型企业股权和分红激励、创新创业企业核心团队激励等层面，为下属企业推进体制机制改革提供细化到"使用场景"的制度支持，引导、助力、规范企业的改革创新工作，进一步盘活沉睡资源，补强发展短板，激励核心团队，释放企业活力。目前，管理办法已正式实施，将有力地促进集团下属企业的"双百"改革工作。

2. *鼓励开展多样化激励机制建设，激发员工干事创业的激情活力*

2016 年，广药白云山实施员工持股计划，共 1 209 名员工参与持股，认购金额为人民币 9 095.34 万元。36 个月锁定期后，上述股份于 2019 年 8 月 19 日在上海证券交易所上市流通。2017 年，广药集团修订《广州医药集团有限公司科技创新奖励管理办法》，从项目立项到科技成果产业化，系统性鼓励科技人员通过技术创新分享企业发展成果。

3. *实施"双通道"项目，打破员工发展瓶颈*

广药集团于 2018 年启动了员工职业发展"双通道"项目，全面打通人才发展瓶颈，打造对未来发展有力的人才支撑。

（三）以对未来负责为目标着力解决历史遗留问题

广药集团着力开展"僵尸企业"出清工作，现已经完成 22 家企业的出清，并委托专业机构办理余下 3 家企业的出清事宜，力争 2020 年完成全部出清任务，为企业依法依规解决历史遗留问题、"轻装上阵"谋求未来发展奠定基础。

（四）以实现党的领导和公司治理有机统一为目标，全面加强党的领导和党的建设

广药集团将党建工作写入公司章程，明确党组织在决策、执行、监督各环节的权责和工作方式，使党组织成为集团法人治理结构的有机组成部分；狠抓组织力提升，打造了一批品牌党支部，陈李济等 7 个党支部成为广州市星级党支部；最新提出"123 大党建"模式 2.0 版本，以"明确一条主线——大党建引领企业大发展,坚持两个导向——党建高标准和发展高质量,强化三大引力——党的领导力、组织力和创造力"为基本内容,为国企党建提供了独具特色的"广药经验"。

三、改革成效

(一)混合所有制经济占比持续提升

截至 2019 年年底,广药集团拥有股份有限公司、中外合资企业、民营合资企业 3 种类型的混合所有制企业共 23 户,共引入非公资本总量 158.9 亿元,占集团合并报表净资产总额的 65.32%,成为集团系统企业的重要组成部分。

(二)传统业务"不走寻常路",产业新布局、体制机制创新与社会责任"三赢"发展

1. 体现国企担当,完美完成"穗康"口罩落地执行工作,并将通过大数据应用惠及更多民众

作为广东省及广州市药品药械和防控物资储备承储单位,广药集团于 2020 年 1 月 30 日收到市政府"穗康"小程序口罩预约购买的落地执行任务,奋战 24 小时完成口罩实名预约线上系统开发,随后不断根据民意调整完善,从"线下取货"到"快递到家"、再到线上线下"一站式"服务,从成人口罩到增加儿童口罩、额温枪等防控物资,不断满足市民不同阶段的防疫需求。目前已为超过 1 400 万人次提供超过 2.6 亿个口罩,平均每天处理 20 万个订单,持续 3 个月工作量堪比"双十一"。接下来,广药集团将探讨"穗康"与腾讯集团的继续合作,通过大数据应用更好地满足人民群众的医药健康需求。

2. 造血式扶贫,将贵州"小刺梨"发展成"大产业"

贵州刺梨富含维生素 C,符合当前的健康消费趋势,广药集团集中科

研力量，用 98 天高效开发出刺柠吉复合果汁系列产品。通过王老吉品牌赋能、龙头企业带动、钟南山院士直播带货等线上线下相结合的方式，迅速建立并提升"刺柠吉"产品知名度，产品上市至今总销售额超 1.8 亿元，带动相关农户及务工人员超过 2 000 人增收致富，刺柠吉贵州省惠水县工厂直接解决数百个工作岗位，包含多个建档立卡户，带动贵州刺梨生产加工企业销售额同比提高 30% 以上。广药集团将"小刺梨"发展成"大产业"，帮助当地经济精准脱贫，引领产业扶贫新趋势。

（三）科研体系日臻完善，创新成果可圈可点

广药集团坚持将创新作为集团"双百行动"的关键任务之一，在科技创新体系建设方面持续发力，陆续建成广州市药物制剂新型释药技术重点实验室（2016 年）、名优中成药产业技术创新战略联盟（公共技术服务平台）（2017 年）、实验用 Beagle 犬及疾病模式犬研究开发平台（2018 年）、药物制剂产业技术创新公共支撑平台（2019 年）等服务平台及技术体系。其中，"国家犬类实验动物资源库"晋级国家科技资源共享服务平台，填补了广东省没有国家科技资源共享服务平台的空白。截至 2019 年年底，广药集团共拥有国家级科研平台 10 家，省级科研平台 39 家，新增国家科技进步二等奖 1 项、教育部科技进步奖 1 项，省部级科技进步奖 6 项，市科技进步奖 1 项，中国专利优秀奖 8 项。

（四）人才队伍不断壮大，人才结构进一步优化

广药集团先后制定了《促进人才优先发展的若干措施》《高层次人才管理办法、"百名博士"工作方案》《关于引进优秀紧缺人才的激励管理办法》等人才制度，加大引才、留才力度。截至 2019 年年底，集团本科以上学历占比提高至 32%，40 岁以下职工占比达到 81%，来自国内排名前 10 和国际排名前 100 高校的"优才计划"毕业生达 800 余人，基础人才队伍不断壮大。同时，广药集团注重对高端人才、产业领军人物的引进，目前形成诺贝尔奖得主 3 人、广东省创新团队 1 个、国内双聘院士（国医大师）20 人、外籍专家顾问 7 人、享受国务院特殊津贴在职专家 2 人、博士及博士后近百人的高端人才队伍。

37

深化综合改革 推动企业持续健康高质量发展

广东广业清怡食品科技有限公司

一、基本情况

广东广业清怡食品科技有限公司（以下简称"广业清怡"）是广东省广业集团有限公司（以下简称"广业集团"）的控股企业。在被国务院国资委列为国企改革"双百行动"改革试点企业之前，广业清怡存在股东结构相对单一，股东之间的协同效应不明显；企业资产负债率偏高，企业后续发展资金不足；企业法人治理结构不完善，运转效率偏低；激励约束机制不健全，企业内生动力不足；企业产业规模偏小，行业龙头地位不稳固等问题。

广业清怡坚持问题导向，补齐短板，以"双百行动"为契机，积极推进落实"四突破、一加强、一打造"综合改革举措，致力于将广业清怡打造成为治理结构科学完善、经营机制灵活高效、党的领导坚强有力、创新能力和市场竞争力显著提升的国企改革尖兵。

广业清怡成立于2005年，公司致力于成为"营养、健康与食品安全解决方案提供商"。截至2019年年底，广业清怡注册资本为4.86亿元，总资产为16.74亿元，员工约1 500人。

多年来，广业清怡在广东省国资委和广业集团的领导和大力支持下，坚持党建引领,以科技创新为驱动,以体制机制创新为抓手,不断改革,从一家事业科研单位发展成为年收入近 7 亿元的高新技术企业,是国内特种食品配料行业领导者。

二、主要做法

自"双百行动"开展以来,广业清怡在广东省国资委和广业集团的领导和大力支持下,扎实推进各项综合改革措施落地。主要开展了以下几个方面的工作。

(一)推进混合所有制改革,助力企业跨越式发展

一是引进民资,加快上市步伐。为进一步完善法人治理结构,提高投融资与资本运作能力,积极加快 IPO 步伐,广业清怡第二轮增资扩股于 2018 年 10 月在广东联合产权交易中心公开挂牌,至 2019 年 6 月增资顺利完成,引入了非公资本顺德源航,实现混合所有制改革。顺德源航基金管理人具备国有企业资本运作和辅导上市经验,精于价值挖掘和顶层设计,强于资本运作和产业整合,可辅助广业清怡打造良好企业"内功",为公司 IPO 做有效衔接。

二是实施产业联盟,加快转型升级。广业清怡按照"产业相近、行业相关、优势互补、组团发展"的原则,拟与我国天然植物提取功能性成分领域的民营龙头企业组建联盟,通过"现金收购+增资扩股"方式完成"混改"。广业清怡可依托目标公司的技术品牌、规模体量和产业链优势,延伸扩展进入战略性新兴生物技术产业领域,有效改善广业清怡以人工合成产品为主和发展驱动力不足的短板;目标公司可结合国有企业资源与民企市场活力,以"内生增长+资本运作"驱动企业持续健康发展;促进整合后的广业清怡快速形成"天然甜味剂、合成甜味剂"并行,"甜味剂、营养配料"双轮驱动的新格局,推进企业转型升级,实现高质量发展。该项目已于 2019 年 9 月通过广业清怡董事会审议，并履行完毕上级集团的决策审批程序，现正处于并购实施阶段。

（二）完善公司治理，促进企业高效运行

一是制定"三会一层"议事规则，完善法人治理结构。广业清怡以集团总部对广业清怡适度放权、授权为突破口，制定了"三会一层"议事规则和公司各治理机构权限表，并相应修订了公司章程。通过治理规则的修订完善，股东、董事会、经理班子的治理边界更加清晰；公司各利益相关方形成以董事会为治理核心的管理共识和权力架构。在投资、融资、资产管理、薪酬管理、担保管理等重大企业经营事项上，赋予董事会更大权限；在日常经营上，根据企业实际充分授权经理班子，从而建立起经理层负责日常经营，董事会统管重大事项，股东会掌舵战略方向，监事会实施监督管理的企业现代化治理体系。

二是建立创新选人用人机制，实现干部"能上能下"。在选人用人方面，广业清怡坚持党管干部原则和正确用人导向，以"人员能进能出、收入能增能减、岗位能上能下"为原则，实行逐级任职、"能上能下"的用人制度。2019 年，广业清怡本级和各级子企业组织公开竞聘，选拔了 3 个副总经理、4 个总经理助理、5 个部长、6 个副部长和 1 个部长助理等一批有事业心和责任心的优秀人才。

三是完善市场化经营机制，探索职业经理人制度。广业清怡上下一心齐改革，勠力同心促发展，本级和各级子企业根据公司发展需要，按照合法化、市场化、专业化、职业化原则，探索了职业经理人制度，通过董事会选聘和管理职业经理人，4 家企业累计新聘及转聘职业经理人共计 18 名，其中广业清怡本级有 4 人，占本级经理层人数的 50%；各级子企业共计 14 人，百分百实现内部身份转换。

(三)引入市场激励机制,激发企业内生动力

广业清怡制定了融"激励、约束、容错"为一体的综合改革试点工作方案,并制定了广业清怡3年考核方案(2019—2021年),进一步探索了薪酬体系及激励制度改革。一是在薪酬分配方面,广业清怡引入市场激励机制,坚持员工的工资收入与企业的经济效益以及个人的工作业绩挂钩,逐步建立了与劳动力市场基本适应,同企业经济效益和劳动生产率挂钩的工资体系。二是2019年,广业清怡经营业绩考核实行增量奖励,确定了3年奖励目标。增量奖励以归母净利润作为考核指标,增量奖励的业绩基线定为考核目标值的120%,并保持3年不变,奖励比例为30%。三是在专项奖励方面,建立以投资效益、科研成果、市场开拓目标为导向的考核激励体系和鼓励科研创新、知识产权保护的专项奖励机制,推动公司各级人员加大科技创新力度、强化科技成果转化水平,提高企业市场占有率和盈利水平。

三、改革成效

(一)稳妥推进股权多元化和混合所有制改革方面

广业清怡在2017年实施股权多元化改革的基础上,2019年通过第二轮增资扩股,共计募集资金4.1亿元,新增2位股东,实现了混合所有制改革,增强了股东在市场开拓、产业经营和战略资源方面与广业清怡的协同性。同时,增加了公司发展资本金,显著降低了资产负债率,2018年企业资产负债率为76.85%,2019年下降至54.11%,有息负债减少约1.92亿元,仅利息支出每年就节省约1 152万元,为企业"轻装上阵"、增强市场竞争力创造了有利条件,夯实了企业高质量发展根基。

(二)健全法人治理结构方面

一是通过"三会一层"议事规则和公司各治理机构权限表的制定,进

一步完善了企业治理结构,解决了广业清怡原先作为国有控股企业,在行权履职时既要按现代化企业管理,也要按照国有全资子公司的管理制度进行运行管理的双重审批流程弊端,有效提升了企业运营效率。

二是通过实施竞聘制,充分调动了干部及员工参与工作的主动性和创造性,进一步提升了企业经营管理和技术研发水平,完善了经营人才结构,为企业发展提供了人才保障。

三是通过推行职业经理人制度,实现了公司本级及各级子企业经理层成员任期制和契约化管理,以经营目标任务作为考核,根据考核结果,实现了经理层薪酬分配的差异化管理,充分激发了企业经营层的担当感和责任心。广业清怡管理层中,2019年薪酬最高者是最低者的1.43倍。

(三)健全激励约束机制方面

通过开展薪酬体系及激励制度改革,进一步激发了员工的创新潜力和创新活力,有效激活了企业的创新发展内生动力。2019年,广业清怡食品安全检测业务首次突破亿元大关,实现营业收入10 548.81万元,较2018年的9 669.12万元增长约9%。

(四)完成改革任务方面

广业清怡2018年备案的任务台账中改革任务总数量为21个,其中2018年改革任务3项,2019年改革任务12项。截至目前,改革任务已完成10项,在发展混合所有制经济、优化公司治理、建立健全激励约束机制、加强党的建设方面均取得了实质性进展。

38

创新党管人才机制　践行国资国企改革

广东省交易控股集团有限公司

一、基本情况

近年来,广东省交易控股集团有限公司(以下简称"交易控股集团")聚焦"双百行动"综合改革"五突破、一加强"的目标任务,抓住被广东省国资委选定为国资系统"完全市场化选聘经理班子、以董事会为主考核经理班子"唯一试点企业的契机,大力实施"人才强企"战略,积极探索市场化选人用人新机制,推行考核分配激励机制综合改革。早在2015年年初,交易控股集团率先在省属一级企业管理层试点选聘市场化经理班子,取得了良好的效果。2018年年初,组织对经理层市场化选聘管理体系进行了优化完善,启动了第二届市场化经理班子的续(选)聘工作,公司法人治理结构和治理机制得到进一步完善,选人用人机制得到进一步创新,企业发展活力得到进一步增强。

交易控股集团由广东省国资委全资设立,是省属一级企业股份制改革试点企业,交易业务涵盖产权、股权、金融资产、资源要素、数据信息、新型智库等板块,建立了产股权、知识产权、金融资产、药品、水权、排污权、珠宝玉石、钻石交易等多个交易平台。2016—2019年,连续4年交易金额超过万亿元,综合实力稳居全国同行业前列。2018年8月,交易控股集团入选全国国企改革"双百行动"企业名单。

按照党中央、国务院和广东省委、省政府、省国资委的部署，交易控股集团正积极构建服务粤港澳大湾区战略的产权交易资本市场，打造立足广东、服务全国、面向国际、符合现代化经济体系要求的资源要素市场化配置和交易平台，推动构建服务粤港澳大湾区资源要素市场化配置和流转的金融基础设施，努力建设一流的交易控股集团，推动广东资源要素交易市场高质量发展、走在全国前列。

二、主要做法

（一）坚持党管人才原则，选聘全程公开公平公正

交易控股集团坚持德才兼备、五湖四海、公道正派的原则，把"20字"好干部标准精准落实到市场化选聘经理层的工作中。一是保公平，内外统筹、科学规范制定竞聘方案。在广东省国资委党委的领导下，科学制定市场化选聘经理层工作方案，引进第三方中介机构设计考题、程序及评分标准，确保竞聘工作阳光公平。二是保公开，定向精准公告人才需求。在广东省国资委官网公开发布招聘信息，并向全国各类银行、金融机构、要素交易场所定向发布公告，提高竞聘人员与岗位需求的匹配精准度。三是保公正，多层次多角度综合评审。由广东省委组织部、省国资委、集团董事会和第三方中介机构组成专业评审团，对竞聘人员进行资格审查、履历分析、面谈面试、能力评估、素质考核等多层次、多角度、全方位的综合评审，严把政治关、品行关、作风关、能力关和廉洁关。

（二）瞄准构建现代企业制度，创新国有企业市场化选聘经理班子的聘任管理和激励约束机制

交易控股集团坚持中国特色社会主义市场经济改革方向，按照"市场化选聘、合同化管理、契约化考核、差异化薪酬、市场化退出"的原则，

完善职业经理人选聘任用管理机制。一是修章程，坚持党的领导地位不动摇。坚持党管干部原则，把加强党的领导与完善公司法人治理结构统一起来，把党委前置研究企业发展重大问题决策写入公司章程，明确和落实党委在公司法人治理结构中的法定地位和工作程序。二是创机制，赋予集团经理层履职决策权限。以统筹推进"双百行动"综合改革为契机，结合经理层市场化选聘管理和激励约束机制的优化完善，先后制定了集团党委、董事会、经理层的职权清单和权责清单，修订完善了议事规则，有效划分和厘清各法人治理主体的权责边界。三是强管理，激发职业经理人的创新竞争活力。按照"高激励、强约束"的原则，健全完善了选聘和考核等制度体系，实行动态管理、业绩导向、按绩取酬，逐年确定经营目标和考核办法，根据双方协商按照市场化标准确定；同时设置增量奖励，年度净利润完成值超过年度考核目标值部分，按照不高于30%的比例计算增量奖励。

（三）复制推广市场化选聘模式，打造集团总部及各要素交易板块高素质专业化经营管理团队

交易控股集团及时总结试点经验，突破传统观念和思维定式，打破地域、所有制、行业、户籍等限制，结合集团各交易平台实际，加以迅速复制、推广。一是推试点，全面推广市场化选聘经理层模式。广东金融资产交易中心董事会率先试水以市场化选聘的方式引进3名高级金融管理人才；广州知识产权交易中心紧随其后引进3名专业经营管理人才；广州钻石交易中心和广东省珠宝玉石交易中心从监管本行业的政府部门引进2名领军人才；广东城金城镇化金融资产交易服务有限公司大胆启动经营团队的整体市场化选聘工作；2020年年初，集团总部总经理助理及以下的岗位全部实现市场化竞岗。通过以点带面的推广方式，成功组建一个个熟悉行业规则、具有清晰发展思路，敢于创新、勇于竞争、善于经营、乐于奉献的优秀团队。二是拓途径，不拘一格加速人才引进。积极与猎聘网、广东省人才市场等第三方服务机构合作，签订长期合作协议，通过大范围遴选，不拘一格招才引智，先后引进20余名适应现代企业制度、熟悉产权市场运作、擅长要素市场经营管理和具有良好职业操守的高素质、专业化、强能力、守廉洁、敢创新的职业经理人，为集团改革发展引入了创新思想和竞争活力，为集团的改革发展注入了新鲜血液。三是重实绩，开启全员业绩360度考核新模式。坚持"纵向到底、横向到边"的全员业绩360度考核体系，建立目标分解落实考核机制，对集团总部各部门实行年度和阶段性全员业绩考核，对集团各子公司经理层下达经营目标责任书，将考核结果与薪酬福利、职级晋升直接挂钩，激发全体员工放开手脚创新、甩开膀子创业、迈开步子竞争的激情与活力。

三、改革成效

（一）选贤举能开启新模式，集团经营管理水平再迈新台阶

从试点工作所取得的实际效果分析，市场化选人用人机制有效激发了人力资本创新竞争的活力。市场化经营团队凭借丰富的市场经验、管理手段和行业资源，充分发挥其经营专业特长，完善优化了战略布局、市场定位、监管协调，协同补强了产品研发、品牌塑造、风险控制，策划推动了创新驱动、转型升级的创新竞争发展模式，推动集团公司经营业绩快速增长。入选"双百行动"企业名单的当年（2018年），交易控股集团实现挂牌宗数189.24万宗，同比增长27.15%；成交宗数187.53万宗，同比增长29.63%，成交金额达1.91万亿元，同比增长17.27%，交易规模稳居全国前三甲。

（二）提质增效开创新局面，产权交易资本市场功能日益完善

从2013年组建以来，交易控股集团保持高速发展态势，资产总额大幅

增长,年复合增长达28%,营业收入年复合增长50%,利润总额年复合增长64%。重点推进集团增资扩股整体上市进程,携手共建粤港澳大湾区统一非标资本市场架构;设立全省统一产权交易平台,推动产权交易市场整合实现历史性突破,初步显现全国产权市场"北上广"三足鼎立格局;构建国企出清重组和"混改"专业服务平台,助推供给侧结构性改革,促进国资国企提质增效;创新"交易+流转+融资"模式,引领金融资产流转支持实业发展,助力"金融强省"建设。

(三)改革创新开辟新途径,推动各类要素依托市场有序流转和优化配置

围绕党的十九大提出的"产权有效激励、要素市场化配置"改革目标,推动公共与市场服务、电子商务、投行服务、资本融通(金融服务)、价格指数5大商业模式创新,成功构建公平、有序、高效的资源要素市场化配置平台;惠民、利企、保廉的药品电子采购平台;阳光、专业、高效的混合所有制改革对接平台;稳健、规范、跨境融合的金融资产流转平台;安全、互联、汇聚的大数据流通交易平台等"三公"平台。交易控股集团立足广东、服务全国、面向国际、符合现代化经济体系要求的资源要素市场化配置和流转的国际化平台作用日益显现,数据交易、数据产业、数据科技、数据金融的孵化平台浮出水面,要素市场化配置成效显著,在全国同行中走在前列,已具备构建服务粤港澳大湾区战略的区域性产权交易资本市场条件。

39

以"混改"和市场化经营机制为抓手 发展活力不断增强

北部湾港股份有限公司

一、基本情况

北部湾港股份有限公司(以下简称"北港股份")作为广西唯一一家入选"双百行动"企业名单的上市公司,紧紧围绕"五突破、一加强",深入推进企业改革,拓展公司股权多元化,公司现代企业制度不断完善,治理能力明显提高,内生动力不断增强,港口生产再创佳绩。2019年,北部湾港吞吐量位居泛北部湾经济圈吞吐量第1位,为构建区域性国际航运中心和打造西部陆海新通道北部湾国际门户港做出突出贡献。

北港股份是广西北部湾国际港务集团有限公司(以下简称"港务集团")下属上市公司。北港股份成立于1989年,1995年在深圳证券交易所挂牌上市,是广西最早的上市公司之一。在自治区和港务集团战略部署下,2013年实现钦北防三港整体上市,是广西北部湾地区国有公共码头的唯一运营商。

二、主要做法

(一)稳步推进股权多元化和混合所有制改革,多种资本合作共赢局面不断拓展

北港股份围绕主业不断拓展与非公资本、央企的合资合作,发挥多种资本优势，进一步借鉴和吸纳合作方的先进运营管理理念，进一步提升北部湾港在西部陆海新通道竞争力；逐步形成以互惠合作带动业绩增长，以业绩增长推动市值提升、以市值管理助力持续融资、以持续融资推动企业发展的良好局面。

一是深化股权多元化。2018年，北港股份实施资产置换、发行股份购买资产并募集配套资金再融资项目，成功向中远海运集团、广西投资集团、广西宏桂集团等大型央企和区直国企定向增发2.48亿股股票，募集资金16.4亿元，用于收购泊位的后续建设。港务集团持股比例从81.02%降至68.72%。2019年，出资1.5亿元顺利实施上市以来首次回购股份1 685万股，资本结构得到优化，为后续开展股权激励和再融资奠定基础。2020年，北港股份积极引入战略投资者，完成中远海运集团增持北港股份股权至10.65%，港务集团持股比例降至63.06%，进一步优化北港股份股权结构，充分发挥各自优势，推动港航一体化发展。

二是推动"混改"再深入。根据西部陆海新通道发展战略，为加快打造钦州集装箱干线港的建设，实现北部湾港千万标箱现代化大港发展目标，2019年北港股份与中远海运集团、PSA、成都交投、重庆物流等中外港口、航运、物流企业合资设立新通道国际集装箱公司，共同建设钦州港大榄坪集装箱自动化码头。北港股份通过与国际知名大企业的深度合作，以资本为纽带形成战略联盟，充分利用股东方的先进技术、高素质人才、现代化管理理念，以及更多稳定的航线、大量市场网络和货源，迅速融入世界航运大网络和国际大市场，为加快打造西部陆海新通道建设，深化陆海开放起着积极作用。为推进防城港赤沙作业区大型深水散货码头开发建设，2019年北港股份与中远海运集团、柳钢集团、盛隆冶金等合资设立混合制企业防城港赤沙码头公司，合作开发和运营管理防城港赤沙作业区大型深水散货码头，通过港—厂合作模式，提升公司的综合竞争能力。在一系列改革运作下,北港股份整体资产规模、运营效率和盈利能力进一步提升,在资本市场的影响力及核心竞争力持续提高。

(二)持续健全市场化经营机制,丰富激励约束机制

一是建立市场化用工制度。2019年,北港股份出台《科级及以下管理人员管理办法》《科级及以下员工年度考核办法》等制度,明确员工管理、使用等机制,建立健全以合同管理为核心、以岗位管理为基础的用工制度。逐步建立起员工"能上能下、能进能出、制度化、规范化"的员工流动机制,选拔年轻干部及技术人才进入管理层,打通了人才发展通道,做到人员留得住、发展好。2019年共选拔任用科级人员21名。

二是优化岗位人员配置,提升人力资源效能。北港股份结合实际,依据需求,严控岗位配置,制定总部定岗定编及科级管理岗位方案,合理匹配岗位设计,强化岗位管理,实现岗、事、人的合理配置,进一步优化人力资源开发和人工成本控制。

三是推动劳务派遣工改制。北港股份通过成立领导小组,研究制定《劳务派遣工招录工作方案》,统筹推进劳务用工改革相关工作,2019年妥善完成相关转换招录,招录人员占劳务派遣工总人数的78%,用工风险进一步降低,有效激发劳务派遣员工的工作热情。

四是完善薪酬激励体系。北港股份为充分调动公司董事、高级管理人员和核心骨干人员的积极性、责任感和使命感,有效地将股东利益、公司利益和员工个人利益结合在一起,共同关注公司的长远发展,并为之努力奋斗,逐步建立与公司业绩、长期战略紧密挂钩的激励机制,2019年顺利实施首次限制性股票激励计划,首次授予激励对象共214人,授予激励对象736.66万股限制性股票,进一步调动企业员工积极性,增强员工归属感和认同感,在长效激励机制建设上走出了具有历史意义的第一步。

五是建立完善经理层考核评价体系。2019年,北港股份建立经理层管理制度，推行经理层成员契约化管理，制定《企业负责人、总部机关中层干部薪酬及绩效考核方案》，与公司职能部门、下属公司签订经营考核责任书，实行年度考核，对年度计划指标没有完成的单位、个人，按考核办法扣减年度效益，实行绩效考核评价和薪酬分配差异化管理。同时通过下属公司对各考核部门签订责任状，层层传导工作压力，加强履职考核，收入分配机制进一步优化，企业内部活力进一步激发。

（三）持续加强党的建设，筑牢企业发展"根"与"魂"

一是确保党组织发挥领导核心和政治核心作用。2018年，北港股份将党建工作要求写入公司章程，全部落实党组织研究讨论作为企业决策重大事项前置程序，从运行机制上保障了党组织意图在重大决策中得到充分体现，党组织在企业改革发展中真正发挥了"把方向、管大局、保落实"作用。

二是持续开展"四个一流"建设。北港股份以创建"北港蓝映党旗红"党建品牌和"树流动红旗党支部、评党员先锋"等活动为载体，扎实推进"两学一做"学习教育常态化制度化，推动党建在"四个一流"建设各方面全覆盖。

三是不断加强工会、群团工作领导。北港股份积极团结、引导、激励青年职工，职工向心力不断凝聚；通过坚持党的领导、加强党的建设，为推动企业高质量发展提供强有力的政治保证。

三、改革成效

港口是践行国家"一带一路"的重要基础设施载体，北港股份在"双百行动"中坚持"继续做大发展规模，进一步提高发展质量与效益"为导向，将北部湾港建设成"区域性国际航运中心，持续提升服务西南地区实体经济的能力"为目标。通过改革，进一步释放合作空间，积极引入了战略投资者,加快大规模泊位建设,积极应对船舶大型化趋势,降低发展风险;同时加快企业内部经营管理机制、建立企业内外部人才流动机制,积极培养复合型人才,评价机制改革,激发企业内发动力。

自实施"双百企业"改革以来,公司经营业绩得到了持续的增长,企业活力不断增强。2019年实现营业收入47.92亿元,同比增长13.47%;实现利润总额12.44亿元,同比增长46.32%。2020年上半年,面对疫情给货源市场带来的不利影响,公司上下一心、精准施策,与企业同命运、共呼吸,北部湾港(本港)完成吞吐量12 652.51万吨,同比增长15.56%;集装箱完成228.04万标箱,同比增长28.54%。北部湾港是中国沿海主要港口中唯一货物吞吐量和集装箱吞吐量均实现两位数增长的港口,且集装箱吞吐量增速居全国首位。

40

深化综合改革　重塑产业发展

海南天然橡胶集团股份有限公司

一、基本情况

海南天然橡胶集团股份有限公司（以下简称"海南橡胶"）自启动综合改革以来，发展活力不断释放，经营效益有效提升，在提质增效、业务拓展、科技创新、军品研发、制度创新等方面取得了较好成效。

2005年，海南农垦为整合天然橡胶业务组建了海南橡胶，随之接续了海南农垦保障国家天然橡胶战略资源供给安全的重大使命。近年来，由于天然橡胶价格长期低位运行，给以天然橡胶为主业的海南橡胶带来了前所未有的挑战。为解决生存与发展问题，更好完成保障国家天然橡胶战略资源安全的使命，2018年，海南橡胶新一届党委领导班子上任后，针对制约海南橡胶发展的主要矛盾，深化综合改革，以机构调整为突破口，以制度创新为抓手，大力破除管理体制机制障碍，推进体制机制改革创新、不断完善；同时，以业务整合为核心，优化资源配置，增强发展活力，提高盈利能力，连续两年实现盈利。目前，海南橡胶已发展为集"农、工、贸、产、融"全产业链创新发展的大型综合企业集团、国家级天然橡胶生产的龙头企业、海南省走出海外的唯一省属国有企业、海南省实现国际化经营的唯一省属国有企业及海南省上市公司中融资能力最强的企业。

二、主要做法

（一）以机构调整为突破口，系统构建管控新模式

海南橡胶深化内部体制机制改革，优化组织架构，梳理构建定位清晰且职责明确的母子公司管控架构。一是海南橡胶将总部定位为战略发展中心、资本运作中心、风险管控中心、价值服务中心，根据定位调整组织机构。撤销基地管理部、市场营销部、加工管理部、科技研发中心4个业务部门，将经营业务决策权全部下放到子公司；新设金融事业部和资产管理部，专业化运作资本投资、资产利用和盘活；强化法务和审计职能，实现对重大经营活动风险全过程管控。海南橡胶将总部机构由18个精简为11个，压缩39%；总部职工人数由144人调减为99人，调减31.3%。机构改革后，总部根据新的定位引进人才，人员结构更加合理。二是明晰管控边界，按照业务类别对子公司分类授权。在薪酬方面，由总部核定总额，具体分配方案按照子公司章程或相关制度执行，报总部备案；在人事方面，二级企业绩效责任人拥有所在企业领导班子副职人员的任免提名权；在投资计划方面，总部审定二级企业的年度投资计划，子公司根据计划执行。此外，给予经营业绩良好且内控评价报告无重大缺陷的二级公司特别授权，特别授权"一年一定""一企一策"，不受基本授权的限制。同时，海南橡胶清理总部175项制度，结合授权优化制度和业务流程，提高运营管理效率。

（二）以业务重组为核心，科学绘就发展新路径

海南橡胶以业务整合专业化、资本运作国际化为重点，加快转变发展方式，推进资源资产整合，全面增强内生动力、发展活力和整体实力。一是整合重组农业种植业务，统筹资源配置。将母公司所属的20家基地分公司托管给海南橡胶高效农业板块子公司统一规划、统一投资、统一种植管

理标准、统一营销、统一品牌管理。二是整合重组橡胶原料收购和加工业务，强化板块协同。将母公司所属的13家加工分公司整建制转入海南橡胶收购板块子公司，实现收购、加工一体化运营。三是整合橡胶林木销售业务，提高资产运营效益。海南橡胶将原有的橡胶林木计划安排销售，转变为统一平台网上公开竞价销售，提升资产价值。采用公开竞价后，2019年林木销售毛利较改革前提高1.5亿元以上。四是强化资本运作，拓展和延伸橡胶产业链。海南橡胶2019年收购一家乳胶制品企业80%股权，进军橡胶制品的发泡市场，产品由初加工向精深加工延伸；2019年收购全球最大的橡胶贸易公司88.86%股权，拓展海外市场份额。以上收购，增加海南橡胶资产规模约20%，年贡献利润约4000万元。

（三）以制度创新为抓手，协同打造发展新机制

海南橡胶以海南自由贸易港建设为契机，按照"首创性、已实施、效果好、可复制"的原则推进制度创新，支持公司综合改革。一是创新设计橡胶收入保险，保障胶农收益。为转移天然橡胶价格长期低于成本线运行的价格风险和天然橡胶树因遭受灾害导致胶树灭失、停割或休割引起的减产风险，海南橡胶设计了橡胶收入保险。2018年8月，启动橡胶收入保险，2019年完成查勘理赔金额4.1亿元，利润贡献超2.3亿元。二是创新选拔党组成员，加强决策可操作性。除企业经营班子成员中身份为党员的领导干部兼任公司党委委员外，另外从其下属企业负责人或是专家型的优秀党员领导干部中选拔党委委员。在党委决策时，因为吸收了下级领导干部参与决策，使得决策更加符合实际、更加专业。三是创新协商机制，解决历史遗留问题。海南橡胶制定下发了《2018年基地分公司冗员清理及社会职能一体化改革方案》，采取公开竞岗、管理转岗生产岗、公益性岗位就业、办理内部退休、鼓励自谋职业、解除或终止劳动管理等分流措施开展冗员清理。2018年海南橡胶实现转岗分流2646人，既精简了机构、降

低了人员成本,又确保了稳定。

三、改革成果

一是经营业绩扭亏为盈。在橡胶价格持续低迷、行业整体性亏损的情况下,海南橡胶连续两年盈利。2018 年实现营业收入 67.55 亿元、净利润 2.29 亿元,净利润较 2017 年同期增加 4.92 亿元,总资产为 149.32 亿元,同比增长 11.58%;2019 年实现营业收入 138.03 亿元、净利润 1.35 亿元,主营业务利润较 2018 年同期增加约 5.8 亿元,总资产为 168.3 亿元,同比增长 12.71%。

二是产业板块有效协同。海南橡胶通过对总部机构改革,整合重组产业板块,并放权让利,激发新活力,收购加工板块大幅减亏 8 500 万元,贸易板块扭亏为盈,盈利 5 000 万元;高效农业板块组建首年盈利近 1 000 万元;橡胶木加工板块挂牌新三板,并成功入选全国"科改示范行动"科技型企业。

三是科技成果加快应用。"一树一机"式智能割胶机进入应用推广阶段;首条全乳胶自动化加工生产线已正式投产,降低人工成本 70%,提升劳动生产率 30%;新研发的无氨浓乳已进行市场化应用推广,解决了加氨胶乳环境污染的问题;成功研发改性橡胶木并中标北京 2022 年冬奥会"国家雪车雪橇中心"项目。

四是军品研发不断突破。海南橡胶通过了国军标质量管理体系评审,获得武器装备资格认证,承研的国防科工局军品配套项目正在有序实施;研发的空军航空轮胎胶已通过评审并替代进口 1 号烟片胶,为新时代的国防事业继续担负起新的使命。

五是制度创新全面推行。海南橡胶先后推出了天然橡胶收入保险、"三标三系三受益"绩效管理、移动党委会、员工权益保障申诉复议制度、双目标预算考核机制、全员全周期目标责任考核制等创新制度。天然橡胶收入保险、"三标三系三受益"绩效管理均成功入选海南自由贸易试验区制度创新案例，其中天然橡胶收入保险获得首届海南省改革和制度创新三等奖。

41

积极引进"战投" 实现央地共赢

海南海控能源股份有限公司

一、基本情况

在国企改革"双百行动"与海南自由贸易港（以下简称"海南自贸港"）建设的背景下，海南海控能源股份有限公司（以下简称"海控能源"）引进战略投资者中国能源建设股份有限公司（以下简称"中国能建"），这是央企与地方国企实现互利共赢的典范，是全面推进国企深化改革的具体实践。海控能源与中国能建将继续构建"全方位、中长期、高质量"的合作关系，深入推进综合性改革，力求在改革重点领域和关键环节率先取得突破，服务海南自贸港建设，服务国家战略，为海南经济发展扛起国企担当。

海控能源成立于 2010 年 12 月，注册资本为 4.01 亿元，是海南省属企业海南省发展控股有限公司（以下简称"海南控股"）旗下清洁能源业务板块的支柱企业，于 2015 年在全国中小企业股份转让系统挂牌。

海控能源长期以来股权结构较为单一，控股股东海南控股直接与间接合计持有 100% 股权。海控能源以"双百行动"改革为契机，紧紧围绕"五突破、一加强"的改革目标，以股权多元化与混合所有制改革为突破口，着力引进高匹配度、高认同感、高协同性的战略投资者，由单一型股权结构向多元化股权结构转变,实现资产规模大幅增长与资产负债率下降。同时,逐步推进以"混"促"改",引进新股东方推荐的董事,建立多元化董事会架构,设立董事会各专门委员会,进一步健全法人治理结构,将"双百行动"各项改革措施有机结合,达到以改革促发展的效果。

二、主要做法

(一)加强党委对"双百行动"的领导

海控能源坚决贯彻国企改革两个"一以贯之"的要求,坚持党对企业的领导,把党的领导融入公司治理各环节,发挥党组织"把方向、管大局、保落实"的领导核心和政治核心作用。在海南控股党委的直接指导下,海控能源党委多次召开专题会研究引进战投的目标与方向,谋求国有资本保值增值和企业可持续发展。不因"引战"而"引战",而以"引战"促"发展",引入的战投必须具有资金、技术、管理、市场、人才等方面的优势,在产业上互补、业务上协同,能够促进高质量发展。

(二)积极解决历史遗留问题

长期以来,海控能源下属公司的水电站存在用地使用权属不确定问题,既是海控能源在2015年挂牌新三板时承诺解决的事项,也是意向战投普遍担心的重要经营性资产用地不稳定问题。为促进企业"轻装上阵"引战投,海控能源推动下属公司通过增资扩股的方式取得水电站经营使用的8宗土地资产,以股权换土地取得土地使用权利人资格,为引进战略投资者扫除重要障碍。

(三)公开透明招募战略投资者

在海南省国资委、海南控股的支持下,通过纸媒、网媒、资本中介等多渠道发布"引战"公开招商公告。2018年12月13日和28日,海南省国资委分别在《海南日报》、省国资委官网公开推介海控能源"混改"招商项目。海南控股也从集团层面多渠道发布公司"混改"招商信息,广泛公开招募战略投资者,由此获得了 10 余家优质意向战略投资者竞相洽谈。经过多轮洽谈,最终选取与公司产业具有高度相关性、治理规范、能够助益公司快速发展的上市央企进行深度合作。

(四)优选上市央企,间接达到"混改"效果

在众多意向战投中,海控能源携手世界 500 强央企中国能建进行股权合作,一次性引进中国能建系统 4 家战略投资者,即中能建(海南)有限公司(以下简称"中能建海南")、中国能源建设集团南方建设投资有限公司(以下简称"南方建投")、葛洲坝(海南)建设投资有限公司(以下简称"葛洲坝海南")和中国能源建设集团规划设计有限公司(以下简称"规划设计公司"),在"双百行动"股权多元化改革上取得重大突破。

海控能源本次引进的 4 家新股东,均为香港 H 股上市公司中国能建旗下的公司,其中葛洲坝海南为国内 A 股上市公司葛洲坝的全资子公司。中国能建与葛洲坝 2 家上市公司股权结构均有非公资本成分,其中中国能建港股股本占总股本的 30.85%,葛洲坝非公资本成分约占 50%。通过引进中国能建系统 4 家企业作为新股东,海控能源也间接实现非公资本参股,达到了"混改"的效果。

(五)采取增资扩股方式引"战投"

海控能源充分利用挂牌新三板的优势,严格按照国有企业产权交易监督与新三板定向发行股票相关规定,采取定向发行股票的方式引进战略投资者。此次发行股票取得了海南省国资委关于采取非公开协议方式进行增资的批复,并履行国企股权资产评估备案与新三板定向发行股票的合法合规程序。新增股票发行价格 2.103 元/股,募集资金合计 2 亿元,其中中能建海南出资 2 000 万元、葛洲坝海南出资 8 000 万元、南方建投出资 8 000 万元、规划设计公司出资 2 000 万元,新增股份已完成在国内登记结算公

司的股份登记。

（六）通过引资促改制

实现股东结构多元化以后，海控能源将建立由多元投资主体派出董事组成的董事会，董事会下设提名委员会、薪酬与考核委员会、战略委员会等专门委员会，逐步建立现代企业制度，健全法人治理结构，规范董事会制度建设和运行机制，落实好董事会在重大决策、薪酬考核、选人用人等方面的职权。

三、改革成效

一是助推企业"强筋健骨"。海控能源与中国能建在产业上具有高度契合性、互补性。中国能建在中国的能源设计、建设领域均处于领先地位，是中国乃至全球最大的电力行业全面解决方案提供商。4家新股东在规划、设计、施工方面具有较强综合实力。海控能源与4家新股东将继续谋划产业整合，发挥各方产业联动效应，集合各方的资金、技术、渠道等优势，进一步盘活同类资源，优化资源配置，提升产业资源利用率，增强核心竞争力。中国能建拟以光热发电资产作价入股海控能源，最终合计持有海控能源34%左右的股权，海控能源的资产规模将进一步壮大。

二是改善股权结构。海控能源增资扩股引进4家新股东后，中国能建将间接成为海控能源第二大股东，合计持股19.16%，海南控股持股比例由100%降至80.84%，海控能源股权结构由单一结构转为多元化结构。海控能源未来将继续释放股权，通过吸收优质资产作价入股的方式，进一步优化股权结构，提升营收与获利能力。

三是壮大资本实力，优化财务结构。本次增资扩股后，海控能源注册资本由4.01亿元增加至4.96亿元，资产规模由24.8亿元增至26.8亿元。解决了经营资金不足的问题，大幅降低了经营性风险，缓解了高杠杆困境，债务风险进一步下降，资产负债率由71.34%降至66.02%。定增募集的资金用于偿还高成本贷款和补充流动资金后，每年可节约利息费用870万元。

四是通过"引战"助力央企参与海南自贸港建设。海控能源响应国务院国资委"百家央企进海南"的号召，助力中国能建全面参与海南自贸港建设。中能建海南、南方建投、葛洲坝海南、规划设计公司是中国能建在海南区域项目投资建设的主要平台，海控能源是海南省属最大的清洁能源企业，中国能建通过合作拓宽了在海南清洁能源领域的投资与建设，推动海南区域总部建设的顺利落地。同时，中国能建海南区域总部与海南控股成立合资工程公司，实现项目快速落地与业务拓展，共同投资海南、建设海南、发展海南。

42

"三个重构"深化国有资本运营公司改革

重庆渝富控股集团有限公司

一、基本情况

重庆渝富控股集团有限公司（以下简称"渝富控股集团"）紧紧抓住"双百行动"综合改革契机，着力推进授权经营体制改革等"五突破、一加强"重点任务，通过"双百行动"综合改革和国有资本运营公司改革试点双轮驱动，加快深化企业改革发展。

渝富控股集团成立于2004年，是重庆市政府设立的国有独资企业。2014年，承担改组组建国有资本运营公司试点任务；2018年，成为国务院国资委"双百行动"综合改革实施单位；2019年，成为重庆市唯一国有资本运营公司试点单位，加快建设以"股权投资、产融协同、价值管理、资本运作"为主要特征的国有资本运营公司。截至2019年年底，集团注册资本为100亿元，合并总资产1 966亿元，净资产867亿元，资产负债率55.9%，共参控股企业56户，其中金融、类金融企业31户，产业类企业25户。

二、主要做法

（一）聚焦"体制重构"，着力深化授权经营体制改革

一是深化上下授权放权。重庆市国资委分别于2016年、2018年和

2019年出台对渝富控股集团的授权放权清单，并将战略规划、投资决策、出资企业资产重组审批等42项权利授予渝富控股集团行使。渝富控股集团加大对出资企业授权放权，"一企一策"制定授权清单，对渝泓公司等子企业开展完全授权，对银海租赁等其他子企业开展部分授权，同时强化集团及出资企业的行权能力建设。

二是构建双层组织架构。创新构建"渝富控股集团—渝富资本集团"双层组织架构及资产分类运行机制，推进既承担政府任务又遵循市场法则的双重功能定位融合。渝富控股集团作为国有资本运营公司，持有市场信号较差、战略性培育资产，主要承接政府交办任务、战略投资和资产培育、国资委授权事项管理等；渝富资本集团作为渝富控股集团子公司，持有市场信号较强的股权资产，同时开展完全市场化投资运营业务。

三是优化分类管控模式。加快从"资产负债平衡、现金流平衡、投资损益平衡"转变为"有投资不追求控股、有股权不追求并表、有资产不过度举债"资本运营管控方式。根据出资企业战略定位、控制程度及治理水平，对非实质控制企业采取战略管控、财务管控等管控方式；对实质控制的非全资企业采取战略管控和运营管控相结合的管控方式，全资企业则采取运营管控方式。

（二）聚焦"业务重构"，着力深化国有资本运营模式

一是深化"双轮驱动"投融资模式。渝富控股集团更加注重运用市场化基金工具集合资本投资，通过参与国家集成电路产业投资基金二期等国家级基金，与市场化头部机构、川发展等区域优势国企及重庆区县政府和国有企业等合作拓展募资渠道。近两年，通过基金募集社会资本181.13亿元，完成投资268.61亿元，推动完成国家制造业转型升级基金项目出资、长安新能源汽车增资等重大战略项目。

二是深化"三个集中"资本布局模式。渝富控股集团持续优化国有资本重点投资方向和领域。加大战略新兴制造业和服务业布局，近两年投资京东方 B12、新能源汽车、共享汽车等 13 个项目；加大金融、类金融布局，增资 21.2 亿元支持重庆农商行回 A，增资西南证券、兴农担保等 7 个项目。加大其他有投资价值领域布局，发起成立重庆国资大数据公司，推进重庆旅游集团资产重组，加快在文旅、康养、城市更新、园区建设等领域布局。

三是深化"手脚并用"价值管理模式。渝富控股集团持续健全"用手投票＋用脚投票"股权价值管理机制；按照"一企一策"原则对参控股企业制定价值管理方案，进一步研判明确每户参控股企业的功能定位、目标愿景和增维减退措施，强化价值管理和投后赋能；加大专职委派人员选聘比例，加快形成专职为主、兼职为辅的委派队伍人员结构；强化资本回报，加快进退流转，近两年退出重钢矿投等 21 个项目。

四是深化"一二级市场协同"退出模式。渝富控股集团更加注重通过多层次资本市场推动国有资本流动，探索上市体系与非上市体系"一二级市场协同"退出通道。推动重庆农商行实现回归 A 股上市，正在推动重庆银行回 A 及其他符合条件的出资企业和投资项目资产证券化。同时，积极推进资产分类运营并探索推进市场信号强的股权资产上市，打通非上市体系投资项目退出通道。

（三）聚焦"机制重构"，着力健全国有资本运营机制

一是健全投资决策机制。渝富控股集团按照国有资本运营逻辑规律，持续优化投资决策体系，规范市场化的投决机制、制度和流程；健全投资评审专家库，坚持将投资评审作为投资项目决策前置程序，实行风险官、总法律顾问"一票否决制"；战略产业基金、中新基金等按照行业规律持续优化市场化投决机制。

二是健全市场化选人用人机制。渝富控股集团坚持党管干部与市场化

选聘人才相结合,全面推行管理人员 3 年任期制和契约化管理,在渝富资本等市场化程度较高的子公司推行职业经理人选聘。通过降职降薪、岗位调整、待岗培训和考核退出等方式,健全市场化的管理人员及员工退出机制。

三是健全中长期激励约束机制。渝富控股集团健全完善以岗位价值为核心、绩效管理为基础,具备外部市场竞争力、体现内部公平性的薪酬体系。在中新基金公司等完全市场化子公司开展项目跟投,在银海租赁等子公司开展超额奖励试点。建立改革容错纠错机制,制定负面清单,实现"强激励、硬约束"。

四是健全立体化风险管理机制。渝富控股集团不定期向参控股企业发出关注函和风险提示函;整合审计、风控等多部门力量,构建形成"协同监督"运行机制;建立董事会议案会前监事会风险提示机制;建立风险识别、评估、应对的大数据智能化风控信息平台,有效防范和处置各类风险。

三、改革成效

一是深化改革取得阶段性成效。"双百行动"改革"五突破、一加强"各项任务达到预期目标。2018 年,先后在全国国企改革座谈会、国有资本投资运营公司座谈会上交流发言。2019 年,被重庆市政府明确为全市唯一国有资本运营公司改革试点单位。2020 年 3 月,《重庆渝富控股集团深化国有资本运营公司改革试点方案》经重庆市委深改委审议通过并实施。

二是改革推进集团高质量发展。坚持以深化改革为动力推动经济效益持续提升。截至 2019 年年底,与 2014 年改革试点前比较,重庆渝富控股集团合并总资产增长 61.9%,净资产增长 88.9%,资产负债率下降 6.3 个百分点。本部近两年净资产收益率均值 6.65%、实现净利润 46.7 亿元、上缴国有资本收益10.8亿元，国有资产保值增值率保持在105%以上。

三是改革助推重庆经济社会发展。坚持服务政府战略，投资"芯屏器核网"等战略新兴产业，助推重庆产业转型升级。近两年累计为市属国企提供改革改制和周转资金110.19亿元，助推重庆国企改革。建成重庆工业博物馆，推动乡村振兴，助推城市品质提升和城乡融合发展。

43

实施集团层面"混改"提升企业活力和核心竞争力

重庆商社(集团)有限公司

一、基本情况

近年来,重庆商社(集团)有限公司(以下简称"商社集团")面临传统零售商业模式落后、企业经营机制不活、解决历史遗留问题后债务负担沉重等突出问题。为推动商社集团健康持续发展,融入商贸行业资源整合、资本融合的发展大势,重庆市决定以增资扩股的方式在其集团层面引入战略投资者,于2018年10月公开挂牌转让部分股权,2019年2月"混改"项目通过三轮竞价成交,引入资金48.6亿元,2020年3月完成工商登记变更。

商社集团成立于1996年,形成了百货、超市、电器、汽车贸易、商贸批发等多业态发展的经营格局,是西部地区商贸龙头企业,连续18年跻身中国企业500强,曾荣获"中国商业名牌企业""重庆市最佳诚信企业"等荣誉称号。2019年,集团总资产244.8亿元,实现营业收入409.1亿元,从业人员9万余人,旗下拥有全资及控股子公司12家。集团控股上市公司"重庆百货大楼股份有限公司",规模和效益位居A股百货类上市公司前列。

二、主要做法

（一）合理设定增资扩股条件

在战略投资者选择上，重庆市国资委按照突出战略协同、避免恶意收购的思路，在公开挂牌时设立了3个条件：必须是中国连锁百强前50位且连续3年盈利，经营百货店业态直营网点不低于50家、超市业态不低于100家，不得与第三方组成购买交易标的联合体。经多轮竞争性报价谈判，最终确定国内领先的实体零售企业物美科技集团、步步高投资集团作为投资方。在股权比例设计上，为有效保障国有权益、优化法人治理结构、推进经营机制变革，设立了增资完成后国有股东和物美集团、步步高集团分别持股45%、45%、10%的股权结构。

（二）依法操作保障各方利益

一是从严履行法定程序。按照法律法规的最严情形，履行了资产审计和评估、公开挂牌竞价等30余道程序，与投资人的约定全部在增资协议、公司章程中固化明确。二是切实维护职工利益。2.3万名职工全部延续劳动合同关系、工作年限连续计算，一次性计提4亿元现金用于保障7 000余名离退休人员今后的非统筹费用，成立专门的公司承接遗留问题。三是锁定后续发展事项。与投资人约定，重庆商社集团注册地和主要机构办公地点永久保留在重庆市，今后每年现金分红至少保持在净利润的30%以上。同时，"混改"完成后物美集团还将在重庆新增投资100亿元。

（三）重构企业法人治理机制

一是调整管理体制。重庆商社集团不再作为市属国有重点企业管理，而是由重庆市国资委、物美集团、步步高集团按照股权比例派驻董监事共同治理，党组织关系转入公司注册地按非公企业管理。二是转换干部身份。集团和骨干子企业19名领导班子成员全部放弃原国有企业领导干部身份，参与"混改"后的公司市场化选聘和考核。三是划清治理主体边界。清晰划分股东大会、董事会、监事会、经理层、工会组织等治理主体权责边界，董事、监事会主席均不在公司担任其他职务。四是落实董事会职权。修订完善董事会议事规则，推进董事会下属专业委员会规范运行、发挥作用，充分落实董事会对企业中长期发展的决策权、经理层成员业绩考核和薪酬管理权、职工工资分配权、重大财务事项管理权等。五是规范经理层授权。在依法合规、内部制衡、防范风险的前提下，充分授权职业经理人与核心经营团队，保障公司发展战略实施落地。

（四）建立健全激励约束机制

一是不断完善选人用人机制。商社集团坚持"带目标带方案"竞聘上岗和业绩末位淘汰交流制，2019 年全年选拔调整中层及以上干部 64 名，其中晋升 15 名，岗位交流 27 名，引进 2 名，降免职 20 名。二是实施以业绩导向的分类差异化考核。商社集团全面实施高管个性化考核、差异化薪酬，同一层级不同企业间正职收入差异 10 倍以上，同一企业内部同级高管人员绩效收入差距最大也达到约 20%，实现绩效考核与绩效工资强挂钩。同时，将绩效强挂钩考核深入到基层场店柜组和员工，重点考核销售业绩达成，实现收入"能高能低"。三是持续推行多样化激励机制。商社集团坚持"超值创造、超利分享"，在二级企业和成熟场店推行超额利润分享机制，全面完成年度预算前提下，超额利润部分的 30% 奖励骨干团队，并按 4:3:3 的比例，分 3 年兑现，如次年或第 3 年没有完成考核指标，则余下超额利润奖励取消。2018 年，所属各级单位获得超额利润奖励额度约 3 200 万元，为企业增加利润超过 1.6 亿元以上。推行创新团队奖励，探索店长奖励基金、帮扶奖励、双创奖励、团购奖励等激励创新模式，2019 年 304 家场店开展奖励 3 502 场次，获奖 19 433 人次，采取小额高频的方式，充分激发基层干事创业激情。四是探索实施项目跟投制度。商社集团在中天物业、马上消费金融、舒适家居、水家电、美的厨电等新项目、创新业务领域项目，进行项目跟投或风险抵押，让经营管理团队拿出"真金白银"，同股同权同责，共同创造企业的效益和价值，取得了良好效果。如重庆百货所属马上消费金融公司注册资本金 40 亿元，是全国内资最大的消费金融公司之一，目前注册用户超过 1 亿人，2019 年公司实现净利润 8.53 亿元，同比增长 6.49%。

（五）创新企业经营业务模式

一是优化网点布局。商社集团确立打造西部地区最大、综合实力最强品质生活综合服务商的发展目标，优化川东北、川南销售网络；实施重庆主城门店提升计划，推进世纪新都、凯瑞商都等扩容，拓展网点数量、优化网点布局。二是培育商业新业态。商社集团发展社区生鲜超市，开发加盟店、合营店，完善重庆百货、电商社器、商社汽贸网上销售渠道，推出百货微商城"潮品馆"、超市多点智能购和"世纪购"、电器"世纪乡镇通"、汽贸"网约车"等销售模式，上线会员标签系统、精准营销系统，建立智能呼叫中心、智能客服。三是创新支付方式。商社集团拓展支付宝、云闪付、微支付、刷脸支付等支付平台，加快智能物管、智能物流、自动补货等新技术应用，超市多点智能购上线门店 173 家，O2O 上线门店 113 家；壮大马上消费金融公司，支持大数据、云计算、人工智能、区块链等技术运用。

（六）稳妥解决历史遗留问题

一是完成退休人员社会化管理移交。加强与接收方沟通协调，做好退休人员解释和稳定工作，圆满完成退休人员社会化管理移交，集团及所属企业纳入移交范围的 9 000 余名退休人员与区县人社部门、街道签订移交协议，协议签订率 100%。二是完成职工家属区"三供一业"分离移交。全面完成 2 002 户"三供一业"整治移交工作，下属企业重庆商投集团 29

个街道市政设施移交任务基本完成。三是完成厂办大集体改革。完成川东化工由大集体改制为国有公司工作。四是积极处理商投石化等重大诉讼纠纷，收回其借款本息等共计 2.95 亿元。

三、改革成效

"混改"后，重庆商社集团取得了"一箭三雕"的效果。一是有效增强企业资本实力。战略投资者的增资资金全部到位后，重庆商社集团的注册资本由 8.45 亿元提升到 18.78 亿元，有效化解整合商投集团带来的重大债务危机。二是有效增强企业竞争力。与行业先进企业的强强联合、优势互补，可充分发挥民营股东在新零售技术、供应体系等方面的优势，提升企业在数字化建设、产品采购、供应链议价、全球资源配置商品等方面的能力，实现产业协同。三是充分激发企业内生活力。在"混改"后正式启动员工持股计划，建立创业合伙分享机制，持续深化团队跟投、定额承包等多种激励措施，实现"人人都是创业者"，充分激发公司员工二次创业热情。

44

以股权多元化为契机深化综合改革争当央地合作"排头兵"

重庆医药健康产业有限公司

一、基本情况

重庆医药健康产业有限公司（以下简称"重庆医药"）作为全国"双百行动"改革试点企业，重庆医药认真落实"五突破、一加强"总体要求，全面深化健全法人治理结构、完善市场化经营机制、健全激励约束机制等综合改革，强化与战略投资者中国通用技术（集团）控股有限责任公司（以下简称"中国通用技术"）、中国医药健康产业股份有限公司（以下简称"中国医药"）的战略协同、产业协同、业务协同，"1+1＞2"的协同效应初步显现。

重庆医药原为重庆化医控股（集团）公司（以下简称"重庆化医集团"）全资子公司，拥有全级次分、子公司及医疗机构140余家，员工1.3万余人，涉及医药商业、医药工业、医养健康3大业务板块。因股权结构单一，面临体制机制不活、市场反应慢、产业协同差、核心竞争力不强等突出问题，2019年7月，重庆医药公开挂牌转让49%股权，引进央企中国通用技术（持股22%）及其控股子公司中国医药（持股27%），实现股权多元化。

二、主要做法

（一）突出权责清晰、运转高效，健全法人治理结构

一是厘清治理主体权责边界。重庆医药依照市场化原则，重新修订公司章程，同步修订公司股东会议事规则、董事会议事规则、党委会议事规则、监事会议事规则、总经理工作细则以及"三重一大"决策制度实施办法，建立完善决策权、执行权、监督权相互制约、相互协调的权力结构和运行机制。二是同步调整充实董事会、监事会、经理层。董事会成员7人，由重庆化医集团推荐3人（其中1人担任董事长）、中国通用技术和中国医药共同推荐3人，职工董事1人；董事会全部成员均为非执行董事，不担任高级管理人员。落实董事会重大决策、高管选聘及其薪酬奖励等决策权。监事会成员3人，由中国通用技术和中国医药协商推荐1人（担任监事会主席），重庆化医集团推荐1人，职工监事1人。经理层5人，其中公司总经理由中国通用技术、中国医药协商提名，财务总监由重庆化医集团提名，充分保障经理层经营自主权。三是系统重构管控模式。重庆医药按照"规范有序、公心有为、行动有力、管理有效"方针和"小总部、大产业"思路，重点突出公司总部"管理、监督、服务、协调、指导"职能，调整优化公司总部"三定"方案，新设党群工作部、纪律检查室，裁撤合并经济运行与安全环保部、项目建设部2个部门，实行全员竞聘完成人员定岗、定责，编制数量由55人调减至44人，探索推行"战略管控＋经营管控"混合管控模式，实现公司总部机构权责更加清晰、运行更加高效、管控更加有力。

（二）突出激励有力、约束有效，完善市场化经营机制

一是推进差异化薪酬分配。重庆医药对标市场、对标行业，划定工资总额最高增减幅度"两条红线"，实行工资总额预算备案制管理，实现

"业绩升、薪酬升,业绩降、薪酬降"。制定综合考核评价与薪酬管理制度,与公司高级管理人员,各子公司、各部室签订年度绩效合同,以业绩贡献为导向确定考核目标和薪酬标准。下属上市公司重药控股结合经营业绩合理拉开收入差距,打破平均主义"大锅饭",对超额完成任期利润目标值的企业负责人,除按期兑现全部基本年薪、绩效年薪和任期奖励外,给予相应的特殊贡献奖励,2019年共为近100名超额完成利润目标的企业负责人,发放奖励1 000余万元,同一层级企业负责人薪酬差最高达6倍。二是推行职业经理人制度。重庆医药制定推行职业经理人制度实施办法,构建从"身份"管理向"岗位"管理过渡的用人机制,市场化选聘下属企业总经理1人、公司总部财务部长1人,签订经营业绩责任书,明确岗位职责、权利义务、业绩目标、薪酬待遇、责任追究等内容。三是探索建立中长期激励机制。重庆医药推进在下属企业开展限制性股票激励计划试点,对包括董事、高级管理人员以及董事会认定的核心业务、技术和管理骨干200余人授予不超过股本总额1%的限制性股票。

(三)突出联合协同、优势互补,全面推进高质量发展

一是推动战略协同。充分发挥战略引领导向作用,结合中国医药发展战略,系统谋划重庆医药"十四五"发展规划、"三年滚动规划"及相关子规划,重新优化调整商业板块、工业板块、医养健康板块发展定位,明确由西部领先的区域性龙头企业,向具有核心竞争力的全国一流医药健康产业集团迈进的战略目标。二是强化产业协同。依托中国通用及中国医药资金优势、渠道优势、营销体系优势、工业研发优势,统筹推进重庆医药与中国通用、中国医药的工工协同、工商协同、商商协同,着力提升医药研发能力,培育一批具有市场竞争优势的新品种,为工业生产提供品种技术支撑,推动产业链延伸,打造集研发、生产、销售于一体的综合性医药集团。三是促进业务协同。充分借助中国医药在商业领域的资金优势、渠道优势，组建中国医药—重庆医药商业联合体，在市场开发、产品资源、渠道资源等方面开展全方位、多层次业务合作，积极推动医药商业板块全国布局；在市场重叠地区加强协调调度，避免同质化竞争，提升资源配置效率。依托中国医药完备的工业体系，推进重庆医药工业板块企业，在医药研发、采购、生产、营销等全产业链环节协同发展，统筹推进新产品注册、仿制药一致性评价申报、休眠品种开发等工作，新增完成一致性评价项目注册申报4个。依托中国通用技术旗下医疗健康板块先进的管理经验和中国医药体系内丰富的产业资源，结合重庆医药现有医疗服务资源和平台，搭建"综合医院+专科医院+基层诊疗"金字塔分级诊疗体系，探索发展病后康复、机构养老、社区养老、远程监护等医养结合发展新模式，推动医养项目产业链延伸。

三、改革成效

一是行业影响力不断扩大，初步形成核心竞争力。重庆医药通过成功引进央企作为战略投资者，充分发挥了"央地合作"的网络叠加效应、渠道整合效应、优势互补效应、品牌塑造效应。中国医药—重庆医药商业联合体市场覆盖省份由16个增加到26个，成功跻身医药流通行业全国前五行列，迈入全国医药流通领域第一梯队。

二是体制机制切实理顺，企业动力活力充分激发。重庆医药通过全面深化改革，厘清了公司各类治理主体间权利、义务和责任关系，建立了以董事会为决策核心、经理层自主经营的市场化经营机制，完善了以正向激励为主、利益共享、风险共担的薪酬分配机制，充分调动了企业各级经营管理者和干部职工的积极性，干事创业的劲头明显增强。

三是质量效益明显提升，跑出企业发展"加速度"。2019年，重庆医药商业板块完成营业收入351.78亿元，同比增长30.54%；实现利润总额

11.91亿元,同比增长26%,连续3年实现营业收入和利润总额两位数增长。工业板块营业收入、利润总额分别同比增长16.32%、8.77%。医养板块发展思路逐渐明晰,所属医院管理水平和服务质量不断提升。

45

创新投资分类管理　激发投资主体活力

四川省商业投资集团有限责任公司

一、基本情况

四川省商业投资集团有限责任公司（以下简称"四川商投"或"集团"）2018年入选国务院国资委"双百行动"企业名单以来，立足打造高度市场化的国有资本投资公司目标，围绕"五突破、一加强"抓深抓细各项改革，取得了较好成效。在推进"双百改革"过程中，集团以深化投资管理体制改革为切入点，积极探索授权经营体制改革，开启了具有四川商投特色的分级分类投资授权改革新路，极大地激发了企业主体活力，投资面貌焕然一新，企业经营发展态势良好。

四川商投是四川省人民政府批准成立的省属国有大型骨干企业，是四川首家新组建的国有资本投资公司、省属唯一的现代商贸流通服务产业投资平台。公司注册资本100亿元，员工3 500人，下辖16个二级子集团、124个子公司，拥有四川粮油、四川中药、四川物流、四川外贸、四川商建、川酒连锁、老厨房、四川烹饪、天府菜油等系列企业和产品品牌，业务涵盖放心食品、医药健康、数字经济、现代物流、现代工贸、城乡配套建设等领域。

二、主要做法

(一)创新分类管理,着力解决投资管理"撒胡椒面"问题

1. 创新集团管控体系

四川商投委托国际知名第三方机构对集团管控模式进行优化调整,建立了适应国有资本投资公司的分级管控体系。在管控模式上,采取战略管控与分类管控相结合的模式,按照"小总部、大产业"定位,构建"总部管资本、二级管资产、三级管执行"的三层级架构。在管控制度上严格落实集团党委会前置程序,修订"三重一大"决策事项清单,清晰界定集团党委会、董事会、总经理办公会议对投资项目的审核权限、流程和规则,大幅提高了投资项目的审核决策效率。

2. 实施分类管理授权

四川商投制定了"1+9"投资闭环管理制度体系,为规范投资全过程管理提供了制度保障。坚持因企施策、因业施策,将集团出资的二级公司划分为A(全资或绝对控股)、B(相对控股或第一大股东)、C(持股比例小于20%)三类,实行差异化管理。同时从企业规模、产业属性、法人治理、投资能力等多重维度对A类公司进行评估后再细分为A1、A2、A3三类,对每类企业的固定资产投资和股权投资自主决策额度进行差异授权。目前集团对14户二级企业进行了初始认定,确定A类企业分类,并授予不同的投资权限,最高授权的投资额度达到了省国资委授予集团的决策额度,既有效防控了风险发生又激发了下属企业的投资活力。

3. 推进"双线并行"监管

集团基于出资人和实际控制人两个角色定位,对出资企业重大投资行为采取法人治理线和管控线双线并行监管,践行了"强监管、促活力"的改革初衷。其中对具有实际控制权的二级公司主要通过管控线实现监管,

通过规章制度和激励考核"两张牌"进行实质性管理；对不具有控制权的参股企业主要通过法人治理线实现行权，通过委派股东代表、专职董事"两类人"进行监督管理，为加强对出资企业投资监督提供了有力支撑。

（二）推进闭环管理，着力解决投资前中后管理脱节问题

1. 投前把方向，注重"融入式管理"

对投前阶段项目，四川商投坚持战略导向引导，重点以优化项目投向、把控投资风险、调整投资结构为主要思路。落实投资收益管控标准，建立起了项目投资评审会机制，对集团范围内项目评审实现全覆盖，切实把好防范投资风险的第一道关口。此外，集团把科学制定投资计划作为调结构、促转型的抓手，合理确定投资规模、结构。2019年，集团在中医药大健康、数字经济、新零售等领域投资力度持续加码，国有资本布局结构得到了调整优化。

2. 投中控风险，注重"跟进式管理"

对仍在投资实施过程中的项目，四川商投以跟进了解情况、协调解决问题、加快项目推进为主要工作思路。严格落实投资计划考核，明确专人跟进投中项目，持续督导推动投资项目落地；制定集团重点项目管理办法，建立重点项目库，每月动态管理项目推进情况，及时协调解决有关问题；建立投资管理信息系统，对投资计划、存量项目和投资评审实行线上管理，集团投资管理效率大幅提升。

3. 投后要效益，注重"督察式管理"

对已完成投资的项目，四川商投以动态跟踪、分类管理、注重效益为主要思路。强化项目投后跟踪管理，每周形成重点关注项目报告、每月上报重点项目推进情况报告、每季度形成投后管理分析报告，对集团实施的项目全盘掌握。注重存量项目分类管理，界定划分存量项目类别，形成"重点支持一批、加快推进一批、坚决退出一批"的投后管理机制。2019

年集团制定"僵尸企业"及存量项目分类处置方案,对全集团范围内存量项目逐一明确处置意见,进行动态分类管理。加强投后审计,对投资退出、终止类项目逐一进行专项审计,对投资效益、决策程序进行全面评估,确保国有资产保值增值。

(三)强化激励约束,着力解决投资结构调整动力不足问题

1. 实施投资专项考核

四川商投落实增量项目考核,凡是需要集团匹配资金的项目,均由集团与投资主体签订项目考核责任书,突出项目利润、成本费用利润率和工资总额的中长期考核,妥善解决了过去只重项目投资不重效益回报的问题。落实投资计划考核,将年初投资计划执行情况与主要负责人绩效薪酬挂钩,强化了投资计划刚性执行。"一企一策"下达投资考核任务,将并购重组上市公司和优质民营企业作为加分项,鼓励下属企业围绕主业加大增量布局、推进混合所有制改革。2019年,集团对11户二级企业签订投资计划专项考核任务书,极大地激发了投资主体找大项目、投好项目的积极性,项目投资完成规模较2018年实现了翻番。

2. 亮明项目投资遴选标准

四川商投制定集团项目投资负面清单,确定18项禁止投资事项、4项特别监管事项,划定投资红线、厘定投资方向。出台集团投资项目遴选参考标准及注入资本金收益率、投资性借款利率参考标准等制度,分行业制定差异化参考指标,其中把资本收益率、资产负债率和项目分红率作为项目评审的否决指标,把成本费用利润率、盈余现金保障倍数作为项目评审辅助指标,为遴选、论证投资项目和确定资金支出收益标准提供了定量依据,有力地规范了二级企业的投资行为,保障了项目的现金回流、提高投资回报。

3. 注重投资结果运用

四川商投定期对下属企业开展投资能力体系综合评估,从投资效益、投后管理、风险防范等维度评判企业投资能力,作为动态调整 A1、A2、A3 企业分类和投资决策权限的依据。建立投资结果追索机制,严格落实《投后管理办法》《违规投资经营责任追究办法》,实行项目决策终身责任追究,对因决策失误或主观原因造成的投资损失,严肃追究相关人员责任,坚决守住投资红线,确保国有资产安全。

三、改革成效

一是投资规模迈上新台阶。近 3 年集团围绕核心主业对外投资规模不断加大。投资规模从 2017 年的 10.75 亿元增加到 2019 年的 31.41 亿元,年平均增长率 77.35%。2020 年在疫情冲击和全球经济下行的大背景下,集团投资板块继续发力,本年度计划投资规模 45.21 亿元,同比增长 45%,有力支撑了集团转型升级发展。

二是产业结构逐步优化。集团坚守主责主业,围绕放心食品、现代物流、现代工贸等板块,加大股权投资力度,2019 年股权项目占比达 56.86%,股权投资额度占年度投资计划的 84.17%,同比增长 78%,撬动社会资本比达到 62.23%。2020 年计划股权类投资项目 38 个,投资金额占比超过 70%。同时,围绕全省产业发展导向,着力培育医药健康和数字经济等新兴产业,加大投资并购产业链上下游资产,落地了一批产业支撑项目,培育了集团新的增长点。

三是投资方式发生转变。通过投前评审把关,集团强化资本运作手段,主动减少直接新设企业数量和四级及以下管理层级,稳步推进并购重组特别是上市公司收并购。此外,借助资本市场直接融资成本较低的优势,持续为集团投资拉动输送"弹药",特别是 2020 年 2 月,公司成功非公开发行 10 亿元疫情债，实现了集团在资本市场的首次亮相。

四是"生态圈"进一步扩大。战略层面坚持以混合所有制改革为纽带，引入一流战略投资者，推动国有资本跨区域、跨所有制融合发展，有效扩大了企业发展生态圈。目前，集团参控股"混改"企业 60 余家，"混改"面为 48.32%，混合资本率达到 55.17%，新设企业全部实现股权多元化或混合所有制。项目业务层面，企地合作呈现新面貌，探索出"基金+园区+产业""平台公司+园区+项目""管委会+园区"等企地合作模式，加速国有资本向优势区域布局，联合推动区域特色资源开发和优势产业发展，彰显了国企责任担当。

46

深化授权经营改革　增强企业经营活力

成都产业投资集团有限公司

一、基本情况

成都产业投资集团有限公司（以下简称"产业集团"）紧抓入选"双百企业"名单有利时机，坚持以效率为导向，着力提升"六种能力"，全面深化"四个转型"，聚焦"五突破、一加强"的综合改革任务，积极推进向下属企业授权经营试点，助推下属企业加快成为自主经营、自负盈亏、自担风险、自我约束、自我发展的独立市场主体。产业集团通过落实"双百行动"综合改革举措，在推进授权经营等改革领域迈出坚实步伐，取得积极成效，助推集团经营管理和改革发展再上新台阶。

产业集团于2017年12月27日改组成立，前身是成都工业投资集团有限公司，注册资本100亿元。产业集团成立以来，秉承"科学决策、规范经营、开放合作、转型发展"的经营理念，强化"引导产业投资、促进产业升级"的功能定位，聚焦"产业投资、产业地产、产业服务"3大核心主业，抢抓成渝地区双城经济圈建设等重大机遇，以引领构建成都市现代产业体系、打造一流国有资本投资公司为目标，积极为成都市建设全面体现新发展理念的城市贡献产业力量。截至2019年年底，产业集团总资产达到769亿元，净资产为330亿元，实现利润总额11.05亿元，分别同比增长 6.31%、8.05%、3.18%。

二、主要做法

（一）实施"一企一策"分类授权，激发企业市场活力，确保"授得准"

一是实施分类管理和分类授权。产业集团通过选取公司治理、内控机制、人才队伍建设和企业竞争力 4 个维度的 14 个指标，对下属企业进行全面评定、量化评分，根据评分结果将下属企业分为 A、B、C 三类，A 类（90 分及以上）经营业绩优良、外部监管到位、制度体系完备、内部管理相对规范；B 类（80~89 分）经营业绩一般、内部管理基本到位；C 类（80 分以下）还存在一些管理上的弱项，需要进行优化管理，产业集团对 A、B、C 三类企业相应给予充分授权、部分授权和不予授权三级授权经营试点，目前有 6 户下属企业获得集团授权经营试点，其中 2 户评为 A 类，获得充分授权；4 户评为 B 类，获得部分授权。

二是明确分类授权清单内容。产业集团将债权类项目、建设、中介机构及物资采购项目招投标（含招标控制价评审）的经营权归位于下属企业，其中，建设、中介机构及物资采购项目招投标（含招标控制价评审）采取直接放权的方式，放权给所有下属企业；下属企业按照集团"一办法、三细则"要求，执行公司招标决策程序，不再报集团审批。将包括项目投融资、资产出租、薪酬福利管理等 9 项决策权授权给 6 户试点企业董事会，积极推动下属企业成为独立的市场主体。

（二）加强管控能力建设，有效保障授权到位，确保"接得住"

一是着力完善法人治理结构。产业集团坚持把加强党的领导和完善公司治理统一起来，通过开展现代企业法人治理和内控体系建设专项行动，构建起以公司章程为核心，覆盖决策机制、战略管控、薪酬激励、风险控制等全过程的制度体系和内控体系，形成科学的内部权力制衡机制，有效提升下属企业经营管理水平、风险防范能力和核心竞争力。通过组建提名、战略规划与投资、审计与风险、薪酬与考核4个董事会专门委员会，依法落实和维护董事会行使重大决策、选人用人、薪酬分配等权利。通过董事会、监事会履行出资人权责，逐步向下属企业委派专职董事，提升下属企业董事会决策效能，进一步做实下属企业董事会。

二是着力夯实集团管控基础。产业集团着眼加快建设具有中国特色的现代企业制度，按照"小总部、大产业"的原则，构建与集团国有资本投资公司定位相适应、相匹配的职能与机构，管理机构由14个精简为"10+1"个（"1"为集团代管的外部董事服务中心），形成决策科学高效、责任权利明确、监督全面深入、激励约束到位的体制机制，不断提升集团治理结构和治理能力现代化水平。通过建立"1+五化"（即完善法人治理结构+市场化选、合同化管、对标化酬、契约化考、制度化退）职业经理人制度体系，设立"产业工程师""功能区规划师"等专业岗位，实现领导班子专业人才覆盖企业核心业务。通过制定所属企业工资总额管理办法，差异化设置经济效益联动指标，增设"奖励工资"，推动下属企业从"领工资"到"挣工资"转变，进一步激发员工积极性。

三是着力提升资本运作能力。产业集团以资本运营和开放合作为抓手，围绕服务城市战略发展，通过深化"战略性混改"，积极引进在战略和产业方面高度协同的战略投资人、积极推动财务和业务协同为重点和目的的并购上市工作、吸纳社会资本推动国有资本有序实现基金化等手段，多路径实现"混资本"。通过落实优化法人治理结构、完善职业经理人制度、完善激励约束机制等改革举措，全方位落实"改机制"。通过深入实施"大证券化"战略，建立下属企业证券化项目库，积极孵化培育下属企业上市，不断提升资本运营能力。

（三）完善监督监管体系，严防授权经营风险，确保"管得好"

一是健全内控合规体系。产业集团通过构建"1+N"内控体系，进一步优化完善贯穿投资管理、资产管理、财务管理、人力资源管理和内部监督等决策、执行、监督全过程的内控体系，有效提升集团管理水平、风险防范能力和核心竞争力。

二是着力构建"大监督"体系。产业集团通过构建"审计直管、纪检专设、财务统一、监事专职"为主的4条监督防控线，着力打造集纪检监督、审计监督、法律监督和民主监督于一体的大监督体系，实现了对风险性较高的担保、股权投资等业务的全流程风险监控，确保授权到哪，监督跟到哪，推动集团持续健康发展。

三是着力加强投后管理和跟踪问效。产业集团通过开展对授权经营试点下属企业实施投资项目的投后管理与评价，指导下属企业制定完善自身投后管理规章制度，确保了下属企业对投资项目的投后管理工作落实到位。通过采取日常监督和不定期抽检的形式，对下属企业授权经营项目实施情况进行监督检查和实施评估，责令下属企业及时整改检查中发现的问题，对整改不力的下属企业，集团有权撤回已经做出的授权或修改授权内容。

（四）坚持和加强党的领导，为授权经营提供坚强政治保证，确保"党建强"

一是强化政治建设。坚持两个"一以贯之"，把党的政治建设摆在首位，通过深入实施"产业集团·强根固魂"工程，充分发挥党组织"把方向、管大局、保落实"的政治核心和领导核心作用，构建党建与中心工作深度融合引领的有效机制。

二是强化品牌建设。以"产业先锋"为总品牌，以"智慧党建"为主载体，通过深入开展"1+N"党建品牌体系建设行动，推动基层党组织创建符合行业特点、贴近企业实际的党建品牌20余个。产业集团下属先进制造公司着力打造"党建引领、投资先锋"品牌，成功完成工商银行10亿元股权融资，为市属国企融资模式创新做出了有益探索；下属工投资产公司着力打造"凝心聚力、资管先锋"品牌，促进公司业务和党建水平双提升，总资产攀升至50亿元；下属蓉欧集团着力打造"蓉欧红链"品牌，开展"红领印初心""红领促发展"等"红领系列行动"，确保广西钦州川桂产业园等重点项目按期开工建设。

三、改革成效

从实践效果看，自2019年5月实施下属企业分类授权经营试点以来，下属企业在决策效率、经营效益等方面取得明显成效。

一是极大简化了下属企业投资项目审批流程，缩短了审批时间，有效激发了下属企业的经营活力。二是下属企业决策效率及经营效益显著提升，其中总资产53.5亿元的下属工投资产公司，实现利润连续2年同比增长50%以上，成为产业集团利润的"单打冠军"。三是大数据公司成功挂牌新三板；蓉欧集团、石化基地公司成功挂牌天府股权交易中心，集团新增证券化资产70多亿元。四是成都智慧锦城公司成为唯一市属国企入选四川省员工持股试点名单。

47

借助"有形"与"无形"的手推动市场化改革

贵州盘江煤电集团有限责任公司

一、基本情况

贵州盘江煤电集团有限责任公司(以下简称"盘江煤电集团")实施"双百行动"综合改革以来,通过"有形的手"与"无形的手"携手共进,聚焦主责主业,推进企业改革重组和市场化债转股,创新产业发展模式,大力实施煤电联营,多措并举推动企业深化改革,企业发展动力明显增强。

盘江煤电集团系贵州省国有独资大一型企业,前身是始建于1966年原煤炭部所属的盘江矿务局。2018年5月,经贵州省人民政府批准,在原盘江资本、六枝工矿和水矿控股3家企业基础上新组建而成。企业定位于增强对煤炭资源掌控力度,提高全省电煤供应保障能力,降低贵州省工业用电成本。2018年8月,盘江煤电集团被纳入"双百行动"企业名单;2019年2月,"推动'双百行动'实施企业综合配套改革"列入《中共贵州省委全面深化改革委员会2019年工作要点》。

二、主要做法

（一）充分发挥国资监管"有形的手"优势，深化国企改革，加速全省煤炭资源整合，持续优化国有经济布局和结构调整，推动国企战略重组

一是 2012 年 4 月，贵州省国资委将贵州林东矿业集团有限公司整体划归盘江煤电集团管理；二是 2018 年 8 月，贵州省国资委将贵州水矿控股集团有限责任公司（以下简称"水矿控股"）、六枝工矿（集团）有限责任公司（以下简称"六枝工矿"）划归盘江煤电集团管理；三是 2018 年 12 月，完成了首钢集团公司持有的贵州首黔资源开发有限公司和贵州松河煤业发展有限责任公司重组，获得了近 8 亿吨优质煤炭资源，新增煤炭产能 360 万吨/年；四是 2020 年 4 月，完成了毕节织金碧云建设投资开发公司持有毕节中城能源有限责任公司 51% 股权的收购，获得了近 40 亿吨后备煤炭资源（优质无烟煤），矿区规模总规划能力 1 320 万吨/年。

"双百行动"综合改革实施以来，盘江煤电集团完成了省属国有煤炭企业的整合重组，同时加快对省内优质煤炭资源的并购重组，进一步提高资源掌控能力和电煤供应保障能力。盘江煤电集团现有生产矿井 21 对、核准（核定）生产能力 3 150 万吨/年。2019 年，盘江煤电集团原煤产量为 2 054 万吨，占全省的 14.88%；供应电煤 1 290 万吨，占全省的 22.06%。2020 年以来，面对疫情，盘江煤电集团把确保电煤稳定供应作为当前一项重要政治任务，第一季度生产原煤 428.4 万吨，同比减少 37.7 万吨，其中主动调整产品结构、供应电煤 354 万吨，同比增加 65 万吨、增长 22%。电煤供应占贵州省启动重大突发公共卫生事件一级响应以来全省电煤供应量的一半以上。

（二）充分利用市场化"无形的手"调节，抢抓机遇，聚焦主业，推动优质资源、优质企业兼并重组

贵州省煤电联营程度低，燃煤电厂大部分为五大央企发电集团和省外发电企业控制，且大部分没有自有煤矿或煤矿未能进行正常生产，造成煤、电协同联动困难，全省煤炭资源优势没有得到充分发挥。近几年来，全省燃煤机组年平均利用小时数基本在 4 000 小时以下，电力企业资产负债率高，融资困难，融资成本高，火电企业亏损严重，部分企业面临生存问题。

盘江煤电集团紧紧围绕煤炭产业的发展布局，在集团煤炭资源控制力较强的区域，通过并购重组、股权划转等方式发展电力产业。2018 年 6 月，通过引入非公资本参与完成了广投黔桂投资有限公司 100% 的股权公开收购，获得 132 万千瓦火电装机容量、200 万吨/年焦化化产业务量、420 万吨/年产能的洗煤厂等。广投黔桂公司并购完成后，机组发电小时数和发电量明显提高，煤焦化产能利用率达到 90% 以上。重组当年（2018 年）全年发电平均利用小时 5 787 小时，较重组前（2017 年）的 4 578 小时多 1 209 小时，增长 26.41%，煤电一体化成效显著。

（三）积极通过市场化"债转股"，助推集团内部困难企业"脱困改革发展"

长期以来，由于历史和体制等多方原因，六枝工矿、水矿控股等省属煤炭企业负债高且融资困难，生产经营面临困难。盘江煤电集团积极争取政策支持，利用政策，多方联动，大力推进六枝工矿、水矿股份债权转股权。2018 年，六枝工矿第 1 次债权转股权金额 19.87 亿元到位后（涉及 7 家银行和 2 家企业），当年年末资产负债率较年初 103% 减少至 67%，随着第 2 次、第 3 次债转股推进，负债将大幅下降。水矿股份"债转股"引入了 8 家投资机构（对应债权行）对应 40 亿元债转股资金，债务重组、债

转股及后续配套改革完成后，水矿股份资产负债率将从80%下降到70%以下。

三、改革成效

"双百行动"综合改革实施以来，盘江煤电集团基本按照经备案的综合改革方案和任务台账推进各项工作，在"五突破、一加强"方面均有实质性举措，在健全法人治理结构和解决历史遗留问题方面取得明显进展和效果。

（一）重塑管理模式，成员企业深度融合发展

"双百行动"综合改革以来，盘江煤电集团实现了原盘江矿务局、水城矿务局、六枝矿务局、林东矿务局和并购的盘江电投全部纳入盘江煤电集团管理，有序完成管控关系衔接；致力于压缩管理层级、重构扁平化管理关系，战略+财务管控型的制度化管理模式逐步构建，集团成员企业深度融合协同效应逐步释放，干部职工队伍保持稳定，发展质量和效益持续改善，集团稳定运行。

（二）实施债转股，历史遗留问题得到有效解决

"双百行动"综合改革以来，集团顺利完成六枝工矿、水矿控股债转股，共计涉及近70亿元的债转股资金，其中六枝工矿29.9亿元、水矿股份40亿元。六枝工矿债转股全部完成后，资产负债率将由债转股前的103%下降到35%左右，水矿股份债务重组、债转股及后续配套改革完成后，资产负债率将从80%下降到70%以下。债转股的实施，一方面减少了该企业的负债规模和财务支出，优化其财务结构、降低企业杠杆率，降低风险；另一方面提升了集团主业协同能力，促进资源整合和转型升级，助推集团改革发展。

(三)聚焦主责主业,生产经营持续稳定向好

"双百行动"综合改革以来,盘江煤电集团深化供给侧结构性改革,主业协同能力更加突出,煤电主业取得积极进展、主要产品生产指标逐年呈递增态势,企业盈利能力增强。一是 2019 年原煤年产量首次突破 2 000 万吨,达 2 054 万吨,同比增长 5.8%,特别是水矿控股煤炭生产有了较大提升,2019 年完成 710 万吨,同比增长 5.7%。二是通过市场化并购重组,结束了盘江煤电"有煤没电"的历史,2019 年发电 78 亿千瓦时。三是聚焦主责主业,深化供给侧结构性改革,主业收入占比大幅提升(90%以上),2019 年全年实现营业收入 403.3 亿元,较 2018 年增长 2%;实现利润总额 15.9 亿元,较 2018 年增长 33%,特别是水矿控股、六枝工矿利润总额每年呈递增态势。

在下一步工作中,盘江煤电集团将继续围绕"双百行动"要求,进一步深化改革,切实增强国有经济竞争力、创新力、控制力、影响力和抗风险能力,做强做优做大国有企业。

48

纵深推进综合改革
打造市场化运作"五新"新国企

云南云天化股份有限公司

一、基本情况

云南云天化股份有限公司（以下简称"云天化"）入选"双百行动"企业名单以来，抓住改革有利契机，针对资产、产业、产品结构不合理，市场化经营程度不高、激励约束机制不健全、内生动力不足等深层次问题，以打造新愿景、新目标、新机制、新文化、新发展为核心的"五新"新国企为目标，以刀口向内、自我求变的改革勇气和决心，在推动转型升级、组织变革、建立市场化经营机制、完善激励约束机制等方面大胆突破，改革取得积极成效。

云天化是云天化集团有限责任公司的控股上市公司，主营化肥及现代农业、磷矿采选及磷化工、有机新材料、商贸及制造服务4大产业，是我国规模最大的高浓度磷复肥、聚甲醛制造企业，位居2019年中国企业500强排行榜第176位、中国石油和化工企业500强"独立生产经营"类榜单第14位、中国农资流通行业综合竞争力百强榜单第2位。截至2019年年底，云天化在岗员工1.13万人，总资产599.95亿元，净资产65.23亿元。

二、主要做法

（一）加快结构性改革步伐，促进绿色高质量发展

一是提升创新能力，优化产业结构。云天化整合内外部研发资源，成立新型研发平台，按"中央研发机构+分支研发机构"的运作模式，启动实施一批重大项目，持续提升科技创新能力。以此为支撑，建立了精细磷化工、现代农业、磷石膏综合利用等产融投一体化平台，打通上下游产业链发展瓶颈，通过新业态、新模式推动产业结构调整。2019年，云天化研发直接投入较2017年增长近2倍，精细磷化工产业产值增幅达53%，增利近3亿元，形成新的增长引擎。

二是推进混合所有制和股权多元化改革，改善资本结构。云天化围绕降负债、活机制、提效益，大力推进混合所有制和股权多元化改革，两年来先后在磷化集团、红海磷肥等分子公司实施战略投资者引进和债转股，引进权益资金近20亿元，资产负债率从2017年的92.48%下降至2019年的89.13%。

三是实施"三新"战略，优化产品和市场结构。云天化通过实施"新产品、新市场、新模式"三新战略，积极响应国家化肥零增长行动，打造差异化新型产品体系；主动融入"一带一路"建设，布局全球供应链，大力开拓国外市场；创新营销、服务模式，推进精准营销。2017—2019年，新产品销售年均增长达30%；澳大利亚、新西兰、东南亚等国外市场年均化肥销量增长近7%，成功入围国家第一批供应链创新与应用试点典型经验企业；以"农资+服务+解决方案"新模式，在全国布局农科小院和农化服务平台达到20余个，有效促进农民增产增收和企业增效。

四是实施"三绿"工程，创绿色制造品牌。云天化以实施"绿色矿山、绿色工厂、绿色产品"三项工程，扎实落实生态文明建设和绿色高质

量发展理念，推进绿色制造体系建设，截至 2019 年，国家级绿色矿山建设增加到 5 个、绿色工厂建设增加到 14 个，绿色产品增加到 52 个，将绿色制造有效打造为竞争新优势。

（二）持续推进组织变革，提升组织和人力资源效率

一是推进组织机构改革。云天化围绕全产业链协同和全价值链提效，通过实施"创新、引领、专业、高效"的价值创造型总部建设，建立"卓越运营＋精益制造"管控体系，构建"集约化管理＋服务化平台＋专业化制造"组织构架。在多个业务板块实施事业部制改革，有效改善经营业绩。以复合肥产品事业部为例，2019 年，事业部制改革实施 1 年后，新产品销售达 16.5 万吨，同比增长 64%；减亏近 0.44 亿元，减亏比例达 26%。

二是持续实施"精兵简政"。云天化按强组织、控总量、调结构、降成本、活机制的改革思路，推进扁平化管理模式，实施大职能、大车间、大岗位管理；采用内部竞聘、组阁制和外部市场化引进相结合的方式，优化人员结构，建立市场化用人机制；畅通员工流动和退出通道，通过业务剥离、内部分流、停薪停职、进入内部人力资源市场等方式，持续精减人员总量。通过一系列变革"组合拳"，云天化在岗人员总量、组织机构、干部配置、机关管理后勤人员分别比改革前压缩 50% 左右。

（三）全面推行职业经理人及契约化管理，建立市场化经营新机制

一是做实身份市场化。在存量转换方面，云天化经理层成员、主要职能部门负责人及下属分子公司经理层成员共 67 名领导干部，就地转变为市场化管理的职业经理人，按职业经理人管理制度，签订"三书"（劳动合同书、聘任合同书、业绩合同书），不再纳入现行干部管理体系。在增量引进方面，通过外部公开选聘、人才中介机构推荐等方式，在总部职能部门、下属单位中高层及关键管理岗位引进 17 名职业经理人。职业经理人实行首任 1 年试用期制度，试用期满后考核合格者办理聘用手续；不合格者，

不予聘任。

二是做实管理契约化。云天化按照高目标、硬约束、强激励的管理原则，通过横向对标、纵向对比，确定职业经理人考核目标值，考核结果作为岗位聘任、薪酬激励、职业发展及退出等事项决策的主要依据。2019年，根据职业经理人年度考核结果，涨薪14人，降薪30人，同比降薪幅度最大者达51%，做实"能高能低"；结合职业经理人业绩表现，按职业经理人管理程序，升职5人，调整3人，免职退出企业1人，做实"能上能下""能进能出"。同时，在分子公司层面纵深推进契约化管理，近200名中层干部签订聘用合同、业绩合同，实现干部市场化管理全覆盖。

（四）构建"三位一体"、短中长期结合的多元化激励体系，全面激发组织活力

一是实施股权激励，点燃关键少数的奋斗激情。2018年，云天化启动限制性股票激励计划，对公司经营业绩和未来发展有直接影响的关键核心员工进行激励。激励对象遴选坚持"公开透明、突出核心、程序合规"原则，从岗位价值、履职能力和对企业未来影响程度3个维度，划分6个激励等级。经过严格遴选，977名核心员工参与股权激励，占在岗员工人数的7.8%。个人最高授予股份占公司总股本的0.055%，激励对象合计持股占总股本的8.4%。云天化坚持激励与约束并重，制定了极具挑战性的业绩目标，以2017年为基准，2019—2021年，净利润增长幅度必须依次达到增长10%、50%、150%，激励对象获授股票对应份额才能解禁。激励计划实施，充分激发了关键少数的创造力和潜力，打造了"共创、共担、共享"的事业合伙人。

二是实施超额利润分享，激发骨干员工的进取热情。超利润分享实行两级提成、两级分享机制，即各分子公司在兼顾云天化整体经营目标的前提下，通过协同经营取得的超额利润，按一定比例提成，由云天化按各子

公司不同的协同效率和经营业绩进行分配。超额利润分享部分纳入各级公司工资总额统一管理，主要用于激励贡献突出的骨干人员，激励人员总数不超过本级公司总人数的20%。2019年，根据分享计划，云天化及时兑现超额利润分享奖金1 000余万元，700余名绩优员工参与分配，充分激励骨干员工成为企业价值创造者。

三是实施"双效"激励，唤起全体员工的干事创业动力。云天化从2017年开始推行"效率+效益"导向的"双效"工资总额管理办法，进一步强化薪酬激励作用。落实工资总额与经营结果直接挂钩、同向联动，坚持增效必增资，减效必减资，扭转工资总额"普升普降"的低效模式。在二次分配上，按照分级管理原则，以"双效"为核心，各单位通过用好二次分配权，将员工薪酬分配与个人业绩充分挂钩，彻底打破员工薪酬"大水漫灌"式的激励方式。以下属单位为例，2019年，一线销售业务代表的薪酬差距由2016年2.3倍提升到5.1倍，"高业绩、高收入"激励文化真正落地，有效激励每一名员工成为"奋斗者"。

三、改革成效

截至2019年年底，云天化24项改革任务完成近70%，全面加强党的建设、健全法人治理结构、建立市场化经营机制、完善激励约束机制等改革任务全部完成，改革红利持续释放。

一是经营业绩持续改善。2019年，国内化肥行业整体低迷，市场价格不断下行。云天化经过一系列改革举措，有效消化市场价格下跌带来7亿多元的减利影响，在行业15家对标企业利润同比降幅达-59.66%的情况下，逆势增长，全年实现归母净利润1.52亿元，同比增长23.73%，连续3年实现增盈。

二是组织活力明显提高。云天化市场化经营机制进一步完善，组织效率、员工活力大幅提升，以"激情、变革、创新"为核心的进取型组织文化正逐步形成，改革内生动力明显增强，人力资源效率大幅提升。劳动生产率从2017年的32万元提高到2019年的43.5万元，增长36%；劳动分配率从2017年的38.5%下降到2019年的34.5%，降低4个百分点。

三是转型升级成效初显。以"成为世界级的肥料及现代农业、精细化工产品提供商"为战略牵引，云天化通过推进结构性改革，持续优化资本、产业、产品、市场结构，提升创新能力，促进新旧动能持续转换。绿色制造体系品牌效应显著，在云南省和行业内树立了生态文明标兵、绿色制造标杆新形象；在服务国家"一带一路"倡议、服务云南省发展高原特色农业、供应链创新等方面，充分发挥了"排头兵"作用，绿色高质量发展成效初现。

49

市场化与严监管兼具
重激励与硬约束并重　深化"三项制度"改革

云南省能源投资集团有限公司

一、基本情况

云南省能源投资集团有限公司（以下简称"云南能投"或"集团"）是云南省属国有重要骨干企业，是云南省打好世界一流"绿色能源牌"的主力军和绿色能源战略国际化实施的"排头兵"。云南能投自入选"双百行动"企业名单以来，以市场化改革为突破口，持续优化组织架构、完善市场化经营机制、提升激励约束水平，助推集团高质量发展。

云南能投是云南省委、省政府为加快实施产业强省战略，做强做大能源产业，推动云南经济社会全面协调可持续发展，于2012年1月11日经省政府批复同意组建，由云南省国资委履行监管职能的省属国有重要骨干企业，注册资本为116.6亿元。云南能投建立了良好的企业融资信誉及市场形象，于2014年获得主体信用AAA评级，2015年获得国际投资BBB评级；2014—2019连续6年进入中国企业500强且排名大幅提升，连续多年被云南省委、省国资委评为党风廉政建设优秀单位、A级企业和优秀领导班子。

云南能投坚决贯彻落实中央和云南省委、省政府重大战略部署，深入贯彻新时期"环保、自主、有序"能源开发新思路，做强做优绿色能源、现代物流和数字经济3大主业，努力践行新时代新担当新作为要求，全面改革发展、全面提质增效，为加快建成国家能源领域具有优势竞争力的跨国集团，构建云南安全自主的绿色能源保障网，奋力谱写云南经济社会高质量跨越发展新华章。

二、主要做法

（一）构建扁平化组织架构，当好集团化管控"排头兵"

云南能投结合市场化改革及管控工作需要，不断调整优化集团总部功能定位，适时调整集团总部组织架构。一是不断优化集团总部组织架构。云南能投按照国有资本投资公司"小总部、大产业"的功能定位，将集团总部部门从14个压缩为12个，进一步落实大部制理念。下设二级部门由46个压缩为39个，每个二级部门只设一个管理岗位，基层管理人员缩减28%。二是有序运行职业发展双通道体系。集团总部构建管理与专业序列并行的职业发展双通道及横向交流机制，2018年以来，累计44人获得职级晋升，6人从专业岗位转岗到管理岗位任职，进一步畅通了员工成长通道、压缩管理链条并提高了公司运转效能。三是持续提升集团管控治理能力。云南能投紧紧围绕"集团化、国际化、证券化、数字化"发展战略，形成集团管控体系优化实施方案，聚焦党的领导更加坚强、战略管理更加科学、投资经营更加稳健等8大重点管控方向，着力从战略、投资、经营、财务、风险、人力资源、公司治理、科研创新、信息化、品牌文化10个方面持续提升完善集团管控治理水平。四是结合集团发展战略，集团总部各中心（部室）严格实行定编定岗定员制度，严控编制管理，不断明晰集团总部中长期功能定位，适时对集团总部各中心（部室）的组织架构和职能职责进行动态优化调整，以满足集团管控和改革发展需要。

（二）完善市场化经营机制，种好市场化改革"试验田"

近6年来，云南能投持续建设和完善职业经理人管理制度体系。一是建立并修订完善集团职业经理人管理办法，构建职业经理人市场化选聘、合同化管理、对标化薪酬、契约化考核、制度化退出的"五化"体系，坚持"业绩与薪酬双对标"原则，提供具有竞争力的市场化薪酬，实行严考核，真正实现契约化管理。二是选拔淬炼高质量职业经理人队伍。在集团金融、国际化和数字经济等市场化程度较高的板块加强职业经理人引进和培养力度，综合运用多种引才渠道和人才识别测评工具，提高人才识别精准度，从行政管控和治理管控出发，全面加强集团和各级所属公司董事会建设，建立完善法人治理结构和分层分类的管控体系，实现对职业经理人的规范管理。截至2020年6月底，集团直接管理的职业经理人共计9人，协议工资制人员6人。三是推动盐业板块营销端内部管理人员契约化。集团所属盐业公司45名营销端管理干部整体实现身份转换，与经营班子签订业绩考核责任书，实现"契约化"管理。截至2020年6月底，通过考核轮岗调整干部23人、解聘3人、降职使用2人。四是推进集团金融板块公司全员市场化改革落地。选择集团所属云能资本公司作为改革试点单位，通过改革实现公司员工整体绩效薪酬占比达到45%以上，年度工资总额增降幅由（-20%，20%）调整至（-30%，50%）。2019年，公司成功选聘5名业务团队高级管理人员，主要经营班子成员年薪最高与最低差距达10倍以上。五是实行利润贡献奖励制度。所属公司超预算完成利润总额目标时，可以按照超额部分的10%以内计算利润贡献奖励额度，由集团根据各公司经营业绩完成情况统一进行二次调剂和分配。2018年以来，集团累计核增利润贡献奖励工资总额约4 000万元，核减经营业绩未达标公司工资总额约2 000万元。

（三）提升科学化激励水平，用好差异化考核"指挥棒"

云南能投始终坚持"重经营、比业绩、严考核、强激励"的绩效考核导向，持续优化集团总部与所属公司领导班子成员绩效考核和激励约束机制建设。一是建立"三挂钩"激励约束机制。集团整体工资总额增减与经营业绩完成情况挂钩，工资总额增幅不超过业绩增幅，建立工资总额周期管理制度，与3年任期保持一致，周期内工资总额增降幅度自主调控；集团总部中层管理人员与所属公司班子成员薪酬挂钩，集团总部中层正职年度薪酬标准为所属公司班子成员正职上年度平均薪酬的85%，集团总部中层副职为总部中层正职的80%；集团所属公司班子成员薪酬与集团人均工资挂钩，班子成员绩效年薪占比不低于60%，同层级最高年薪标准为最低的2.5倍。正职领导年薪不超过集团上年度人均工资的9.2倍，副职领导为正职领导的80%。二是建立以效益为导向的综合考核机制。集团各所属公司年度考核指标以经营业绩考核为主（占比为70%）、综合考核为辅（党建、党风廉政责任制建设、管理评价考核各占比10%），年度考核结果为优秀的按照110%兑现绩效年薪，称职的按照100%兑现绩效年薪，基本称职的按照60%兑现绩效年薪。三是建立经营业绩考核挂牌督办制度。集团所属二级公司上半年考核累计利润完成率未达到预算进度70%的，列为黄牌督办对象；全年经营业绩考核未达到70分的或年度考核累计利润完成率未达到预算进度70%的，列为红牌督办对象，按照相关规定进行督办管理。2018年以来，集团累计约谈公司50余次，提醒谈话领导班子成员100余人次。四是全面建立以利润总额、净资产收益率、人工成本利润率为效益效率指标的工效挂钩工资总额决定机制，实现"效益增、工资增，效益降、工资降"，近3年员工平均收入实现年复合增长10%以上，共享了集团改革发展成果。

三、改革成效

近年来,云南能投重点围绕完善市场化经营机制和健全激励约束机制,上承战略,下接绩效,通过一系列改革举措促进集团内部市场化用工、收入能增能减的机制进一步形成,集团经营业绩持续向好,集团管控水平不断提升,人员配置效率持续提高,公司治理结构不断完善,截至2019 年年底,集团总资产为 1 888 亿元(同比增长 42%,较组建时增长 8.9 倍),净资产为 721 亿元(同比增长 43%,较组建时增长 5.4 倍),实现营业收入 1 123 亿元(同比增长 24%),实现利润总额 24.56 亿元(同比增长 45%),资产负债率为 61.82%,参控股权益装机容量达 1 500 万千瓦(增长近 3 倍)。

(一)绿色能源主业进一步做强做优

云南能投积极主动服务和融入国家和云南发展战略,围绕绿色能源高质量发展,进一步聚焦主责主业提升核心竞争力,助力打造云南省清洁电力基地,深化电力体制改革,推进天然气全省"一张网",培育绿色能源产业新动能,协同推进现代物流、数字经济产业发展,打造国有资本投资公司架构下以能源及相关产业为主的产融结合型绿色能源集团,实现电力、煤炭、天然气、配售电、现代物流、数字经济等多个重点产业子集团协同发展。集团通过不断深化改革创新,全面提质增效,全面改革发展,以实际行动和高质量发展成效服务国家"一带一路",支撑和助力我省经济社会跨越式发展。

(二)市场化改革进一步提速推进

云南能投所属云能资本公司 2019 年实现利润总额 7.07 亿元,净资产收益率为 8.47%,达到同类资本投资公司良好以上水平,员工队伍稳定、斗志昂扬、改革试点表率作用发挥明显,体现了薪酬、业绩双对标的市场化改革导向。同时，集团积极稳步推进所属金融板块及数字经济板块公司市场化改革工作，集团整体市场化经营机制改革工作按下快进键，实现再提速。

（三）管控治理水平进一步提升完善

云南能投进一步厘清集团党委会、党委专项改革领导小组等议事协调机构与集团董事会、董事长办公会、董事会下设专业委员（含投委会、资管会、风委会和提委会）、总裁办公会等研究审议事项边界。构建董事会重大决策运行机制，全面落实董事会下设专业委员会辅助研究、法务审计风控纪检合规性审查、党委前置研究审议和董事会（董事长办公会）审议决策的规范决策流程，确保董事会决策科学、运作规范。

（四）党的全面领导进一步切实加强

坚持党的全面领导，实现党的领导和公司治理有机统一，发挥党组织的领导和政治核心作用。集团党委全面实现前置性研究董事会、经理层重大决策事项，此外，集团党委下设审计委员会、国资国企改革、防范和化解系统风险、"电力、天然气和盐业"改革发展、现代物流和数字经济产业发展、外事工作（国际化业务）6个专项改革领导小组，进一步聚焦深化改革、主业发展和主责履行。2019年度共召开33次会议，研究审议集团各产业板块改革发展事项135项，跟踪督办事项33项，进一步增强集团议事决策的科学性、针对性和有效性，集团党委"把方向、管大局、保落实"的领导作用得到切实发挥。

50

深化改革壮筋骨 机制创新添动力

陕西三秦环保科技股份有限公司

一、基本情况

陕西三秦环保科技股份有限公司（以下简称"三秦环保公司"）成立于2015年4月，注册资本为43 262万元，主要从事危险废物收集、运输、贮存、处置及资源化利用业务，是我国第1家省属环保企业陕西环保产业集团有限公司控股子公司（持股60.4%）。公司以危险废物处置领域市场需求为导向，通过多种融资渠道和经营模式，吸引、带动社会资本参与陕西危险废物污染治理。经过5年的快速发展，公司资产规模达12亿元，危废处置利用规模达25万吨/年，危废处置市场业务覆盖全省，已成为陕西省危险废物处置领域的领军品牌和龙头企业。

二、主要做法

（一）做强做优主业，提升竞争实力

一是以"混"促"改"求实效。三秦环保公司坚持以推动混合所有制改革为突破口，积极引入行业优秀战略合作伙伴，先后完成本级和7家子公司"混改"工作，累计引入非公资本3.2亿元，有效解决了公司快速发展与注册资本金不足的矛盾，资本实力进一步增强。同时结合自身管理和

平台优势，积极借鉴民营企业灵活高效的运行机制及市场化经验，形成优势互补、相互促进的良性发展模式。二是聚焦主业谋发展。三秦环保公司按照"深耕陕西、布局西部、走向全国"的发展方向和"扩大危废处置规模，深化资源综合利用"的发展目标，确立了"综合性危废处置中心建设、水泥窑协同处置、细分领域资源化利用""三步走"的发展战略。在做强做大危废处置核心业务的同时，及时补充水泥窑协同处置及细分领域资源化利用业务，公司业务布局更加优化，核心竞争力进一步提升。三是剑指上市筑强企。在陕西省国资委的大力帮助支持下，2019年三秦环保公司启动股改上市工作，开始从经营理念和管控模式上全面向上市企业对标，同时加快对原有21家分、子公司业务的全面梳理，通过"关并转"一般固废项目和低利润项目，先后注销分、子公司8家，剥离一般固废处置项目5个，可回笼资金约2亿元，资产资金得以有效整合，经营质量得以显著提升，为早日实现"一核四极"战略布局、打造国内一流高质量上市强企奠定了坚实基础。

（二）优化公司治理，凝聚决策合力

一是强化政治引领。三秦环保公司坚持两个"一以贯之"，坚决落实党组织把牢政治关、政策关、程序关，并以股改为契机，将党组织的领导决策细化为决定权、建议权和监督权，进一步厘清股东大会、董事会、监事会及党总支会等相应权责，实现了党的领导和公司治理的有机统一。二是落实董事会职权。三秦环保公司认真贯彻"双百九条"精神，加大股东授权放权力度，归位董事会职权；不断提高董事会外部董事比例，配齐专业化董事队伍，外聘3名独立董事，外部董事占比71.4%；完善董事会工作机制，设立战略与投资、提名、薪酬与考核、审计4个专门委员会，董事会依法决策水平不断提升。三是优化管控模式。三秦环保公司对投资企业通过委派董事、提名经理层成员等方式依法行使股东权利，积极发挥股

东作用，由"项目式管理"转向"通过公司治理机制行权"；新设纪检监察部、审计部2个专职监督部门，建立内部审计监察机制，加大在投资、招投标等重点领域和关键环节的监督检查力度，有效规避了各类风险。四是提升管理水平。三秦环保公司聚焦"市场化决策、专业化经营、精细化管理"，大力推进内控体系建设和流程再造；建立"柔性项目组织"和"专项工作小组"机制解决跨地区、跨部门工作协调问题。以全面预算管理为抓手，分级授权、分级管理，将付款、报销等审批流程由7至8级简化至3至5级；新建、修订170余项管理制度，构筑了横向到边、纵向到底，全面涵盖平台管理到分、子公司各项业务的管理制度体系。

（三）创新用人机制，激发内生动力

一是选人用人市场化。三秦环保公司积极发挥"双百企业"敢闯敢试精神，市场化公开选聘人员占现有中高级管理和技术人才近40%；不断强化岗位能力和业绩贡献导向，对不匹配岗位需求的机关中层和分、子公司正副职，采取调岗、并岗、调转、降薪的方式进行调整，调整比例达25%，人才结构得到持续优化。二是岗位职责契约化。三秦环保公司开展以合同管理为核心、以岗位管理为基础的市场化用工模式，全面推行经济责任和岗位职责契约化管理，通过同时签订劳动合同和岗位合同的方式打破原有用工机制，构建"能进能出"通道；制定实施职业经理人管理办法，有序推进子公司及本级经理层成员"任期制、契约化"管理。三是薪酬体系差异化。三秦环保公司实行以岗位定级、以能力定档、以价值定薪，按照8级岗位工资、8级7档能力绩效工资建立双通道、差异化薪酬体系，普通员工年收入差距由2倍增至3倍，中层管理人员年收入差距由零增至6.6万元。四是绩效考核效益化。三秦环保公司建立工资总额与效益增减联动机制，制定定量与定性相结合的考核指标体系，建立月度、年度相结合的绩效考核制度。年度指标完成率小于70%时扣发绩效，并调整

相关负责人职务。同时设立"重点工作推进奖""总经理特别奖"等多项激励政策，积极探索股权激励、分红激励等中长效激励政策，逐步形成了"奖罚分明、业绩导向、能增能减"的市场化考核分配机制。

三、改革成效

三秦环保公司始终坚持问题导向、目标导向、结果导向，把解决自身规模体量小、管理经验不足等问题作为推进改革的重点目标。截至目前，三秦环保公司已顺利完成"双百行动"综合改革14项重点任务，占全部改革任务的77.78%。公司通过一系列改革举措的落地见效，企业管理效能和科学决策水平显著提高，逐步形成了"产权清晰、权责明确、协调运转、有效制衡"的现代企业治理机制。2019年，公司业务量大幅提升，实现营业收入同比增长35.7%、利润总额同比增长249.5%，企业发展质量与社会效益取得新突破、迈上新台阶。未来，三秦环保公司将继续坚定不移深化改革，着力提升效益效率，持续推动企业做强做优做大，力争早日成为国内具有较高知名度和影响力的危险废物处置利用绿色环保企业，为陕西省环保产业高质量发展做出新的更大贡献。

51

以改革上市为抓手
助推企业迈向高质量发展快车道

陕西北元化工集团股份有限公司

一、基本情况

陕西北元化工集团股份有限公司（以下简称"北元化工"）作为陕西省首批入选国企改革"双百行动"企业名单的企业之一，紧抓"双百行动"契机，围绕"五突破、一加强"目标，纵深推进改革，企业上市、"三项制度"改革、党的建设"三驾马车"协同发力，不断延伸混合所有制企业内涵，经营业绩不断攀升，2016年盈利首次突破10亿元，2017年盈利达到17亿元，2018年、2019年连续两年盈利迈入20亿元大关，综合竞争力大幅增强，企业步入高质量发展快车道。

北元化工成立于2003年5月，位于陕西省神木市锦界工业园区，是一家大型混合所有制煤盐化工企业，注册资本为32.5亿元，现有员工5 000余人。公司由国有股东陕煤集团（股比39.2%）、民营企业（股比35.3%）、自然人股东（股比24.8%）和员工持股平台股东（股比0.7%）共同组建而成，拥有年产量110万吨聚氯乙烯、80万吨烧碱、220万吨水泥、50万吨电石的生产能力，是全国单体最大的聚氯乙烯生产企业。凭借"资源、规模、循环产业链、区位和体制"5大优势，北元化工逐步形成了

"煤、焦、电、电石、聚氯乙烯、水泥"的一体化循环生产模式，实现了从无到有、从小到大、从弱到强的完美蜕变，北元化工的典型区域混合所有制案例和煤盐资源综合利用新模式，被陕西省委省政府誉为"北元模式"。北元化工位居中国石油和化工企业500强第103位，先后获得国家循环经济标准化试点企业、全国两化融合示范企业、全国安全文化建设示范企业、工信部"绿色工厂"、全国国企管理党建工作创新成果一等奖等荣誉。

二、主要做法

（一）抢抓上市机遇，集聚发展新动能

一是优化股权结构。北元化工启动混合所有制企业员工持股试点，对41名骨干人员按定向增发的方式实施核心员工持股，共持股2 160万股（对应出资4 644万元）。持股改革后，技术和管理骨干人员真正成为企业利益共同体，建立股权内部流转和动态调整机制，实现员工与企业风险共担、利益共享，更加激发了骨干员工创新、创效、创业的热情。二是完善法人治理。北元化工对标上市企业要求，完善法人治理结构改革项目5项，修订完善公司章程、"三会议事"规则等20项制度；引入4名独立董事，并在董事会下设战略、审计、提名、薪酬与考核4个专门委员会，进一步落实董事会重大决策、选人用人和薪酬分配等职权；建立"党委领导核心，董事会战略决策，监事会独立监督，管理层全权经营"的治理体系。三是推进上市工作。北元化工将上市作为检验"双百行动"工作成效的重要标尺，"双百行动"实施以来，累计解决会计规范、关联交易和手续合规等上市重点、难点问题200余项，以钉钉子精神，不断啃下上市"硬骨头"。2019年6月14日完成陕西证监局辅导验收，2019年6月17日向中国证券监督管理委员会正式申报了上市材料，6月19日取得受理函。截至

2020年7月14日，证监会披露信息显示公司在主板IPO排名第79位，剔除已经通过发审会、银行、地产、类金融企业及尚未预先披露更新企业，公司实际排在第48位。

（二）深化机制改革，释放发展新活力

一是深化劳动用工改革。北元化工对所属水泥有限公司、锦源化工有限公司、热电分公司组织机构实施扁平化改革，进一步精简编制，优化管理层级，凸显专业化管控，实现了减员增效。同时以"三定"原则为基础，修订完善了人事管理办法、员工离职管理办法等6项制度，打破了人员"只进不出、好进难出"格局，形成了"合理流动"的用工机制。2018年以来，从各大院校、社会公开招聘904人，其中引入总工程师、副总工程师等核心技术骨干16人，由于考评不合格、晋级不理想等原因离职班长及以上管理人员81人，占比近4%。二是深化人事制度改革。北元化工在水泥公司进行职业经理人制度改革，通过理论考试、竞聘答辩的方式选聘正职，副职由正职提名，并按干部管理程序聘任，招聘职业经理人3人，任期3年；职业经理人薪酬与业绩挂钩，实行超额累进利润共享机制，奖励金额上不封顶；职业经理人任期内进行年度和任期考评，考评合格的可以连任，不合格予以解聘。建立了干部公开选拔任用机制，对干部实施"360考评"，结果分为优秀、称职、基本称职、不称职四档，考核优秀的干部提拔任用或者提岗激励，考核基本称职的干部进行诫勉、警示谈话，考核不称职的干部按相关组织程序给予免职、降职、降岗等处理，打造"能者上、平者让、庸者下"的竞争环境。仅2018年一年科级以上管理人员职务调整达48人次，干部调整率达28%。考评机制实施以来，有5%的中层管理人员、6%的科级管理人员和12%的基层管理人员被降职、免职，实现了干部的优胜劣汰、动态调整。三是深化分配制度改革。北元化工实行"以岗定薪"差异化薪酬分配机制，薪酬激励进一步向生产一线、科研

技术岗位倾斜，薪酬区间由 3 档扩展至 5 档，薪酬中绩效工资占比方面，普通员工为 40%、中层管理人员为 50%。以业绩为导向推行全员绩效考评，2018 年以来，60% 的员工薪酬调增，10% 的员工薪酬调减。实施中层管理人员年薪考核机制，绩效年薪与业绩挂钩，同层级年薪差距拉大到 1.5 倍。通过改革，北元化工构建了"重能力、重实绩、重贡献"的激励机制，激发了企业生产经营活力。

（三）强化政治引领，开创党建新局面

一是加强党对混合所有制企业改革的领导。北元化工坚决落实两个"一以贯之"要求，坚持把党的领导和公司治理有机统一，坚持党委"把方向、管大局、保落实"与董事会"战略管理、科学决策、防控风险"有机统一，推动落实党建进章程、党组织研究讨论作为企业决策重大事项前置程序，使党的全面领导在制度规定、程序保障、实践落实中得以贯通。二是创新党建工作模式。北元化工以建立完善党建质量管理体系为核心，以支部标准化建设为抓手，积极探索混合所有制企业党建工作新路径，形成了一个体系（党建质量管理体系）、三级文件（党建质量手册、程序文件、作业指导书）、三项延伸（党建质量记录手册、"三会一课"记录本、党支部一本通）、三个意识（大党建、闭环管理、互融互促）、三种方式（横向拓展、纵向延伸、上下联动）、三项机制（鼓励激励、容错纠错、能上能下）的"133333"党建工作模式。三是发挥党建工作优势。北元化工构建党建引领安全生产考核工作机制，实现党务序列、行政序列、技术序列"三位一体"管理机制，与安全标准化、安全文化和过程安全"三位一体"安全生产管控体系"双轮驱动"。北元化工发展的实际成效获得了民营股东对企业党建工作的充分认同和大力支持，实现了党建与生产经营的深度融合、同频共振。

三、改革成效

目前,北元化工"双百行动"综合性改革进入关键冲刺阶段,已完成全部 17 项改革任务中的 15 项,企业在氯碱化工产能整体过剩的情况下成功突围,步入了高质量发展快车道。一是经营业绩大幅攀升。近年来,北元化工工业总产值由 67 亿元跃升至 109 亿元,增长 1.6 倍;营业收入由 77 亿元攀升到 100 亿元,增幅达 30%;利润由 2 亿元突破至 20 亿元,增长约 10 倍,年均增长率达 24.4%,共上缴税金 34.28 亿元。二是内部管理机制更加规范。北元化工实施全员绩效考核体系、超额利润共享、建立激励约束等机制,实现了市场化改革,推动责任层层落实,逐步打破"铁交椅""铁饭碗""大锅饭"分配格局,工资收入"能增能减"成为常态,有效激发和调动各层级人员的积极性、主动性和创造性。三是党的领导更加坚强。北元化工明确和落实党组织在法人治理结构中的法定地位,三会一层治理主体职权更加清晰,实现党的领导和公司治理有机统一;开创党务序列、行政序列、技术序列"三位一体"管理机制,推动党的建设与混合所有制企业各项工作同频共振,创新突破;充分彰显企业社会责任,积极参与陕西省精准扶贫结对帮扶,累计投入帮扶资金及捐款 2 500 余万元,帮助汉阴县梨树河村、神木市乔巴泥沟村脱贫 152 户、493 人,尤其是疫情发生以来,积极克服内外部困难,迅速组织生产防疫物资,共向社会捐赠次氯酸钠消毒液 10.15 万吨(折合),为打赢疫情防控"阻击战"贡献了力量。

52

聚焦整体上市　推动综合改革

陕西建工集团股份有限公司

一、基本情况

陕西建工集团股份有限公司（以下简称"陕建集团"）成立于1950年3月，注册资本为20亿元。多年来，陕建集团依托自身过硬的资质条件、优质的履约服务、丰富的管理经验、坚实的人才队伍和良好的业绩品牌，在激烈的市场竞争中稳步持续推进改革发展，企业发展规模和质量效益均处于国内行业领先、陕西省内龙头引领地位。现已拥有建筑工程施工总承包特级资质9个、市政公用工程施工总承包特级资质4个、石油化工工程施工总承包特级资质1个、公路工程施工总承包特级资质1个、甲级设计资质23个，同时具备工程投资、勘察、设计、施工、管理为一体的总承包能力，位列ENR全球工程承包商250强第24位、中国企业500强第191位、中国建筑业竞争力200强第5位，国内市场覆盖31个省市，国际业务拓展到28个国家。

陕建集团作为2019年新增"双百行动"改革试点企业，充分发挥示范突破带动作用，以深入推进综合改革为抓手，以推动集团整体上市为目标，积极推进股权多元化和混合所有制改革、不断健全完善市场化经营和激励约束机制，持续创新和加强企业党建，企业内生动力进一步激发、市场竞争力进一步增强,改革发展呈现出崭新局面和良好态势,为早日成为陕西省首家营业收入过千亿元上市企业奠定了坚实的基础。

二、主要做法

(一)使"巧"劲,加速迈进资本市场

一是优选路径明确上市方向。按照陕西优化国企结构布局调整方案,"巧"选路径,以"无偿划转+资产重组"的方式推动整体上市,2018年12月,陕建集团全面启动改制上市。二是大力推进混合所有制改革。陕建集团充分发挥资本市场作用,强化资本运作,将整体上市和"混改"统筹谋划、协调推进,通过上市完成陕建集团整体"混改",实现 $1+1>2$ 的市场效应,成为引领陕西混合所有制改革的一面旗帜。三是步履铿锵快节奏推进。针对老国企资产规模大、遗留问题多等实际,陕建集团选聘6家中介机构,成立8个专业小组,明确上市路线图和时间表,编制改制上市总体工作安排,倒排工期,压茬推进,狠抓落实,仅用了7个月时间即完成了企业剥离、资产重组、搭设控股平台、精算、审计、评估等一系列基础工作,为整体上市的顺利推进打下坚实基础。同时,对照上市企业规范管理要求,全面开展资产、业务等的对标梳理和整改规范,完成内控体系建设,建立起高效的业务管控流程机制。围绕上市工作安排,陕建集团用短短1年多时间,累计规范劳动用工约4.2万人,重组整合下属企业100余户,注销子企业及分支机构300余个,土地换证60宗,房产新办证67处,换证84处,开具了4 000余份合规证明。2019年6月,成功发起设立陕西建工集团股份有限公司,为上市工作的顺利推进打下了坚实基础。四是目标坚定精准发力。陕建集团整体上市路径确定后,2020年1月,延长化建发布公告拟以发行股份的方式,向控股股东陕建控股及陕建实业购买其持有的陕建集团全部股份,并换股吸收合并陕建集团,同时募集配套资

金。2020年6月,重组方案通过上市公司股东大会审议,随即向证监会正式申报。陕建集团将通过重大资产重组的方式实现资产注入和整体上市,走在了陕西国有企业深化改革的前列。

(二)出"实"招,健全市场化经营和激励约束机制

一是扫清障碍,畅通员工"能进能出"。在推进市场化能进方面,陕建集团采取校招、社会公开招聘等多种方式,严把进口、优化结构、拓展渠道,着重引进高层次人才,实施名校尖子生计划,2019年引进高校毕业生1 335人,其中国内顶尖高校毕业生29人,社会引进各类人才1 002人。陕建集团优化退出机制,畅通退出渠道,结合上市规范用工制定集团规范劳动用工指导意见,通过业务外包、工资总额调控倒逼等措施,规范临聘人员管理,加大退出力度。本着精简高效原则,陕建集团全面加强两级机关机构压缩和人员精简,在畅通员工进口和出口的基础上持续优化人才队伍结构,提升人才队伍素质。二是强化考核健全干部能上能下。陕建集团坚持激励约束并重,通过建立"135青年人才库"、组建后备人才队伍等方式,拓宽选人用人视野,让品德好、敢担当、勇作为的干部受关注、得重用;扎实开展年度民主测评,对连续两年测评优秀率不足50%,或基本称职加不称职率超过15%的干部进行调整或免职,让不作为、慢作为、懒作为的干部受惩戒、让"位子"。2019年,提拔重用56名干部到处级岗位,约谈干部23人,对11名处级干部进行了调整或免职。近3年,对不作为、慢作为的干部共免降调整33人,形成了"优者上、庸者下、劣者汰"的干事创业氛围。三是绩效挂钩完善收入能增能减。陕建集团健全完善员工考核管理体系,通过工资总额与企业经济效益、劳动生产率同向联动,实现效益增工资增,效益降工资降,合理错配岗位工资和绩效工资占比,强化企业效益与员工收入挂钩机制。对员工考核指标进行细化、量化,实现了覆盖全员的季度考核机制,每季度严格控制优秀、较差各10%的比率,绩效薪酬分别上浮、降低10%，实现了"收入比贡献、考核定薪酬"的良性机制，有力激发员工干事创业激情。四是加快推进市场化选聘职业经理人。陕建集团按照"市场化选聘、契约化管理、差异化薪酬、市场化退出"的原则，坚持党管干部和董事会依法选任相结合，积极推进职业经理人选聘。陕建集团加强职业经理人管理，制定职业经理人选聘管理制度体系，明确聘任岗位、聘任期限、职责权限、工作目标、薪酬待遇、奖惩办法和退出条件等，其业绩薪酬按照双对标原则，选取区域性行业10家企业为对标行业与对标样本，通过竞聘上岗、公开招聘等方式选聘职业经理人，率先在新业务领域试点并逐步扩大推广面。

（三）强"根"基，坚持党建引领与生产经营深度融合

一是坚持党对企业的领导不动摇。陕建集团全面落实党建工作进章程，实现全面覆盖，在集团公司和所属企业中扎实推开"双向进入、交叉任职"的领导体制，将企业经营管理和党管方向的要求有效结合起来，实现科学决策、高效管理，不断增强企业竞争力、创新力、控制力、影响力、抗风险能力，持续释放改革红利。二是坚持把制度建设挺在前面。陕建集团先后出台实施了加强党的基层组织建设实施办法、项目党支部工作办法等规章制度，着力构建完备的企业党建制度体系；严格落实党建工作四同步原则，坚持支部建在项目，确保工程项目建设到哪里，党组织的作用就发挥到哪里，全面覆盖、不留空白；充分落实并发挥各级党组织的主体责任，切实把党的建设抓在日常、严在经常。三是结合行业实际创新党的建设。陕建集团发挥党组织的政治核心和领导核心作用，将全面加强党的领导、党的建设作为"双百行动"的"牛鼻子"，不断深入挖掘党建工作与生产经营的融合点，在引领力、协同度、融合性、创新性方面开辟党建工作新路径，实现"双融双促"，切实提升党建工作价值。

三、改革成效

陕建集团通过系统性综合改革的深入推进和扎实落地,为高质量发展注入了强大的动力,有力推动了企业的规范运行和生产经营。通过"混改"相继引入三一重工、杭萧钢构、康力电梯、上海申核等一大批行业知名民企,切实加强了集团在装配式建筑、钢结构、电梯制造、核工程等专业细分领域的市场竞争力,并将通过整体上市目标的实现,完成集团公司层面的整体"混改",建立起更加规范的运营管控机制,实现资本和驱动要素在优势方面的更深层次互补及协同效应的持续激发。2019年,陕建集团围绕主业优化发展,深化改革激发动力,持续加快"省内、省外、海外"三大市场布局开拓,企业各项工作取得显著成效和长足进展,新签合同额2 399.88亿元,同比增长16.79%;实现营业收入1 160.48亿元,同比增长15.36%;实现利润总额23.05亿元,同比增长26.87%;利税总额达43.24亿元,同比增长20.58%。

53

以市场化经营机制改革为抓手
助推实现涅槃式新生

陕西钢铁集团有限公司

一、基本情况

陕西钢铁集团有限公司（以下简称"陕钢集团"）是陕西省唯一国有大型钢铁企业，是世界500强企业陕西省煤业化工集团（以下简称"陕煤集团"）的控股子公司。目前资产规模达416亿元，钢铁产能达1 000万吨，员工1.8万人，2019年钢产量位居全国第16位，世界第33位。陕钢集团位居我国西北内陆区域，钢铁冶炼所用铁矿石80%从巴西、澳大利亚进口，运距长、费用高，与沿海企业相比劣势明显，前几年钢铁行业产能过剩，陕钢集团陷入持续亏损，2015年一度亏损近40亿元，面临生死存亡的严峻考验。

为打破困局，陕钢集团树立"发挥国企优势、学习民营机制"的改革理念，深化市场化经营机制改革，全面激发经营管理活力，2017年钢产量首次突破1 000万吨，实现利润19亿元，一举扭转了持续6年的亏损局面。2018年入选国企改革"双百行动"企业名单后，全面推行各子公司职业经理人制度和市场化用人机制改革，企业经营活力竞相迸发，2018年产钢1 138万吨，实现利税50.35亿元；2019年产钢1 245万吨，实现利税

41.04亿元。与2016年比较，粗钢产量行业排名从第27位上升到第16位，盈利水平行业排名从第91位晋升到第28位，综合竞争力从行业末位提升至A级（特强），并荣获全国"五一劳动奖状"。

二、主要做法

（一）推行契约化管理，实行职业经理人制度

一是引进外部职业经理人，植入市场化机制。陕钢集团通过市场化引进职业经理人，实现主业单位扭亏为盈。2016年为主业单位龙钢公司（700万吨产能）引进了总经理和副总经理两位职业经理人，全面激发了龙钢公司生机活力，当年一举扭亏为盈，2018年实现利润30亿元；2018年为另一主业单位汉钢公司（300万吨钢铁产能）人为引进总经理和副总经理2位职业经理人，当年实现利润6.9亿元，创造了历史最佳业绩。

二是内部选聘职业经理人，激活内部人才市场。陕钢集团畅通内部职业经理人身份转换通道，增强内部职业经理人的职业动力和事业心。2018年5月，对经营单位——韩城公司的经理层实行契约化管理，将总经理内部转化为职业经理人，并匹配市场化考核机制和市场化薪酬，使韩城公司迈上发展快车道，成为西部极具竞争力的钢铁产品和原燃料资源掌控与贸易平台。

三是规范任期制管理，夯实契约化目标责任。陕钢集团制定出台职业经理人系列管理制度，规范了职业经理人的进入和退出机制，统一实行3年任期。随后陕钢集团董事会、党委分别与子公司董事会、党委签订了契约化目标责任书，各子公司董事会、党委分别与总经理签订了职业经理人目标责任书和任期制聘任协议，夯实了职业经理人责权利。

四是健全法人治理结构，赋予经营自主权。陕钢集团明晰了各子公司股东会、董事会、党委会、监事会、经理层权责清单，完善了议事规则，

职业经理人进入公司董事会、党委会任职,担任董事、党委副书记职务,参与公司重大决策,充分赋予职业经理人经营自主权,使其放开手脚,改革管理机制,革除沉疴陋习,打破利益藩篱,激发管理活力。

五是建立了双对标的市场化薪酬机制。陕钢集团坚持业绩、薪酬与市场对标的双对标原则,对于超额完成利润目标的职业经理人,给予特别奖励,按照5:3:2比例分3年延期支付,总经理的年薪达到同级董事长的2倍,打破了按职务级别进行收入分配的僵化机制,落实了市场化薪酬。

六是建立完善了职业经理人考核体系。陕钢集团完善了安全环保、经营业绩、经营管理、党建文明、综合竞争力"五位一体"的业绩考核评价指标,要求党员职业经理人履行"一岗双责",完成党建目标责任考核指标;形成了"目标确定基本薪酬、利润确定绩效薪酬、关键指标严格否决、发展质量确定去留"的考核导向。

(二)完善市场化用人机制改革,厚植人力资本

一是运用市场化机制招才引智。陕钢集团先后从外部引进了3名高级专家,分别聘任为集团顾问、总经济师、产业创新研究院院长助理,作为关键人员进行契约化管理,匹配市场化薪酬,建立了"开放式"办企业的市场化用人机制。

二是实施管理人员竞聘上岗。2019年,陕钢集团机关部门副职以下管理人员共计80人全部"起立",实行竞聘上岗。部门副职原有干部24人,此次竞聘只设13个岗位,最终竞聘成功8人,落选16人,基层新晋5人,落实了干部"能上能下"机制。

三是全面推行领导干部"三个合同制"。陕钢集团2020年全面实行领导干部"三个合同制",即在劳动合同基础上,签订岗位合同和年度经营业绩考核目标责任合同,压实各级领导干部的责、权、利,真正实现"身份市场化",激发领导干部从"要我干"到"我要干"的转变。

（三）深化"三项制度"改革，发挥改革的乘数效应

一是发力干部"能上能下"。陕钢集团建立"党建领航、班子引领、干部走在前列"的工作机制，公司党委每月听取领导班子工作汇报，各项重点工作经党委研究后按要求推进，真正让每位干部时刻将目标记在心间、责任扛在肩上、落实抓在手中；落实"鼓励激励、容错纠错、能上能下"三项机制；每年综合运用年度目标责任完成情况、干部民主测评等多维度对领导干部进行考核评价，2018年调整干部34人，诫勉谈话8人，鼓励激励35人。

二是发力员工"能进能出"。陕钢集团积极推进管理扁平化改革，2019年将集团机关部门从15个整合为10个，岗位从101个精简为85个；各子公司也采取大部制改革，其中龙钢公司将原31个机构整合为19个，各级机关人员由964人缩减至433人；全面实行公开招聘制度，2018—2019年共计招录高校毕业生769人，其中博士生1人，硕士研究生28人，本科生450人。

三是发力收入"能高能低"。陕钢集团完善了工资总额与企业经济效益、劳动生产率挂钩的工资决定和正常增长机制；建立集团领导班子业绩考核制度，实行差异化薪酬，收入差距最高达1.2倍；改革工资分配制度，实行年薪制、岗位绩效工资制、协议工资制3种薪酬模式；开展岗位价值评价，实行宽带薪酬，打通了管理岗位与专业技术、高技能人才的双轨制工资晋升通道。

三、改革成效

一是管理活力全面迸发。陕钢集团市场化经营机制改革的推进，职业经理人制度的实施和外部人才的引进，产生了"鲇鱼效应"，转变了干部员工抱残守缺、因循守旧的管理思想，打破了国有企业领导干部的官本位

意识，转变了原来固步自封的管理模式，激活了经营管理活力，极大地调动了干部员工的能动性和积极性。

二是产量效益大幅提升。陕钢集团接连创造历史最好生产经营业绩，2018年产钢1 138万吨，同比增长10.28%；实现利润30.12亿元，上缴税收20.23亿元，利税合计50.35亿元。2019年钢产量1 245万吨，同比增长9.4%；实现利润19.33亿元，上缴税收21.71亿元，利税合计41.04亿元。

三是竞争实力显著增强。陕钢集团盈利水平行业排名从第91位晋升到第28位，吨钢利润水平从原来的与周边民营企业差距200元/吨，到现在基本持平；在钢铁行业中的综合竞争力持续提升，从2016年的B级（较强）提升到2017年的B+级（优强），2018年和2019年连续两年蝉联A级（特强）。

四是劳动生产率大幅提高。陕钢集团通过持续的人力资源优化，劳动用工总量从2.6万人减少到1.8万人。2018年，人工成本利润率达153.27%，同比增长37.83%；2019年，钢铁主业人均产钢量达到1 000吨水平，同比增长15.21%，进入行业先进行列。

54

完善市场化经营机制　有效激发企业新活力

金川集团股份有限公司

一、基本情况

金川集团股份有限公司（以下简称"金川集团"）始建于1959年，主要生产镍、铜、钴、铂族贵金属及有色金属压延加工产品、化工产品、有色金属化学品等，2000年由中央部委划归甘肃省政府管理，是中国镍钴生产基地、铂族金属提炼中心和北方地区最大的铜生产企业，被誉为中国的"镍都"，下辖22个二级单位，91个分子公司，资产业务遍布全球。经过60多年的建设与发展，金川集团镍产量居世界第3位，钴产量居世界第4位，铜产量居我国第3位，铂族金属产量居我国第1位，被列为国家首批创新型企业、国家矿产资源综合利用示范基地、国家安全文化示范企业宣传教育基地。

近年来，金川集团确立了"市场化取向、契约化管理、主责化经营、目标化考评"的思路，全面推进内部市场化改革，以建立市场化机制为核心，以增强市场竞争力、提高经营业绩为目标，探索形成了一套较为成熟的内部市场化管理新模式。

二、主要做法

（一）明职责，构建市场经营主体

为提高分、子公司运营效率，金川集团按照市场经济规律配置资源，切实从计划走向市场，还原市场主体地位。一是实施分类管理，全面推行子公司自主经营、自负盈亏、自担风险、自我约束、自我发展的"五自"经营机制，实行授权经营，自主开展生产组织、机构设置、人员调配、薪酬分配等；对二级单位、分公司等非法人主体，比照子公司运营，并积极实施公司制改造推向市场，进一步增强发展活力。二是重塑集团职能，强化了集团总部战略决策、资源配置、资产运营、风险管控和服务保障，将原来集团负责的具体生产经营职能彻底下放到各业务板块，推进集团管控由集权型分级控制向战略型分权配置转变。三是下移核算业务，金川集团将与经营和成本密切相关的核算业务全部下移，真实反映各主体经营水平及经营成果，使企业回归到"居家过日子"的本源。

（二）搭平台，创设市场经营环境

为更准确反映经济活动各环节价值，金川集团改变指令性计划模式，逐步建立健全与市场经济相适应的内部交易市场。一是建立了内部交易价格体系，产品价格有公开市场的严格对接市场，无公开市场的参照同类或相近市场价格，否则由集团公司召集参与方共同确定，仍然难以确定的，聘请外部第三方进行核定，最大程度确保内部交易价格公允。二是形成内部交易价格动态调整清单。金川集团对金属物料结算价格、动力能源产品价格、材料采购供应价格、辅助服务类价格等内部结算形成公开透明的价格清单，交易双方紧盯外部市场价格进行动态调整。三是深化经营主体契约化管理，金川集团坚持"有业务往来就有契约协议"的原则，内部交易双方就交易方式、价格、产能、产量、责任等协商一致后签订契约协议，使内部交易更加规范有序，以确保集团公司效益最大化和效率最优化。

（三）严资金，夯实市场交易基础

资金是企业生存的血液，金川集团确立了"企业管理以财务管理为核心，财务管理以资金管理为核心"的管理模式，多管齐下抓好资金管理。

一是明确资金管理主责,集团财务部统筹集团范围内资金管理、平衡,集团财务公司主要承担结算及资金保值增值功能,各分、子公司自主统筹资金筹集、使用和管理,提升资金管理意识和管理能力。二是突出资金预算管理,金川集团坚持"量入为出、无收不支、收支均衡"的资金管控原则,从源头突出强调资金收支平衡,以单位和系统的平衡确保集团平衡,以月度平衡确保年度平衡。三是明确资金有偿使用,金川集团严控内部贷款规模,除符合集团公司战略的重点项目和资源项目外,不再对各单位提供任何形式的资金支持。强化内部借贷成本意识,集团拆借单位资金按市场利率支付利息,单位盈余资金转存集团使用按市场价计付利息。四是努力扩大经营活动现金流,金川集团牢固树立"现金为王"资金管理意识,不断提升盈利能力,严格授信担保,严控"两金"占用额,降低生产成本及期间费用,增强"造血"能力。

(四)改机制,激发市场经营活力

以"三项制度"改革为抓手,强化市场化的激励约束机制。一是落实董事会职权,金川集团在部分一级子公司和重要二级子公司实行董事长、党委书记和总经理人选由集团公司任命,其余管理层人员由子公司董事长和总经理提名,由子公司董事会聘用。二是建立健全工资总额决定和增长机制,金川集团实施工资总额分类管理,对直属单位实行工资总额核定管理,对子公司和驻外机构实行工资总额预算管理,试行人工成本预算管理,工资总额的增长与经济效益、劳动生产率、人工成本投入产出率等指标挂钩,促进收入分配更合理有序。三是全面实行契约化管理,并在3个单位探索实施职业经理人制度,集团公司总经理与各单位经营责任人签订契约,明确经营责任人的任期目标、考核办法、薪酬构成、责任追究、解聘条件以及双方权利义务。四是强化业绩与收益挂钩的联动机制,金川集团根据子公司功能定位,分3档由经营责任人缴纳风险抵押金,并视年度和任期经营业绩考核结果,分别按缴纳额的100%、75%、50%、0这4档返还,考核成绩低于60分的,给予行政处分或组织处理。

(五)聚智慧,激活市场创新源泉

深入贯彻习近平总书记视察金川集团兰州科技园时的指示精神,金川集团切实把科技创新这个金川的"传家宝"用足用好。一是以市场为导向,金川集团组织实施重大科技攻关,围绕破解制约公司镍铜钴资源高端、高值、高效综合利用的结构性难题,确立了6个重大科技攻关项目,持续以革命性、颠覆性思维和行动攻坚突破,取得了一批自主创新成果,一些成果已经转化应用且成效显著,荣获国家科技进步一、二等奖。二是推进科技创新体制机制改革,金川集团利用镍钴资源综合利用国家重点实验室、产业技术创新联盟等科技创新平台,汇聚内、外部创新资源主动参与科技联合攻关,建立"镍钴资源综合利用专业化众创空间"等载体,用市场化的办法激发科技创新新活力和科研人员原动力,在金川科技等科技型企业推进股权和分红权激励。三是坚持"人人都是经营者"理念,金川集团全面推行"阿米巴"经营模式,在班组、岗位建立起内部交易价格体系、"阿米巴"结算方式、绩效考核等核算体系,使班组职工做到精确计量、精准核算、精细管理,有力促进了公司产品质量和经济效益的"双提升"。四是常态化开展群众性经济技术活动,金川集团通过劳动竞赛、职工技术创新、技能素质提升、班组建设、劳模创新工作室等行之有效的手段,形成全员参与创新的工作格局,公司每年拿出1 000万元专项基金和100万元奖励资金,用于专项支持职工技术创新活动和奖励创新成果。"十三五"以来,金川集团涌现出了1名全国劳动模范、1名全国"五一"劳动奖章获得者、1名大国工匠、3名省部级劳模。

三、改革成效

3年多的市场化改革发展经历了重重困难,也遇到了诸多阻力和压力,但金川集团以"敢啃硬骨头、敢于涉险滩"的决心和勇气冲破保守观念障碍,取得了显著的成绩。2019年,金川集团位列世界500强企业第369位,中国500强企业第96位,中国制造业500强第32位,中国100大跨国公司第51位,中国企业知识产权竞争力百强第30位。

一是市场化意识显著增强。通过市场化运作,金川集团上下经营意识、资金管理意识、算账意识明显增强,以市场为导向、效益为中心、市场机制为手段抓管理的理念深入人心。

二是经营主责全面下移。金川集团从集团管控定位、配套制度改革、"五自"经营机制、绩效考核管理等方面,自上而下建立起了符合市场化改革的经营格局,各单位逐步承担起生产经营、资金管理、会计核算、风险防控等责任。

三是科技创新成果斐然。"十三五"期间,金川集团组织开展各类科研攻关课题300余项,60%以上的科技成果得到转化应用,科技进步对经济增长贡献率达到35%;承担国家、省级科技计划项目20余项,获得省部级以上奖项30余项,拥有专利3 590件。金川集团成为国家知识产权示范企业,被列入全国3家产业工人队伍建设改革试点单位之一。

四是盈利能力大幅提升。2017—2019年,金川集团营业收入由2 170亿元增加至2 524亿元,增长了16.31%;利润由13.86亿元增加至29.49亿元,增长了112.77%;资产总额净增62亿元,增长了16.71%;资产负债率由68.55%下降至62.48%,国有资本保值增值明显,资产质量稳中向好。

55

紧扣功能定位　深化综合改革
夯实投资公司改革发展新基础

甘肃省国有资产投资集团有限公司

一、基本情况

甘肃省国有资产投资集团有限公司（以下简称"甘肃国投"）成立于 2009 年 6 月，是国有独资大型商业二类企业，信用评级为 AAA。目前拥有全资、控股、参股子公司 51 户。截至 2019 年年底，甘肃国投总资产为 2 758.6 亿元，净资产为 1 051.3 亿元，资产负债率为 61.89%。

2015 年年初，甘肃国投作为甘肃省唯一一家国有资本投资运营公司改革试点企业，率先探索开展以管资本为主的国资管理运营新模式，实现了从政府融资平台向国有资本投资运营公司的转型。2019 年 9 月，甘肃国投围绕国有资本投资公司新定位开展改革试点，探索国有资本市场化运作模式，促进产业结构调整和资本布局优化。

通过综合改革，甘肃国投加快建立符合国有资本投资公司实际的现代企业制度和市场化经营机制，有效激发了企业活力、创造力和市场竞争力。

二、主要做法

（一）发挥国有资本引领功能，服务全省发展战略

一是开展专业化整合重组，推动产业集聚发展。甘肃国投按照"强龙头、补链条、聚集群"要求，抓住省直部门管理企业改制脱钩的有利时机，对28家改制脱钩企业以资本为纽带分类进行整合重组，配套出资42亿元组建了甘肃工程咨询集团、甘肃电气集团、甘肃药业集团、甘肃科技集团4家产业集团，同步开展建章立制、规范运营等工作，推动资源要素向关键领域集中，实现资源共享、技术合作和优势互补，打造行业龙头，培育优势产业集群。

二是实施市场化资本运作，推动企业重组上市。结合甘肃省建筑设计院、省水利院等8家工程咨询类改制脱钩企业发展阶段和运营实际，甘肃国投组建专门团队规范解决法人治理、财务核算、法律诉讼、资产权属、行业资质等一系列复杂问题，组建成立了涵盖规划咨询、勘察设计、工程监理等业务的全过程工程咨询集团。同时，以发行股份购买股权的方式，将新组建的工程咨询集团注入甘肃国投所属上市子公司"三毛派神"，成为甘肃省第1家依托资本市场并购实现整体上市的产业集团。2019年年初，甘肃国投现金出资6.44亿元，将毛纺资产从上市公司收购并置出，推动上市公司聚焦主业发展。通过市场化资本运作，甘肃工程咨询集团实现了当年重组、当年上市、当年盈利的改革目标。

（二）聚焦投资公司功能定位，探索构建国有资本管控运营新模式

一是规范授权放权，厘清"三级架构"权责边界。立足国有资本投资公司功能定位，结合省政府国资委授权放权和企业实际情况，甘肃国投制定了对所属产业集团管理权责清单，明确甘肃国投对产业集团的16项股东职权，重点管好资本投向、战略规划、财务效益、经营业绩等事项，清单

以外事项均由产业集团自行决策,同时建立了事前沟通、事中协调、事后评价和重大事项报告的工作机制,初步构建了以战略目标和财务效益为主的管控模式。

二是优化总部职能,建立"三级架构"运行机制。为更好履行股东职权,满足国有资本投资公司科学决策和高效管理需求,甘肃国投优化调整集团总部管理职能和组织架构,调整设置10个业务部门,科学确定岗位职数,引进专业人才,强化业务培训,突出战略引领、资本运作、资源配置、财务管控、风险防控等职能。结合总部组织机构优化调整和管理实际,制定了集团总部管理事项与流程清单,细化明确了各部门314项管理工作的职责权限和办理流程,进一步提升管理工作运行效率和规范化水平,基本建立了"小总部、大产业"的组织架构。

(三)发挥专业化平台优势,推动所属企业股权多元化和混合所有制改革

一是引入中央企业,实施战略重组。甘肃国投出资2.7亿元回购所属长风电子股权并实施债转股,理顺股权关系。为加强专业协同和联合创新,巩固提升长风电子军工核心专业能力、拓展产品技术应用领域和配套领域,深入研究行业相关企业,出让控股权与中国电子信息集团进行股权重组,引入央企资金3.99亿元,引进中电熊猫机器人和无人机蜂群2个新建项目在长风电子落地投资建设。同步将甘肃国投所持长风电子49%股权作价出资至所属甘肃电气集团,推动产业聚集,促进电子信息、装备制造、军民融合产业在甘肃发展。

二是"一企一策",推进所属企业"混改"。甘肃国投围绕所属企业机制不活、激励不到位的问题,率先推动所属上市公司甘肃工程咨询集团实施首次股权激励,累计向786名激励对象授予了1 080万股限制性股票,实收认股资金6 610万元,将关键员工利益和企业发展进一步捆绑融合,稳定人才队伍，激发动力活力；推动所属天传所集团出资新设子公司，引进石油机械领域战略投资者，实现天传所集团由单一电控系统提供商向石油钻机等系统集成服务商转变，并同步推进员工持股，累计引入非公资本730万元，其中员工实缴资金330万元、持股30%；指导省建材院分立优质资产，引进中国500强企业作为战略投资者，实现上下游产业链互补，累计引入非公资本1 608万元，其中员工实缴资金307.6万元、持股30%；推动兰州助剂厂实施科技型企业股权激励，员工实缴资金476.5万元、持股7.9%。

三是创新"混改"实施路径，发挥基金功能作用。甘肃国投出资4.9亿元与传化控股集团联合设立规模为10亿元的"混改"基金，通过"混改"基金的杠杆作用，撬动其他资本介入，提高国企"混改"项目及资金来源广度，降低社会资本进入优质项目门槛，放大国有资本效力，发挥甘肃国投在国企"混改"方面的引领和带动作用。甘肃国投出资1亿元新设甘肃国企"混改"员工持股基金，解决未来引进优秀人才持有股份来源问题，目前已参与天传所集团、省建材院员工持股试点预留股份345万元代持工作。

三、改革成效

一是企业规模实力和影响力不断提升。甘肃国投连续11年保持AAA信用评级，累计融资874亿元；2018年、2019年年度总资产分别为2 668.7亿元、2 758.6亿元，净资产分别为1 014.5亿元、1 051.3亿元，实现营业收入分别为2 410.4亿元、2 651.8亿元，实现利润总额分别为33.4亿元、41.4亿元；发起和参与设立总规模300亿元的19只基金，撬动社会资本239亿元；累计为省属企业提供增信担保、资产管理、流动性支持440亿元，有效防范化解省属企业经营风险；2018年以来，累计发行中票

75亿元，发行利率连续创历史新低；获评"2018年度省长金融奖"。

二是多层级投资体系和多元化产业布局初步构建。甘肃国投积极发挥国有资本影响力和市场化平台作用，构建了以基金为抓手的产业投资平台、以上市公司为依托的资本运作平台、以资产管理公司为载体的金融服务平台；聚焦省发展战略，投资布局"产业＋金融"业务，形成了有色冶金、电力能源、特色农业、工程咨询、生物医药、电气装备、科技研发、资产管理、基金、实业等产业板块，在推动资本布局优化和产业结构调整中的"主力军"作用逐步显现；完成所属长城电工、省化工院等8户企业"三供一业"分离移交工作，推动企业轻装上阵，累计移交资产1.9亿元、住户14 338户、人员92人，拨付自筹资金7 136万元。

三是基本构建形成三级管控运营新模式。通过厘清与所属产业集团管理权责边界、明确管理流程，强化高效管控和规范运营，基本构建形成"甘肃国投—产业集团—实体企业"三级管控模式，有效保障了甘肃国投依法依规履行股东职权，以及所属产业集团的生产经营自主权，新组建产业集团管理运行效率大幅提升，内生动力活力不断激发，重组整合集聚发展效能逐步释放。甘肃国投的平台作用不断凸显。

56

以改革求突破　老企业持续焕发新活力

西北永新集团有限公司

一、基本情况

西北永新集团有限公司（以下简称"永新集团"）创建于1965年，原为化工部部属企业，经改制后现为甘肃省属国有独资企业；2019年划入新成立的甘肃科技投资集团有限公司，为其全资子公司；业务范围涉及涂料及塑料管材制造、商贸租赁服务、宾馆等领域；2019年总资产为26.64亿元、实现工业总产值4.6亿元、营业收入11.4亿元。

永新集团按照"双百行动"任务要求，精心设计改革方案，全面推进"三项制度"改革，着力打通大动脉，畅通微循环，使改革发展相得益彰，经营形势逆势上扬，实现双赢、多赢。仅机构人事及公车改革，每年可压减费用1 000余万元。

二、主要做法

（一）深化"三项制度"改革，建立改革长效机制

为深化人事机构改革，建立健全市场化选人用人机制，永新集团出台深化人事改革的实施意见，方案三下三上，深入调研、广泛征求意见和充分酝酿讨论，最终形成符合永新集团实际的改革实施意见，经公司职工代

表大会审议通过后印发实施。方案的出台为35岁以下职工打开职业晋升渠道，让更多有能力、有才华的青年人能够公平竞争。一是改革和压缩机构。永新集团本着服务总体战略、精干高效的原则，在确保职能行使前提下，调整总部架构，重新定位部门职能，将职能部门从21个大幅精简调整为5个，精简76%；通过"减机构、减层级、减夹层、减冗员"，真正实现去行政化、去机关化、去层级化，推动永新集团总部从传统总部管理向战略决策中心、投资决策中心、运营管控中心、资源共享中心转型。二是大力推行人事改革。总部人员从78人精简为30人（高管6人），精简61.5%，对距法定退休年龄5年以内的在岗员工，实行离岗或继续履职双向选择政策，畅通营销、生产、技术研发"三个一线"分流安置出口；内外部挖潜，利用产业及人员优势，组织员工参与涂装一体、道路桥梁、房地产项目工程合作单位上岗工作，切实做到"转岗不下岗、转业不失业"；深入落实"六稳""六保"精神及相关要求，将人力资源配置与业务优化相结合、与控制用工总量相结合、与优化人力资源结构相结合，实现双赢、多赢。

（二）健全市场化选人用人制度，创新市场化选聘方式

按照"市场化选聘、契约化管理、差异化薪酬、市场化退出"改革要求，推行以"竞聘制、任期制、末位淘汰制"为主要内容的干部制度改革。从干部改革入手，全面推行市场化选人用人，激发企业内生动力活力，通过全程直播市场化选聘过程，保证选人用人阳光、公开、透明。

一是推行市场化选人用人制度。由永新集团党委确定选人用人标准，在全集团范围内公开竞聘5个职能部门正副职及所属4个子公司班子成员共计26个岗位。52名竞聘者中有19人为35岁以下青年职工。现场面试环节按照"合法化、市场化、专业化、职业化"的原则，由央企负责人、民企"掌门人"、国企领导、高校专家、永新高管组成6人评委组，由各层级管理干部及一线职工代表组成30人职工民主测评组，多方立体参与，确保评分更加科学公正合理。其中33人经面试后进入组织考察环节，党委纪检全程把关，确保规范操作。

二是实行竞聘任期制，末位淘汰制。永新集团中层及以上人员实行任期制，被聘任的集团总部中层岗位人员和子公司班子成员任期两年，任期届满重新竞聘；永新集团总部中层管理人员年度考核成绩末位者予以解聘；子公司未完成与集团签订的生产经营任务目标责任书要求，其班子成员终止任期、重新聘任。通过任期制及末位淘汰制实现岗位动态管理，永新集团不仅畅通岗位退出通道，更增强了各级员工危机意识和责任担当意识。

三是全程直播阳光透明。永新集团充分利用网络社交平台，助力企业改革。通过小鹅通、腾讯直播、抖音、快手4个直播平台，全程14小时直播集团干部竞聘上岗活动，数万人在线观看、参与互动，竞聘活动达到了公开、公平、平等择优、监督、宣传的效果，让更多人参与活动中来，认识永新、了解永新。此次活动的成功举办，以及选手们的精彩表现，引发了网友们的广泛关注和热评。

（三）加大人才激励创新，完善业绩考核激励体系

1. 子公司管理层面

一是建立工效挂钩的工资总额管理办法，永新集团对下属子公司实施工资总额管理，要求工资总额的管理和使用以"经济效益和劳动生产率挂钩的工资决定和正常增长机制"为原则，预算工资总额的30%与经营指标联动考核。二是按照契约化管理原则与子公司签订责、权、利匹配的经营目标责任书，并对子公司的经理层实施"基本年薪＋绩效年薪＋年度奖励薪酬"的薪酬结构。年度奖励薪酬采用超额利润分享机制，设置了13档奖励比例（最高可按增量利润50%计提），每年年初考核兑现上一年度奖励薪酬。随着任期制、契约化改革事项的不断深入推进，与任期匹配的绩效联动机制会进一步得到完善。

2. 短期激励政策实施层面

永新集团已形成了面向全员的"固定薪酬激励+浮动薪酬激励"的短期激励政策。一是在固定薪酬激励方面，永新集团建立并实施了职位体系管理办法，在对知识、技能、工作业绩、考核结果等维度提出明确要求的基础上，建立了行政职务与专业技术职务、业务职务发展的双通道，实现了以岗定薪、以能调薪的长效机制；采用"表征激励"的理念制定了员工年度考核办法，注重员工实绩和贡献，如员工提出合理化建议提案、组织开展研发项目、管理项目、实施培训工作、进行知识分享、获得各级荣誉都是业绩的体现，它将公司各项工作的结果都贯通运用，形成了对员工全方位业绩的综合评价及运用。二是在浮动薪酬激励方面，永新集团坚持共创共享理念，设计了全员适用的创新增效激励政策，设立创新奖励基金，对创新创业工作配套资金支持和奖励，连续2年奖励200多万元。

3. 中长期激励政策实施层面

永新集团重点在主业方向上，针对核心子公司永新涂料公司设计了部分中长期激励政策。一是将生产单元作为成本控制中心，设计降本增效模拟虚拟股的分红激励方案，分红系数根据职级、岗位等参数确定。二是将营销单元作为利润输出中心，匹配6大聚焦领域形成体现销售目标达成的理念，建立营业利润超额分红机制。三是对非涂料主业项目，采用独立设立公司实施员工持股（合伙企业持股平台）、自主运营的方式。如对制桶厂设计了员工持股40%的方案，对"双创"项目（甲醛清除剂项目）设计了员工持股30%、国有优先股41%、国有普通股29%的方案。

三、改革成效

（一）法人治理结构更加完善

一是各子公司加强党的领导和完善公司治理结构，加快形成有效制衡的法人治理结构。健全永新集团及所属子公司董事会、监事会、经理层人员配置,永新集团领导班子不在兼任子公司职务。二是落实董事会职权,维护董事会依法行使重大决策、选人用人、薪酬分配权。永新集团明确董事会自主决定本级企业内部机构设置、基本制度制定、风险内控和法律合规管理体系建设等事项。三是通过深化"三项制度"改革,永新集团将原有120个干部岗位精简到55个,做到机构人员精干高效,实现干部"能上能下"、工资"能增能减",人随岗走,薪随岗定,激发企业活力及员工干事创业积极性。

(二)企业市场竞争力不断提升

一是实现产销分离,将子公司永新大贸定位为"集采+销售"平台。将永新涂料、永新管业的销售业务整合到永新大贸公司,在永新集团形成永新涂料、永新管业为生产公司,永新大贸为销售公司的组织模式。二是力争将永新涂料公司打造成为集涂料产品设计、研发、制造、零售、涂装、质检为一体的工业互联网服务商,提升整体竞争力。与中铁二十局市政工程有限公司就涂装一体化、开展项目工程等方面达成深度合作意愿,与兰雅实业集团签订总面积92万平方米的外墙涂装工程及环氧自流平地坪工程项目合作协议,与东风汽车涂装项目合作持续加深。三是通过新媒体平台进行网络直播带货,"55年只做一桶漆"的广告语阅读量累计达到4 000多万人次,永新集团的品牌形象和影响力不断快速提升,永新集团利用"6·18"开启工业品直播带货新模式,首战告捷,4小时实现线上涂料产品销售2 047万元。

(三)员工积极性显著提高

经过不断深化"三项制度"改革,永新集团进一步深化人事改革力度,从量变自然过渡到质变,通过改进干部及员工选聘方式及考核任用方式,形成了以能力为核心、以业绩为导向的用人机制,让想干事的人脱颖而出，让有能力、有担当的人得到回报，使员工的思想观念从根本上得到转变，形成人人有压力、有责任意识、有竞争向上意识的氛围，激发老企业活力，最大限度地发挥员工潜力。

（四）经营效益创新高

2019年年底，永新集团实体业务收入同比增长8.2%，剔除不可比因素，实现减亏16.1%，劳动生产总值增长21%，人均劳动生产率增长23%。截至2020年6月末，永新集团主要生产经营指标实现时间过半任务过半，其中3—6月工业总产值同比增长49%。永新涂料公司先后被国家和甘肃省纳入新冠肺炎疫情防控重点保障企业名单，"永新"涂料被评为全国涂料行业三大领域20强品牌，入选甘肃省工信厅发布的首批绿色工厂企业名单，永新集团荣获甘肃省企业推动高质量发展贡献奖。此外，永新集团积极引进"战投"，与战略合作意向方北新建材就合作事宜进行接洽，进行深度合作方案讨论，力争做强做大涂料业务，打造西北涂料业航母，推动涂料业高质量发展；接洽和引进"双百基金""兰白基金""甘肃省绿色生态产业发展政府引导基金"等参与年产10万吨高性能环保涂料、化工企业出城入园搬迁项目建设；与民营企业合作投资建设年产3万吨醇基燃料项目，服务城郊能源供给，以"高效、节能、环保"的优势替代传统能源，2020年上半年已投产。

57

借力"双百行动" 打造国企改革先锋

西宁国家低碳产业基金投资管理有限公司

一、基本情况

西宁国家低碳产业基金投资管理有限公司(以下简称"西宁低碳公司")是经青海省人民政府批准,于2010年10月设立的一家私募股权投资基金管理公司,注册资本为6亿元;经营范围包括在国家法律法规允许的范围内发起和管理产业基金,对低碳经济和优势产业、金融业进行投资,开展投资管理、股权投资业务,提供与前述业务相关的投资咨询服务(证券投资咨询业务除外),受托管理和经营股权资产。借助政策性刺激红利,公司采取扩张型投资方式,实现了快速发展。自2015年重组以来,公司回归私募基金投资主业,管理私募基金16支,投资领域涉及旅游、化工等11个行业,管理基金实缴规模94.06亿元。

近年来,受宏观经济形势、市场波动及金融行业政策等因素影响,资金沉淀在项目中退出难度较大,部分项目风险凸显,公司收入和利润逐年下降,企业经营风险日益增大。同时,公司治理结构不够完善、股权结构不尽合理、干部职工"等靠要"思想严重等弊病不断显现,企业发展压力和挑战越来越大。借2018年8月纳入"双百行动"试点范围之机,西宁低碳公司秉承做强做优做大的改革信念,围绕"五突破、一加强"目标,始终坚持在管理理念和管理模式上创新，不断完善法人治理结构，将"双百企业"改革"政策包""工具箱"与企业改革需求精准对接，推动综合性改革取得积极进展，体制机制逐步健全、干部职工精神面貌焕然一新的良好发展态势。

二、主要做法

按照国务院国资委的总体部署，西宁低碳公司认真学习领会国企改革"1+N"系列文件和"双百行动"工作方案精神，在青海省国资委的领导下，结合企业自身实际，梳理13个改革子项并形成问题清单，研究制定完善"双百行动"综合改革实施方案，明确4大改革目标，落实9大改革措施，严格责任分工，制订工作计划，加快推进企业改革创新，在健全法人治理结构、完善市场化经营机制、健全激励约束机制以及全面加强党的领导和党的建设等方面迈出了实质性步伐。

（一）完善法人治理结构，夯实改革发展基础

西宁低碳公司围绕公司改革发展新目标、新架构、新模式，按照资金来源、不同投资对象，分级授权董事会、投资决策委员会投资权限，不断加强法人治理结构相关制度建设，持续推进党组织、股东大会、董事会、监事会、经理层等机构建设。建立"三重一大"决策制度和完善股东会议事规则、董事会议事规则、监事会议事规则、总经理办公会议事规则等制度，理清"三会一层"权责关系，为深化"双百行动"综合改革夯实发展基础。

（二）推进用人制度改革，凝聚改革发展合力

西宁低碳公司按照"双百行动"的"五突破、一加强"改革要求，结合公司亟须改革完善的重点。一是将职业经理人市场化选聘作为改革的切入点，不断完善相关配套制度，有序推进公司职业经理人制度建设，构建

公开招聘、内部选聘以及现有职工转聘等多种聘用渠道。现已完成了管理办法、建立了考核细则，明确了职责权限，确定了任务目标，2020年6月，公司以市场化方式面向全国选聘总经理1名和2名副总经理，7月底正式到岗履职。二是目前在新"三定"方案的基础上，公司启动内部公开竞聘上岗，突破论资排辈用人屏障。以述职形式参与岗位评价和履职考评，按照工作要求参与管理岗位竞聘，合格者跟公司重新签订劳动用工合同、岗位目标责任书以及颁发聘任书，实施任期制管理，2020年6月，完成了第一批岗位竞聘方案和内部职工动议工作，7月完成第一批内部岗位竞聘。三是结合新"三定"方案对员工"人岗匹配"进行重新评价，同时新聘任的中层干部挑选员工组建部门团队，如人岗不匹配和无人挑选的员工，进入3个月待岗培训程序，培训后若无适合岗位则与公司解除劳动用工合同。通过树立"庸者下、能者上"的用人导向，解决"管理人员能上不能下、员工能进不能出"的问题，将工作能力强、干事有激情、敢担当、善作为的员工选拔到重要和关键岗位，营造真干事、能干事的工作氛围。

（三）优化绩效考评体系，激发企业内生动力

西宁低碳公司按照控股股东薪酬改革要求和基金行业实际，通过建立科学的市场化分配机制，打破"多养人"和"养懒人"问题。一是建立绩效考核体系，对募资、收入以及利润等具体"硬"指标进行量化，按照年度经营任务目标分解到相关部门，对后台服务部门细化管理服务指标，明确每一项工作完成时限并纳入绩效考核。2019年，公司2名部门负责人因目标任务未完成按相应比例扣减绩效工资。二是围绕业务形式将公司分为业务部门和业务支持部门，建立差别化的薪酬体系，薪酬向业务部门倾斜15%，鼓励支持部门充实业务部业务骨干，一定程度解决了管理人员冗余和业务人员不足的问题。三是规范绩效考核，个人年度薪酬分为基本薪酬

+绩效工资,绩效工资根据考核年终集中兑现。对各部门的考核从工作量、难度系数以及重要性等方面进行分类评价,考核组对中层干部以及员工分别纵向横向进行评价考核,按照不同层级不同比例形成差别系数兑现年度绩效工资。同时考核体系从年终考核为主向定期考核、阶段考核并重转变,有效落实责任主体,推进各项工作有序开展。

(四)强化国企党建引领,推动融合联动发展

西宁低碳公司注重发挥党建引领作用,着力把党的全面领导贯穿于公司改革发展、生产经营、创新管理的方方面面,全面推动党建与业务融合发展,党建优势更好转化为企业治理效能。一是坚持不懈加强党的领导,推动公司党支部在改革发展中把方向、管大局、保落实。完成公司章程修订工作,2018年11月,西宁低碳公司党组织调整为党支部委员会,通过修改公司章程,企业党组织地位、功能、作用、保障等以企业立法的形式予以明确和规范。二是完善"双向进入、交叉任职"的领导体制,公司中符合条件的支委成员通过法定程序分别进入董事会和经理层担任行政职务,董事会、经理层中符合条件的党员依照有关规定和程序选入支委会担任党内职务。坚持支委会研究讨论作为董事会、经理层决策重大问题的前置程序。自启动"双百行动"改革以来,西宁低碳公司累计召开支委会46次,研究审议了有关制度32个,内部人事调整9人,机构设置调整3项、增设部门1个,投资决策23个,其他重大事项9项。

三、改革成效

一是企业呈现稳中向好发展态势。2018年之前,在政策红利的刺激下,公司募资规模和利润增长实现了快速发展,但随着国家供给侧结构性改革的持续深入推进,所投部分项目陆续出现"暴雷",企业生产经营面临较大压力。近年来,西宁低碳公司将"保生存、化风险、强改革"作为

公司工作总基调,以"双百行动"综合改革为契机,化解项目风险随着各项改革举措纵深推进,不断强化内生动力和力促提质增效,企业经营呈现稳中向好发展态势。截至 2020 年 6 月 30 日,西宁低碳公司实现收入 3 197 万元、投资收益 1 684 万元、利润总额 1 941 万元,净资产收益率 4.2%,国有资产保值增值率达 104.3%。

二是新增业务实现"零"突破。受宏观经济形势、资管新规以及疫情的影响,整体私募股权行业艰难发展,募资困难尤为突出,行业竞争日益加剧。自 2018 年以来,募资未取得实质性进展,自推动"双百行动"改革举措以来,西宁低碳公司完成绿色共盈壹号基金、绿色担保基金以及睿鑫基金的设立,总规模 11.85 亿元,实缴规模 1.05 亿元。新增业务实现"零"突破,投资方式转型取得新进展。

三是改革发展注入新动能。西宁低碳公司通过建立绩效考核制度,让全员深刻认识绩效改革的重要性,强化了市场化发展的意识,全员危机感持续增强,为下一步在公司内部建立"职务能上能下、人员能进能出、收入能增能减"的机制,营造了良好的氛围。通过绩效考核体系的建立,对发挥全员积极性、主动性、创造性起到了促进作用。

四是示范引领取得新成效。西宁低碳公司充分发挥"双百企业"改革合力和"先锋队""模范生"的引领示范带动作用,省属国有企业学习对标"双百企业"改革经验和改革举措,主动加大本企业内部改革力度,进而形成以点带面、星火燎原之势,推动国有企业改革向纵深推进,打造了一批治理结构科学完善、经营机制灵活高效、党的领导坚强有力、创新能力和市场竞争力显著提升的国企改革尖兵。

58

聚焦价值创造 "压减处僵"促强企

宁夏建设投资集团有限公司

一、基本情况

宁夏建设投资集团有限公司(以下简称"宁夏建投")是宁夏回族自治区党委政府于2016年11月,在宁夏建工集团的基础上整合重组的自治区属国有大型骨干企业。传统建筑业历史遗留问题多,债务重、包袱大,权属企业"小、散、弱"是严重制约宁夏建投改革发展的瓶颈与短板。集团权属25家企业之间发展不平衡、管理层级多、链条长、效率低,通过对标国内优秀同行,差距更是显而易见。

2018年入选国企改革"双百行动"企业名单以来,宁夏建投结合企业实际,紧紧围绕"五突破、一加强",坚持市场化方向,制定改革方案和工作台账,扎实推进各项改革任务向纵深开展,改革取得较好成效。尤其在推进"压减处僵",组织机构调整、"三供一业"分离移交等方面,宁夏建投上下齐心,以壮士断腕的决心开展改革行动,为企业长远发展打下坚实基础。

二、主要做法

(一)加强组织领导,强化高位推动

一是切实发挥党委领导核心作用,加强领导工作机制建设,坚持把党

组织的保障引领作用贯穿于"压减处僵"工作全过程。宁夏建设由集团党委副书记总经理牵头主抓,成立改革领导组织,明确各部门、各单位责任,细化工作分工,强调过程控制,形成"谁主管、谁负责"的责任体系。集团党委多次研究改革工作并听取改革工作汇报,采取行之有效的措施,推动改革向纵深推进。二是统一思想认识,坚持在解放思想、改变作风上下功夫。宁夏建投通过集中学习、召开座谈会、深入一线调研等活动,进一步解放领导班子思想,在干部职工中宣传贯彻改革理念和工作作风,把思想和行动统一到集团公司各项改革任务部署上来。三是制定工作方案。宁夏建投明确处置"僵尸企业"和"压减"工作是落实企业深化改革的重要任务,充分考虑自身经营发展等实际情况,研究确定具体目标与方案。根据集团发展战略要求,加强市场调研,进一步开展"僵尸企业"及低效无效子分公司的摸底调查,理清所属企业的数目、产权关系、资产状况、经营状况、人员状况等,做到摸清家底、掌握情况、明确难点、有的放矢。四是明确重点,协同推进。宁夏建投对于市场萎缩、经营不善、连年亏损、效能难以改善的子(分)公司,坚决纳入清理范围,将处置"僵尸企业"和"压减"工作与企业结构调整、转型发展等其他改革工作协同推进;研究制定了《宁夏建设投资集团"压减处僵"工作安排》,明确了权属企业开展"僵尸企业"处置、"压减"工作重点。五是注重阶段目标,强化考核。宁夏建投将"压减处僵"工作列入企业年度经营业绩考核中,科学设定指标体系、分值权重,实施动态监控,将考核结果与薪酬、干部选拔相挂钩,健全长效机制确,确保压减效果不反弹。

(二)因企分类施策,提升资源利用效能

一是合并同质同类企业,优化业务布局。被列入"双百企业"名单后,公司更广范围、更深层次、更大力度地实施内部资源整合。围绕"三供一业"分离移交任务,宁夏建投以建投城运公司为主体,对广和供热、银瑞物业等子公司进行吸收合并，对接收的资产进行整合优化，解决遗留问题，实现了管理体系快速有机融合，确保了整合过程中干部职工队伍的和谐稳定和企业改革的顺利进行；推动完成2家房地产公司，2家劳务服务企业整合，完成中阿万方投资管理有限公司等3家企业的归口管理等工作，进一步厘清了权属关系；结合业务板块设置，将集团2家设计公司进行重组整合，成立宁夏建投设计研究总院，统揽集团设计业务布局，开拓区内外市场，重组后实现了经营业绩"1+1>2"的规模效益；通过积极稳妥地推进权属企业整合合并，优化资源配置，有效发挥了资源整合的规模效应和集约效应。二是对建筑板块中效益低、债务多、经营困难的企业，通过关停并转等措施逐步开展清理，减少监管成本和管理成本，解决困难企业、"僵尸企业"及同质化经营等问题。宁夏建投通过注销方式，清理低效无效子（分）公司83家，完成2家四级子公司清理工作，确保集团法人管理层级严格控制在三级以内；推动"僵尸企业"处置，清理完成2家，剩余1家企业正按照法定程序实施破产。三是进一步精简机构，建立适应业务发展的组织架构。宁夏建投将集团总部定位为战略规划中心、投资决策中心、资源调控配置中心、创新研发中心、文化建设中心，根据定位合理调整组织架构和部门职能，推动集团组织管理职能的转变，提高总体管控能力；以精干高效为目的，对总部管理人员适时调整，机构适当压缩，2019年共进行了12批次的中层干部任职调整，其中选拔聘任9人，交流35人，免职解聘10人，机关撤并2个部门，总部功能发挥到位。宁夏建投超额完成了"压减"工作计划，得到了宁夏自治区国资委的肯定，真正实现"归并集中、理顺体制、统筹兼顾、做优做大"的公司管理体系。四是聚焦难点重点，强化合力攻坚，完成"三供一业"分离移交。集团领导班子提高认识，统一思想，抓住机遇，在摸清家底的前提下，按照"先易后难，分步实施"的工作方案，积极推进"三供一业"分离移交。宁夏建投职工家属区"三供一业"面积约53万平方米,共计16个小区,涉及住户6 640户,2019年年底前已全面完成业务移交任务。

(三)推动结构调整,战略合作促转型

宁夏建投根据集团整体发展战略及各级企业发展方向,坚持以建筑工程为核心业务,以建设投融资为引擎,以房地产、环保为利润增长点,以建筑产业与科研板块为战略支持,积极推进战略合作,促进企业转型发展;加强利用科研、设计、金融、担保、交通、水利、环保等领域外部资源,集团与山东省路桥集团、上海同济科技实业股份有限公司、中国十七冶集团、中交第三公路工程局、中国水电四局等多家企业进行战略合作,落实合作项目;先后组建了宁夏数据科技股份有限公司、山东高速宁夏产业发展有限公司、宁夏华电供热有限公司、宁夏建投基金管理有限公司等多家股权多元化及混合所有制企业;借助国资股东在方向把控、规范经营等方面的优势以及民营股东在技术资金、市场渠道等方面的积淀,以期实现企业更长足的发展,实现国有资产保值增值。

三、改革成效

(一)推进改革、思想认识高度统一

宁夏建投既是改革的产物,又在改革中不断成长。经过几次改革重组,矢志改革的思想已植根于企业,广大干部职工深刻认识到,在建筑业这个完全竞争的行业,必须坚定不移把持续推进"瘦身健体"、提质增效作为着力点,去劣存优、盘活存量、优化增量,才能推动宁夏建投脱困改革取得实效。集团上下思想认识高度统一,发展意识大为增强,实干精神得到彰显,干部职工精气神发生巨大变化。

(二)聚焦主业、实现效益持续提升

2017—2019年,宁夏建投累计清理子(分)公司83家,管理层级严控三级以内。通过实施"压减处僵""瘦身健体",开展战略合作等一系列深化改革工作,集团各级企业效能意识不断增强,经营质量正在改善,特别是行业市场潜力较大、体制机制运行不畅的权属企业,通过引入战略投资者,实现了股权多元化,取长补短、强强联合,业务快速发展。集团公司层面,管理层级更加高效、责任更加明确、业务结构更加优化,累积多年的经营风险逐步化解,历史包袱大大减轻。面对国内基建投资增速明显回落,市场竞争白热化的外部环境,宁夏建投营业收入由2017年的66.57亿元增至2019年的73.98亿元,增长11%;净利润由2017年的1 689万元增至2019年的2 387万元,增长41%,在规模效益、经营活力等方面都取得了明显的进步,可持续发展能力有了很大提升。

59

以职业经理人改革为突破口
完善市场化经营机制

西部黄金股份有限公司

一、基本情况

西部黄金股份有限公司（以下简称"西部黄金"），注册资本为6.36亿元。公司主营黄金开采及销售、珠宝加工与销售、环保提金剂生产与销售等业务，是中国西部最大的现代化黄金采、选、冶企业。公司下辖克拉玛依哈图金矿、伊犁公司和哈密金矿等实体黄金生产矿山，以及新疆唯一一家具有上海黄金交易所认证的黄金精炼企业——乌鲁木齐天山星贵金属冶炼有限公司，具有完整的产业链优势。

近年来，随着矿山开采深度不断增加，矿石品位不断下降，致使生产成本不断上涨，盈利能力不断减弱，加之矿山企业地处戈壁深山，条件艰苦，人才流失严重，加上西部黄金激励机制不健全等因素，企业生存的压力不断加大，唯有改革才能破解这一发展困境。2018年，西部黄金入选"双百行动"企业名单，"双百行动"为西部黄金深化改革，先行先试，激发发展活力和动力提供了千载难逢的机遇。

二、主要做法

西部黄金围绕"五突破、一加强"的改革任务，立足实际，确定了以契约经理人和职业经理人改革为突破口，全面推行绩效考核管理，积极搭建3条职业发展通道的工作思路。通过精准施策、扎实推进、狠抓落实，员工活力有效激发，各项工作均有较大改观，改革成效逐渐显现。

（一）推行经理层契约化和职业化两种选聘管理模式

一是灵活选聘机制。鉴于西部黄金业务特点及业内人才市场发育不成熟等实际情况，在推行经理层市场化管理上，公司采取了契约经理人和职业经理人两种管理模式，契约经理人是通过将现有人员身份转换，取消行政级别，实行契约化管理，与公司签订聘任合同和绩效合约。对一些市场化程度高的空缺岗位，则面向社会，进行公开选聘，按照职业化契约管理，与公司签订劳动合同、聘任合同和绩效合约。明确契约经理人和职业经理人权责边界，约定年度、任期考核指标及薪酬待遇。

二是采用定量考核和定性评价相结合模式，建立了业绩考核、党建考核、综合考评"三位一体"的考核体系。西部黄金业绩考核以董事会下达的年度生产经营目标和所分管业务为依据，按照关键指标和专项指标进行考核，采用年度考核、任期考核；党建考核以年度党建工作要点为依据，签订党建目标责任书；综合考评以"价值观与职业化素养评价"进行综合分析评价，实现考核周期化、具体化。

三是建立了经理人差异化的薪酬分配体系。契约经理人的薪酬水平按照企业内部薪酬标准而确定；职业经理人的薪酬水平参考市场水平，通过双方协商确定；西部黄金优化了薪酬结构，加大了考核力度，经理人薪酬由年度基本薪酬、年度绩效薪酬和任期延付风险薪酬3部分组成，年度基本薪酬占40%，年度绩效薪酬占比60%，任期延付风险薪酬任期届满后各项考核指标完成才予以分段兑现，防止短期行为。

四是明确退出机制。西部黄金依据契约经理人和职业经理人聘任合同约定和经营业绩考核结果，明确年度绩效考核两年不合格、任期考核不合格等解聘条件；解聘经理人行政职务的同时免去其担任的党内职务；职业化经理人退出后进入人才市场；契约经理人退出后通过员工职业发展"三通道"或组织推荐的方式实现身份再转换和再就业。

（二）全员绩效改革，强化激励约束机制

西部黄金以其全资子公司哈图金矿推行全员绩效考核为试点，在全公司范围内推行全员绩效考核。

一是打通全员绩效考核"最后一公里"。西部黄金贯通了从高管到经理、部门、车间、班组，最后到个人的全员绩效考核体系，切实将绩效考核进行到底。

二是建立管理人员、技术人员、员工不同类别的绩效考核办法。西部黄金管理人员的收入与企业的效益挂钩；技术人员的收入与技术成果挂钩；员工的收入与岗位工作挂钩。

三是加大考核力度，提高绩效工资在员工收入中的占比，从原来的20%提升到50%。西部黄金拉开各岗位之间的绩效差距，从原来的人均月绩效不到100元的级差，拉开到新办法中的人均500元的级差。

四是建立绩效考核反馈机制。西部黄金每月将考核结果进行面对面的反馈，指出存在的问题，提出改进方向和措施，并将整改工作纳入下个月工作任务进行考核。

（三）搭建3支队伍职业发展平台，拓宽人才成长空间

一是设立经理人、专业管理、技能操作的职业发展"三通道"。经理人设立部门副经理到总经理共6个职业发展层级；专业管理设立从专员到首席师共5个职业发展层级；技能操作设立从高级工到首席技师4个职业发展层级；建立健全员工职业发展通道，拓宽人才成长空间。

二是实施骨干人才选拔竞聘。西部黄金明确任期、评聘、解聘条件，遵照"资格约束、量化评审、注重实绩、比例控制、动态调整、能上能

下"原则，依据申报资格、任职条件进行量化评审。量化评审中以"能力与业绩"和"价值观与品德"2个维度进行综合评审。

三是建立由经理人、专业管理、技能操作职业发展"三通道"的横向转换机制，明确转化依据和转化条件，实现领导职务和非领导职务通过"三通道"相互转化。

四是建立了与职业发展通道相匹配的"三纵五横"薪酬架构。西部黄金按照管理能力、技术水平、工作业绩综合考评，设立"三纵五横"的薪酬架构。同一岗位设定3个晋升职级，同一职级设定五档薪酬，形成同一岗位、同一职级薪酬的差异化，实行按照考评等级确定员工薪酬，打破原有岗位同职同薪现象。

（四）建立一体化的党群干部管理体系

以党建促生产，以生产促发展，党群干部管理工作紧密围绕生产经营开展，在对党群干部的绩效考核、薪酬分配、任免条件上与经理人实行一体化，杜绝了党群干部脱离中心工作，为党建而党建。

一是考核指标聚焦生产经营指标。西部黄金把生产经营指标完成的情况作为衡量党建工作成效的重要指标，关键指标与生产经营管理人员一致，专项指标制定了党建绩效考核细则。

二是薪酬分配、考核方式与经理人一致，考核主体不同。党群干部考核采用上级党委、上级纪委+公司党委、公司党委+基层公司纪委的多种组合的考核主体。

三是将考核结果运用到党群干部退出机制。西部黄金依据经营业绩和综合考评结果，在年度绩效考核不合格，任期考核不合格等情形下，开展提醒、约谈、建议免职程序，如有行政职务一并免去。

三、改革成效

"双百行动"改革以来,西部黄金建立了有效的激励约束机制,激发干部职工干事热情,通过深化"三项制度"改革,着力破解改革难题,强化企业内部和外部竞争,真正实现了"干部能上能下、人员能进能出、薪酬能升能降",人才效应充分显现,有力助推了企业的发展。

一是完成股份公司及子公司两级经理人身份转换。西部黄金内部转换契约化经理人30人,签订聘任合同、绩效合约;市场招聘职业化经理人2人,签订劳动合同、聘任合同和绩效合约;党群负责人签订党建目标责任书。

市场化选聘的营销部经理,2019年实现了黄金平均综合销售单价比上海黄金交易所高出2元/克。天山星公司市场选聘冶炼总工程师,对精炼工艺进行技术改造,冶炼回收率在原有基础上提升0.1个百分点,多回收黄金27千克。

二是通过实施全员绩效考核,充分激发了多劳多得分配机制的激励作用,既鼓舞了先进员工再接再厉,也鞭策了后进员工改进工作。员工干事创业的良好风气蔚然成风,西部黄金2019年产量较2018年提高了14.36%,利润总额提高了175%,安全环保事故得到有效控制,并获得新疆有色集团安全环保优秀单位荣誉。

三是各级干部思想观念发生转变,管理水平全面提高。现有干部的身份转换和市场化选聘的技术、管理人才,为西部黄金创造效益的同时带动了企业管理模式及员工思想观念的转变,管理优势和技能水平逐渐凸显,干部、职工干事创业的积极性明显提升,竞争优势初步形成。疫情期间各级干部坚守岗位,"一手抓防疫工作,一手抓安全生产",各子公司顺利完成2020年第一季度生产任务。

四是职业发展"三通道"的建设。西部黄金为专业技术人员及技能操作人员建立了良好的晋升通道,激发了专业技术人员及技能操作人员干事创业的积极性,让他们努力投身科技创新的工作中,科技创新方面屡获殊荣。2019年公司获得国家专利1项;获得新疆有色集团级科技贡献奖1等奖1项,2等奖1项,3等奖1项;获得新疆有色集团级就矿找矿先进集体3等奖2项。

60

聚焦市场化经营机制改革
发展动能不断增强

新疆冠农果茸股份有限公司

一、基本情况

新疆冠农果茸股份有限公司（以下简称"冠农股份"）成立于1999年12月30日，2003年6月9日在上海证券交易所上市，是新疆生产建设兵团第二师铁门关市唯一一家上市公司，目前已发展成为集棉花、番茄、制糖等农产品深加工、销售、供应链服务及国投罗钾、国电开都河水电等对外投资于一体，以"绿色实业"为主，"一二三产业"融合发展的集团公司，形成"主业+投资+供应链服务"一主多翼，产业多元发展、经济多轮驱动的格局。

在"双百行动"改革实践中，冠农股份党委认真贯彻落实国企改革"1+N"文件精神及党委决策部署，围绕"五突破、一加强"目标任务，聚焦不断增强主业发展新动能，以供给侧结构性改革为主线，专门聘请国务院国资委智库专家和企业管理咨询外部专业力量，刀刃向内、自我革命，高质量层层推进国企改革。

二、主要做法

(一) 以有效制衡理念优化管理机制,向现代化管理要质量

冠农股份以实际控制人和控股股东授权清单为基础,进一步厘清明确了"三会一层"权责关系。一是进一步优化了企业法人治理结构。公司设立了外部董事占多数的董事会,独立董事人数由3名增至5名,占董事会半数以上;下设5个董事会专门委员会,监事会增设了国资监管机构监事,董事会组成结构得到综合性优化升级,增强了董事会决策能力,监事会监督作用得以有效发挥。二是进一步优化议事决策机制。公司严格落实党委会研究讨论前置程序,构建了分类分层决策、有充足决策支撑的股东大会、董事会、经理层议事决策体系。三是进一步优化了现代企业制度体系。本着高效管理目的,公司在制度、流程优化与再造中科学设定制衡控制节点,建立健全适合和高质量筑实企业经营管理基础的现代企业制度体系。四是以供给侧结构性改革为导向,全面推行"制衡"管理。公司实施采购、生产、销售、财务等集中统一管理,构成了产业关联穿插、术业专攻的统一新格局,3大产业主导产品成本大幅下降,销售业绩明显提升。五是进一步优化了企业风险控制体系。围绕现代企业制度建设,公司修订完善内控流程制度126项,构建起监事会、内审、纪检、财务"四位一体"的协同监督体系,将事后审计升级为过程审计,加强事中风险防控,各负其责、相互"质检",多维度提高风险控制质量。

冠农股份通过1年多的改革发展,董事会在对企业整体战略布局和规划、建立职业经理人"上"与"下"的通道机制、建立员工"进"与"出"的激励机制、优化产业结构等方面,由"参与"变为"主导",决策职能得到充分释放。同时,通过规范党组织及股东大会、董事会、监事会、经理层的议事程序、规则,确保了企业决策、执行、监督机能得到积

极发挥，以监促管、以管促能，由"被动执行"转变为"主动作为"，为企业高质量稳健发展奠定了坚实基础。

（二）以"三项制度"改革激发内生动力，向现代化管理要效益

"三项制度"改革是国企改革的最大难点、最大痛点，也是释放企业活力的关键环节。冠农股份坚持刀刃向内，勇于自我革命，以"三项制度"改革为抓手，突出解决好"岗位能上难下、薪酬能升难降、员工能进难出"3大难题。

一是通过竞聘制和选聘制，选拔高素质人才。高中层管理者全部去行政化转为职业经理人，实施"任期制、契约化"管理，签约目标任务，不达标者解聘；推行"末位淘汰制"，年终考核评定结果不达标者依规淘汰，促使管理者自我加压上进；建立起管理、生产、职能、技术、研发、销售6大类员工职级晋升通道，激发员工职业斗志。员工工作积极性明显增强，"能者上、庸者下"的职业理念深入人心。

二是全面实行工资总额预算备案制，建立差异化薪酬体系。高级管理人员实行"基本薪酬＋绩效薪酬＋超额利润提成＋任期激励＋股权激励"的市场化对标薪酬体系，建立了以年度和3年任期目标为主考依据的任职能力评价机制；中层管理人员和子公司高级管理人员全面建立"高业绩、高收入"激励文化；成本中心制定考核控制指标，实施生产成本降、收入多的反比例激励；同时薪酬权重向技术、销售和生产一线倾斜，采取研发奖金制、销售提成制、生产计件制，同级不同薪，以能、以贡献、以劳定薪取酬；进一步优化了"薪酬带宽"，将薪酬考核范围由90%～110%调整为90%～130%。薪酬能升能降的结节迎刃而解。

三是集中管控人力资源开发，增强高新人才"输、造"机能。建立企业人力资源"横向到边、纵向至底"的管理机制，所有岗位均实施公开竞聘或市场化招聘，通过合理设定考核指标和聘任、晋升及解聘条件，建立

优胜劣汰的人才优化机制，打通了员工"能进能出"的通道。

通过"三项制度"改革，2019年年末，公司在职员工由806人压缩为655人，压缩了18.73%；总部部门由11个精简至7个，压缩了36.4%。面向社会市场化选聘了懂经营、善管理、有技术的高素质优秀人才23人，外聘专业技术和管理人才比例达到35.7%。全员劳动生产率同比提高45.91%；人事费用率同比下降43.09%；人工成本利润率同比提高186.07%。全员月均收入达6 299元，同比增长11.96%。企业内生动力得到强劲激发，员工获得感、幸福感、安全感和归属感得到明显增强。

（三）以高质量党建引领改革深入推进，向现代化管理要成果

在深入推进国企改革的进程中，冠农股份党委牢牢把握新时代国企党建总要求，依靠党建引领走出了一条党建与企业改革紧密融合、企业改革与党建工作相互促进的特色之路。

冠农股份在把党对企业的领导写入公司章程、清晰界定党组织和股东大会、董事会、监事会、经理层权责关系的基础上，严格落实党组织事先研究讨论前置程序；实行党委书记、董事长"一肩挑"，"双向进入、交叉任职"，党委班子成员中有2名兼任董事、1名兼任监事，以确保党的领导与现代企业制度有机结合；把党组织内嵌到治理结构中，为5个基层支部选配专职副书记，全面落实基层党建"四同步"要求，展现党组织的特色管理文化，化特色为优势，变优势为竞争力。

三、主要成效

改革为企业经营注入了动力，为企业发展带来了效益。2019年，冠农股份实现营业收入32.57亿元，同比增长49.76%；实现归属于上市公司股东的净利润1.7亿元，同比增长81.75%。冠农股份荣获全国农产品加工百强企业、国家功能食品工程技术研究中心"番茄综合精深加工关键技术研究及产业化基地"、棉花期货交割库等资质和荣誉;履行社会责任能力持续增强,疫情防控捐赠和国际援助款项及物资价值529.25万元,精准扶贫攻坚战累计投入260余万元,捐资助学35万元。

61

深化混合所有制改革　激发企业发展活力

宁波国际投资咨询有限公司

一、基本情况

宁波国际投资咨询有限公司（以下简称"国投咨询公司"或"公司"）成立于1993年，是一家综合性工程咨询公司，为政府宏观决策和经济社会发展提供多方位服务。公司自2016年开始积极尝试混合所有制改革，期间虽经历多次反复，但公司上下始终初心不改，终于在2020年4月完成"混改"阶段性攻坚任务。

国投咨询公司在充分竞争的市场环境下，面临产权和归属管理不清晰、法人治理结构不健全、服务链短板亟待补齐、中长期分配激励机制尚待建立、员工与企业没有真正形成利益共同体等诸多问题，亟须通过综合改革，输入新活力、培育新动能、发挥新优势，解决公司内外兼修的发展问题。

二、主要做法

（一）上下一心促改革

2018年3月，公司积极申报加入"双百行动"；2018年8月，被国务院深化国企改革领导小组列入"双百行动"企业名单。公司上下立刻统一共识，决定加快公司改革，并结合自身实际，提出了"深化改革促发展"的总体思路。在发展愿景上，通过构建"高端智库＋全过程咨询体系"，更好地为区域经济和社会发展提供服务；在改革思路上，按照"依法合规、透明规范、积极稳妥"的原则，通过股权转让，在引进战略投资者的同时开展员工持股；在发展定位上，明确国投咨询公司是按市场化运行的国有控股公司；在发展模式上，坚持"聚焦核心业务、补足发展短板、推进结构调整、理顺经营机制、加大管理创新、激发内生活力"的总体发展战略。

（二）稳妥有序夯基础

公司在总体改革思路的基础上，提出了 2 年改革总目标，并制定了 58 项任务举措。通过对这些任务逐一细化分解并确定实施路径和时间节点，明确责任主体和责任人，确保改革工作顺利推进。

第一步，做好前期调研，宣贯全覆盖。通过各部门、分公司、党支部、团支部、工会小组、项目组，全方位、多层次、多形式召开了专题座谈会、意见征求会、进度通报会、政策解读会、改革方案宣讲会等，实现了前期调研和改革宣贯在公司上下的全覆盖，从而积极引导公司全体员工支持和助力推进公司改革。

第二步，解决归属问题，产权寻突破。重点解决了公司产权和管理归属问题，厘清政府和企业的关系，完成公司由原属国家发展改革委系统划转到国资委系统管理，促进国有产权统一规范监管。2019 年 3 月 29 日，国投咨询公司股权全部由宁波市信息中心无偿划转至宁波开发投资集团有限公司。

第三步，改革决策机制，公开求规范。在宁波市国资委、宁波市发展和改革委和宁波开发投资集团有限公司的关心支持下，专门成立了公司综合改革工作领导小组，统筹确定公司改革的总体思路和核心原则。公司内部又专门设立由党委班子和各部门负责人组成的改革工作组，商议决定战投引入和员工持股的相关具体事务。同时，"混改"实施方案经改革工作领导小组审核把关，公司党委会、经营班子会和董事会层层审议，并经职工代表大会全票表决通过，及时公示持股员工名单，将股权管理办法提交全体持股员工表决通过，真正做到了公开、规范、透明。

（三）系统谋划启"混改"

在充分凝聚共识的基础上，2019年11月7日，宁波市国资委批准了公司"混改"实施方案。在宁波开发投资集团有限公司和宁波市产权交易中心的全力支持和配合下，实质性启动"混改"，其中涉及3大核心事项。

一是积极引入战略投资者。为补齐公司咨询服务链中建筑工程设计短板，构建"高端智库＋全过程咨询体系"，2019年12月18日，通过宁波市产权交易中心公开挂牌转让股权，招引非市属国有战略投资者。最终浙江华展工程研究设计院有限公司成为国投咨询公司的非公战略投资人，股权占比为19%。同时，通过无偿划转方式，将公司17%股权划转至宁波市轨道交通集团有限公司。

二是稳妥实施员工持股。根据"以岗定股"为主、"定性增补"为辅的原则，最终拟定持股员工为166人，占员工总数的28.77%。员工入股同样采取股权转让方式，转让价格与非公战略投资人实行"同股同价"。2020年3月，员工认缴出资额后，实际入股人数159人，总出资额4 671万元，股权占比为30%，员工个人最高持股比例为1%。

员工持股通过搭建持股平台来实现员工持股目的。具体采用员工新设有限合伙企业，参与国投咨询公司股权转让，并持有国投咨询公司股权的方式。2020年3月9日，由参与持股的员工作为合伙企业的有限合伙人，成立了和展、和厚、和温、和能4家有限合伙企业，员工通过4家合伙企业间接持有公司股权。同时为妥善解决今后员工持股流转过程中合伙人的频繁变更而导致国投咨询公司工商变更等问题，由上述4家合伙企业的LP代表人作为有限合伙人，组建宁波和纪企业管理咨询合伙企业（有限合伙），并由"和纪"出面作为国投咨询公司的股东，以确保员工持股平台在国投咨询公司的股权稳定。持股平台不从事除持股之外任何生产经营活动。

为规避普通合伙人和执行事务合伙人承担的无限连带责任，上述5家合伙企业的普通合伙人由公司5位高级管理人员成立的宁波和高企业管理咨询有限公司担任。

三是健全法人治理结构。针对"混改"后公司多元化股权的实际，国投咨询公司注重健全以公司章程为核心的制度体系，按照各治理主体"依法行权、依规履职、有效制衡"的原则，科学界定股东大会、党委会、董事会、监事会、经理层等不同治理主体在重大事项决策过程中的职责权限，减少模糊空间。2020年4月3日，公司分别召开了"混改"后第1次股东会会议、董事会会议、监事会会议，形成了权责清晰、分工明确的工作机制，进一步提升了公司运行管理效率。

（四）建章立制强党建

坚持把加强党的领导和完善公司治理统一起来，在公司章程中明确了党委在公司的地位、职能和履职路径。根据"混改"后公司实际，专门制定了党委会议事规则，把党委会研究讨论作为董事会、经理层决策重大问题的前置程序，全面落实了党组织在公司治理结构中的法定地位。同时，根据公司混合所有制改革的实际，公司党组织隶属关系由原发改委机关党委序列划转至公司注册地党委，实行属地化管理。

（五）不断深化保落实

根据国投咨询公司"双百行动"综合改革方案所明确的相关改革目标和任务，进一步深化改革已在路上。目前公司正在完善市场化经营机制方面寻求突破，重点在市场化选聘职业经理人和实行契约化管理，争取在 2020 年 10 月前落实到位。在做强做大企业方面，国投咨询公司将加快构建"高端智库＋全过程咨询体系"，在发挥原有优势的基础上，努力在新区域、新业态和新业务等方面找准突破口，建立新起点，迅速打开市场拓展面。在深化内部管理上，根据"混改"后的新体制，将进一步增强创新意识，理顺管理机制，优化服务模式，形成服务新格局。

三、改革成效

（一）形成了"混股权、增优势"的格局

国投咨询公司引入非公资本的战略投资者后，既为公司补足了原有的业务链短板，也引入了民企机制灵活的优势。目前公司在全过程工程咨询方面，已与战略投资者形成紧密对接格局，为公司核心业务外延拓展注入了新的活力。同时，以员工持股为突破口，为公司在新业态、新领域构建创新创业模式，打造内部"混合所有制"平台，推动公司裂变式发展方面奠定了坚实基础。

（二）激发了"改机制、降成本"的动力

"混改"后，国投咨询公司在经营管理上，包括日常费用开支、大宗物资（服务）采购、招投标、员工薪酬、用工政策，以及在制定实施符合职业经理人制度的薪酬分配和中长期激励制度等方面，实行市场化方式运作；在考核体制上，内外兼顾，既注重业绩增长，又强调降本减耗，向内部管理要效益，从而实现了管理理念从"管理者驱动"向"市场机制驱动"转变，对激发各部门和下属公司完善机制、降本增效提供了直接动力。

（三）深化了"共创、共享、共担"理念

国投咨询公司通过员工拿出"真金白银"来持股，既促成了利益共同

体的形成，也构建起"共创、共享、共担"理念。员工心态由"打工者"向"创业者"转变，做强做大企业的"共创"理念进一步深化，通过"共创"实现共同分享创业成果，并实现利益绑定和风险共担，主人翁意识明显增强。

四、经验启示

（一）坚定改革促发展的信心和决心不能动摇

国投咨询公司自2016年开始就积极尝试混合所有制改革，上下层面对"混改"方向性认识虽然一致，但由于对"混改"政策的理解、掌握和运用存在许多出入和偏差，导致期间经历了多次反复，并出现近2年的停滞状态。但公司上下始终初心不改，改革促发展的信心和决心始终没有动摇。

（二）规范透明走民主程序是改革成败的关键

混合所有制改革是一项涉及面广、政策性强、任务繁重的工作，为此，无论是在改革前期还是实质性改革和后期扫尾阶段，无论是"战投"引入还是员工持股，国投咨询公司自始至终坚持走公开规范透明的民主决策程序，遇到问题摆出来建言献策协商解决，碰到困难大家凝心聚力共同克服，出现阻力就通过多种途径予以化解，从而确保了改革的有序深入。

（三）员工持股既要用足政策又要考虑到长远

国投咨询公司在用足30%员工持股总量政策的基础上，坚持"以岗定股、动态调整"的原则，强调持股员工进退有序，建立健全了股权内部流转和退出机制，避免持股固化僵化。特别是在设置股份锁定机制和股份转让限制上，实现持股员工与公司发展的绑定，并设置了差异化股份退出机制，对不同离职情况设定了不同的股份退出价格，以加大离职的机会成本，增强绑定力度。同时，在3年锁定期满后，将根据公司总体战略、员工岗位变动情况、各部门绩效等因素,每年对员工股份进行动态调整,让新业务骨干和新进人才获得股权,从而充分提高员工凝聚力和战斗力,真正形成紧密的利益共同体。

通过改革,国投咨询公司2019年实现营业收入1.58亿元,同比增长6%;实现净利润1 145万元,同比增长12.36%。特别是2020年面对疫情的严峻形势,改革后的活力得到进一步体现,公司业绩在逆势中保持高速发展态势,2020年上半年公司累计签订合同1 352份,合同金额11 595.15万元,比2019年同期增长56.53%,其中6月份新签订合同286份,合同金额为1 929.55万元,同比增长93.43%。2020年上半年,公司累计实现营业收入9 391.84万元,同比增长10.4%,其中6月份公司实现营业收入2 453.25万元,比2019年同期增长133.8%;截至6月底实现利润总额2 237.94万元,同比增长22%。

62

聚焦改革攻坚 增强发展活力

厦门国际港务股份有限公司

一、基本情况

厦门国际港务股份有限公司（以下简称"国际港务"）是厦门港务控股集团旗下专门负责港口资产经营的综合平台，是目前中国东南地区最大的港口综合物流服务供应商和码头运营商。国际港务旗下拥有厦门港务发展股份有限公司（A股）、厦门集装箱码头集团有限公司等近50家港口企业，并拥有及经营厦门港33个泊位；主要业务包括集装箱、件杂货装卸业务及港口相关综合物流服务，业务范围覆盖整个港口相关业务价值链的各个主要环节。

2005年12月19日，国际港务在香港成功上市，成为在香港联交所主板上市的中国内地第一家纯港口码头概念的国有控股公司。截至2019年12月31日，国际港务资产总额为229.29亿元，净资产为124.39亿元，2019年营业收入为139.90亿元，实现利润总额9亿元。

国际港务根据"五突破、一加强"制定了"双百行动"工作计划和实施方案，并逐项细化工作台账，从多方面找准改革定位，进一步健全董监高管理体系，通过市场化选聘职业经理人、健全激励与约束机制，并在加强引入"战投"的资本运作等方面精准发力，通过市场化改革最终实现公司高质量发展。

二、主要做法

（一）以加强党的领导和党的建设为坚强保证

一是加强党建体系建设。为加强党委班子建设，国际港务配备了党委专职副书记。重新梳理"三重一大"决策制度，落实领导班子"一岗双责"，践行两个"一以贯之"，落实党委会议事规则，把加强党的领导融入公司治理各个环节，有效发挥"把方向、管大局、保落实"的领导作用。围绕"双百行动"工作要求，结合公司实际，提出党建"六定"重点工作内容。二是推进"一企一品"党建品牌建设，挖掘企业工作亮点，凸显党建品牌特色。发挥党政工团组织优势，在企业和员工之间搭建和谐相处平台，提高企业凝聚力与向心力。

（二）以健全激励约束机制为动力源泉

国际港务经营层薪酬激励与考核改革遵循"薪酬与贡献一致、企业分层分类管理、市场化与价值创造导向、短期激励和长期激励相结合"的指导原则进行改革工作，针对企业经营管理层薪酬方面存在薪酬行政化、一刀切、滞后性、缺乏激励性等问题，建立基本年薪宽带，基本年薪的晋升与个人业绩考核结果挂钩，使之体现了经营者价值，有利于经营者在集团成员企业间流动；在此基础上将企业分为资源类、市场类、服务类和开拓类，按企业类别分别制定绩效年薪、超额利润奖励考核办法，并且根据各企业的经营特点分别选取不同的绩效考核指标，使绩效考核贴近各企业经营实际，最大限度的激发经营者的积极性和创造性，已制定完成了《国际港务经营管理层绩效考核和薪酬管理制度》。

（三）以完善国际港务市场化经营机制为重要抓手

一是积极探索建立职业经理人选聘管理制度。为推进市场化改革与职业化经营管理人才队伍建设，明确了"选聘市场化、管理契约化、考核个性化、退出制度化""激励与约束、引进与退出"并存的职业经理人管理模式，以激发企业活力，提升企业竞争力。采取先试点后推广的模式，对两家成员企业的负责人进行了职业经理人和契约化管理的试点，利用市场化的手段，实行契约化管理、激励与约束并重的管理模式，充分调动了经营者干事创业的积极性。试点单位积极推动业务员队伍的考核管理模式调整，积极拓展新业务，增强客户关系管理，公司业务和薪酬绩效均得到大幅提升，并在此基础上逐步优化选聘机制，进一步加大推行范围。

二是探索通过建立财务共享服务管理模式，构建信息化管理平台，实现业务与财务融合。以此为契机不断完善财务管理体系，推动财务管理模式的变革和创新。国际港务财务共享建设遵循"整体规划、分步实施、优化提升"的指导思想，从集团层面进行蓝图规划设计，明确实施方向，通过"试点先行、总结推广、全面覆盖"的分步实施策略，逐步积累建设经验，稳步推进，不断优化，提升财务管理水平和企业市场化竞争水平。目前已在成员企业港务发展旗下31家企业上线，实现费用自助报销、财务核算、线上审批等功能，建立票据电子档案和影像系统，有效提升报账效率；完成共享系统与OA（办公自动化）、商旅、财务、人事等现有系统对接。

三是加快主业资源整合，构思散杂货码头投资运行平台及物流投资运营平台建设方案。为进一步充分发挥公司的资源优势，提高资源利用效率，提升核心竞争力，国际港务积极推进散杂货资源和物流资源整合工作。散杂货码头资源已在业务资源、安全环保工作、仓库人员共享等方面展开整合协同，并通过股权资源整合进一步提升管理协同效率，强化管理核心，提升整体收益。物流资源整合工作持续关注板块间的优势互补与协同发展，积极推动贸易物流一体化、港贸结合发展，在港务发展按照物流事业部制的方式推进整合,平台协同效应得到较好发挥。

四是推进智慧绿色港口建设,完善智慧绿色港口建设战略方案。启动厦门港新一代绿色生态港口建设,贯彻《绿色发展规划》,推进建设清洁低碳的港口用能体系以及智慧化的港口生产服务体系,推动港产城深度融合发展建设,推进港口高质量发展;持续推进集装箱业务管理平台、智慧物流平台项目开发,推进桥吊远程操控、智能装卸、智能理货等智能化项目建设;加强节能管理,推进节能技改,推广船舶岸电,实施设备全电动化策略,推进绿色照明改造,推进新能源项目建设。

(四)以推进股权多元化和混合所有制改革为主要路径

国际港务与海南国投洋浦合资新设国投厦港海南拖轮公司,于2019年5月取得港口经营许可并投入运营;吉安港发100%股权增资厦门外代,吸引央企扩大在厦投资约4 800万元;转让厦门外理17%股权,吸引央企扩大在厦投资约3 600万元;启动了厦门外代报关行、上海海衡实业等公司的"混改"项目。实施"混改"的企业实现优化经营并产生较好的经济效益,下一步将积极探索在改制成为国有控股混合所有制的企业实施员工持股,以期进一步激发企业长期发展的内生动力。

三、改革成效

国际港务紧抓"双百行动"的契机,不断探索推进市场化改革,提升管理、加快创新,企业发展效益显著提升。

一是集装箱国际枢纽港地位初见成效。2019年,厦门港完成集装箱吞吐量1 112万标箱,继续保持全国第7位、全球第14位。内外贸航线共计152条,全年外贸航线净增长11条,在联合国贸发会议发布的2019年世界最佳连接港口排名中位居第11位,国际中转占全港外贸箱比例达11.5%。

二是营商环境和港口硬件设施更趋完善。厦门港精准高效提升港口竞争力,信用体系建设、营商环境水平位于全国前列,获"中国十大海运集装箱口岸营商环境评测"第 1 名。投资码头升级改造,具备同时靠泊 3 艘 20 万吨级集装箱船舶的靠泊能力。

三是港口服务标准和承诺机制不断提升。成员企业集装箱码头集团实施"服务强港"策略,推出"十大服务举措",2019 年船舶直靠率、靠离泊准班率、拖车提卸箱时间等指标稳健提升,获评"2019 年全国综合服务十佳集装箱码头"称号。

四是智慧港口、绿色港口建设全国领先。智慧港口建设成效显著,桥吊远程控制进入常态化、智能装卸平台、智能理货、智慧拖轮等项目相继投入运营,实现了码头工人"白领化",智能化码头改造稳步推进。"厦门集装箱智慧物流平台"荣获中国港口科技进步一等奖;"厦门港传统岸桥远程操控自动化升级"项目获中国港口协会科技进步一等奖。船舶岸电建设及推广工作成效突出,位于全国前列,公司荣获厦门市节能协会"2018 年度节能优秀节能管理企业"称号,旗下海润码头获得"2018 年亚太绿色港口"称号。2018 年,旗下自贸区港电公司注册成为电力直接交易用户,售电业务取得突破。

63

党建引领推改革　深化"混改"增活力

厦门象屿集团有限公司

一、基本情况

厦门象屿集团有限公司（以下简称"象屿集团"）成立于1995年11月28日，是厦门市国资委出资的国有独资公司。经过25年的发展，象屿集团已从成立之初的保税区开发运营企业，发展成为以自贸区建设发展、供应链、金融服务、城市开发运营等现代服务业和围绕供应链进行实业投资运营的现代化、国际化、综合性国有资本投资集团，其中供应链运营服务板块已实现上市，即厦门象屿股份有限公司。集团多年位居中国500强，并蝉联2019年《财富》世界500强，位列第338位，是惠誉国际评信BBB级（投资级）企业。

作为"双百行动"和国有资本投资公司试点企业，象屿集团按照"1+N"系列重要文件精神，坚持以问题为导向，大胆先行先试，在部分重要领域和关键环节的改革已取得阶段性突破，在国企改革前进路上取得了宝贵的经验。

二、主要做法

（一）坚持党的领导，扎实推进党建和经营的有效融合

象屿集团认真贯彻落实两个"一以贯之"，切实加强和改进党对国有

企业的领导,对改革发展工作起到了决定性作用。一是深入开展主题教育。紧紧围绕"守初心、担使命、找差距、抓落实"总体要求,将主题教育与管理提升紧密结合,深度聚焦"五句话"具体目标,全面落实"四个贯彻始终",采取"重点环节、同频共振""线上线下、突出特色""点面结合、狠抓质量"等一系列措施手段。二是持续打造特色党建品牌。持续深化"党委书记微课堂,每日早读 3 分钟""把握要义读原著,每周早读 1 小时"等党建品牌的同时,各级党组织打造特色党建品牌也逐步呈现新亮点。三是重视党建工作在"混改"企业的开展。截至 2019 年年底,集团混合所有制企业中已有 2/3 的企业建立党组织,特别是因以党建统领企业高质量发展取得实实在在成效,将党建工作纳入外资合资公司章程也获得外资合作伙伴的认可和支持。

(二)完成经营团队副职及以下人员职业经理人转化,建立市场化薪酬激励机制

象屿集团坚持党管干部原则与董事会依法选聘和管理经营者相结合。目前象屿集团经理层中除总经理(总裁)外,已全部实现市场化选聘,全面推行任期制和契约化管理;除党委书记、董事长、总经理(总裁)、专职党委副书记、纪委书记外,经理层团队及各级投资企业经营团队均建立市场化薪酬决定机制。象屿集团按照市场化原则建立了公开招聘、竞争上岗等制度,形成各类管理人员"能上能下"、员工"能进能出"的合理流动机制,有效激发干部职工干事创业热情,提升企业经营活力。近年来,通过社会公开招聘、内部竞争上岗等方式,补充了 3 名集团公司副总经理(副总裁),并由董事会按市场化方式聘任其为职业经理人,实行契约化管理,建立市场化薪酬激励与考核机制。

(三)坚持市场化机制,推动"混改"不断取得新成效

象屿集团坚持按照市场化机制,采取包括合资新设、增资扩股引入非国有资本、投资入股非国有企业、实行员工持股计划等多种方式推动持续深度发展混合所有制经济。截至 2019 年年底，各级投资企业中含有非国有资本的户数占比达 64.01%，少数股东权益占集团所有者权益 54.1%。其中：通过合资新设和并购方式，在东北构建起涵盖合作种植、粮食收购、加工仓储、运输分销、精深加工等环节的粮食全产业链体系，目前拥有超过 1 500 万吨的仓容，超过 250 万吨的玉米深加工能力，取得了良好的经济社会效益，并以 24.76 亿元的国有资本出资，通过合资合作、资本市场再融资等手段方式，撬动 172 亿元的社会资本，较好地发挥了国有资本的放大和带动作用，象屿集团深耕粮食产业链取得的成绩被黑龙江省委、省政府高度评价为"象屿模式""象屿速度"进行全省推广，多位中央领导人、国家粮食局、国家发改委等领导先后考察了黑龙江象屿粮食基地，并给予其高度评价和充分肯定。引入在铁路物流行业拥有全国众多铁路场站、专用线等核心资源布局以及专业服务能力的领先民营资本，抓住铁路市场化改革的有利契机，叠加集团供应链体系庞大的商品流量，形成完善的公铁水多式联运和仓储服务体系，强化供应链"四流合一"集约整合能力，已成为仅次于中国铁路总公司的铁路集装箱运输综合物流服务商。象屿集团控股的混合所有制企业黑龙江金象生化有限责任公司（非上市）于 2018 年 8 月成功实施首期员工持股计划，是厦门首例成功实施的国企员工持股计划，共有 106 人参与，合计引入非国有资本 1 亿元，目前推动二期员工持股计划。

三、改革成效

象屿集团既是国企改革的践行者，又是改革的受益者，象屿集团的发展历程，是扎根市场、改革创新的历程，是坚持党建引领，发挥党建在国有企业发展中的核心作用的结果。自 2015 年中共中央、国务院《关于深化国有企业改革的指导意见》及一系列配套文件印发以来，象屿集团积极落实文件精神、深化企业改革，先后入选国务院国资委"双百行动"试点企业名单及地方国有资本投资公司试点企业，持续深化综合改革成效逐步显现，2015—2019年，象屿集团总资产、营业收入、利润总额、社会贡献年均增长率分别为30%、44%、33%、44%，2019年《财富》世界500强排名较2018年提升37位，企业的经营效益和社会效益保持良好增长态势。

一是服务国家发展战略作用更加凸显。积极发挥国有资本的引导和放大功能，通过"搭平台、促共赢"的发展模式，遵循政府目标与市场规律相契合、企业发展与团队成长相契合的原则，2019年实现进出口总额68.87亿美元，同比增长45%，其中进口额同比增长54.58%。围绕"一带一路"倡议，有序投资布局，其中印度尼西亚不锈钢一体化冶炼项目入选国家发展改革委"一带一路"重点项目库。持续投资布局粮食全链产业，服务国家粮食安全战略。此外，积极投身区域发展，培育区域新业态，建设了进口机电展示交易平台、海运快递及跨境电商产业园等平台项目，释放新动能，在为区域繁荣做出贡献的同时，也不断壮大了发展实力。

二是核心主业竞争力更加突出。围绕供应链运营服务主业，有效提升主业核心竞争力和行业话语权，集团依托物流服务体系构建以全程物流服务为特色的"四流合一"新型供应链服务平台，常年稳居中国物流企业50强前4名，2019年氧化铝贸易流通量位居全国第1名、煤炭操作量稳居全国前3名，行业话语权不断提升。2019年供应链板块实现营业收入2 724亿元，同比增长16.41%，核心主业营业收入、净利润占比持续提升。

三是"混改"走出新特色。主动融入"一带一路"倡议，通过串联国际、国内两个市场、两种资源，走出了具有地方国企特色的国际化道路，不断提升国际化程度，象屿集团与领先民营资本在印度尼西亚投资合作的不锈钢冶炼一体化项目就是象屿集团以"混改"模式走出国门的具体实践，充分发挥国有资本与民营资本互补优势，项目投产后，将拥有年产250万吨不锈钢一体化冶炼厂、总装机容量1 440兆瓦火力发电厂和年吞吐能力4 000万吨多功能码头。2020年2月，钢厂热试成功，项目正式投产后大概能够实现营业收入300亿元，利润保守估算达50亿元以上。

64

以集团层面"混改"为突破口激发发展活力动力

双星集团有限责任公司

一、基本情况

双星集团有限责任公司（以下简称"双星集团"）是一家具有99年历史的国有橡胶企业，曾创造出中国鞋业历史上第1个著名品牌。2008年，原鞋服主业改制后从集团剥离。2014年，双星集团淘汰了90%以上的落后产能，建成了全球轮胎行业第1个全流程卡客车胎"工业4.0"工厂和轿车胎全流程"工业4.0"工厂。2018年7月，双星集团成功控股锦湖，目前控股青岛双星股份有限公司和韩国锦湖轮胎株式会社。与世界顶级轮胎企业相比，双星集团不管在技术上还是规模上还有较大差距，在技术、人才、机制、资金、资源等方面都进入了发展瓶颈期。2018年8月入选国企改革"双百行动"企业名单，拉开了双星进一步全面改革开放和创新发展的序幕。

"双百行动"启动以后，双星集团以实施集团层面混合所有制改革为突破口，着力引入高匹配度、高认同感、高协同性的战略投资者，解决制约双星发展所需的技术、资金和市场等关键资源，加快推进新战略布局，完善市场化激励约束机制，激发企业发展活力，争取利用5年左右的时间实现收入、资产和市值三过1 000亿,把双星打造成全生命周期管理和全产业链竞争力的世界一流企业。

二、主要做法

(一)创新"国有体制、市场机制"发展模式,混合所有制改革取得突破性进展

1. 集团层面"混改"进入实质操作阶段

双星是青岛市唯一一家被国务院国资委列入国企改革"双百行动"的企业集团,青岛市国资委也将双星作为全市第一家在集团层面实施"混改"的企业。2019年9月,双星集团"混改"工作正式启动,通过多轮沟通,不断完善实施方案。2020年4月20日,青岛市国资委出具了《青岛市国资委关于印发〈双星集团有限责任公司混合所有制改革实施方案〉的通知》(青国资委〔2020〕47号)。4月27日双星集团"混改"项目正式在青岛产交所公开挂牌,采取增资扩股同步股权转让的方式,引入具有支持双星发展所需关键资源的战略投资者并同步实施职工入股,建立起"国有体制、市场机制"的新发展模式和风险共担、利益共享的激励约束长效机制。

2. 集团所属企业"混改"工作不断深化

双星集团不断深化内部改革,积极推进集团混合所有制改革,对新的产业积极引进战略投资者并进行员工持股试点。以废旧橡塑绿色生态循环利用业务板块为试点,引入战略投资者——青岛华海投资有限公司,并开展员工持股计划,通过设立合伙企业的方式,建立员工持股平台。随着"双百行动"的开展,双星集团又陆续对特种橡胶和星联等新产业开展员工持股,将经营者利益与其承担的责任紧密结合,使各方共同关注公司的长远发展,有效地提高公司综合经营管理水平,实现各种所有制资本取长补短、相互促进、共同发展。

（二）探索多元股东治理模式，法人治理结构进一步健全

双星集团加快健全和优化以《双星集团有限责任公司章程》为核心，以《董事会会议制度和议事规则》《监事会议制度和议事规则》为基础的企业治理制度，优化和新建了战略、流程、效酬、审计、提名、PLM（产品生命周期管理）、GTM（销售管理）、采购8个委员会，并制定了具体的工作细则；明确了出资人、董事与董事会、监事与监事会、高级管理人员在决策、执行、监督等方面的职责权限、程序以及应履行的义务，形成了权力机构、决策机构、经营机构和监督机构科学分工，各司其职，有效制衡的治理结构。

"混改"完成后，双星集团从国有独资体制转变为混合所有制企业法人治理模式，将进一步健全完善现代企业制度和法人治理结构，落实董事会职权，强化以董事会为主的公司经营机制和股东会为主的资本管理体系，股东不干预企业日常经营。公司章程由各股东按照公司法和"混改"方案协商制定，股东大会、董事会、监事会、总经理均按照公司法、公司章程产生和运行。

（三）完善选人用人制度，形成市场化经营机制

1. 推行职业经理人制度

对集团经理层成员全部实行"市场化选聘、契约化管理、差异化薪酬和市场化退出"的市场化经营机制；加大后备人才培养力度，优化和提升人员的基础能力、创新能力和提升能力，建立核心骨干梯队，培育和引进领军人物。

2. 首创"创造价值、分享价值"的三维度薪酬模型

建立以创造价值为基础的超利分享机制，通过优化基本薪酬、绩效薪酬和分享薪酬三种薪酬制度，把人员素质提高与绩效持续改善紧紧结合起来，在提高企业经营活力的同时确保国有资产保值增值，有利于全面增强国有经济竞争力、创新力、控制力、影响力、抗风险能力。

3. 建立"找差关差"的容错纠错机制

经理人在遵纪守法的前提下,由于客观或主观等原因导致经理人出现不敢或不愿承担目标、目标完成差、在创新工作上出现较大工作失误等情况,即进入专门"找差关差"阶段,充分激发和保护经理人开拓创新、干事创业的激情。近3年,集团共有近10余名经营管理人才在反思合格后重新走上领导岗位。

4. 搭建多层次人才引进培养平台

双星集团树立全球视野和战略眼光,为不同岗位、不同层次人才引进和培养搭建平台,形成"星聚贤"高端人才引进模式、"星计划"专员级人才培养模式、"星匠人"一线员工技能素质提升模式及搭建"星融智"全球融智平台的"3+1"人力资源引进模式,不断丰富市场化选人用人渠道。

(四)实施股权激励和员工持股,健全中长期激励约束机制

1. 对存量产业推行股权激励

2018年,双星成为青岛市15年来第1家以限制性股票方式进行股权激励的国有上市企业,激励对象包括公司董事、中高级管理人员及技术、营销等核心骨干287人。授予的限制性股票自授予24个月后分3年期解锁(每期解锁的比例分别为33%、33%、34%)。根据公司考核指标完成情况和个人绩效考核情况确定个人解锁或者注销股数,使股东利益、公司利益与员工利益紧紧结合起来,并充分调动骨干员工的积极性和创造性,实现公司价值最大化。

2. 对新兴产业开展员工持股

对于新发展的具有风险性的新产业,公司设立初期即引进战略投资者并试点员工持股,充分利用"战投"的资金、技术优势,推动企业实现长足发展。废旧轮胎被称为"黑色污染""吃干榨净",一直是行业的世界性难题。为了破解这一难题,双星集团成立了专门的业务公司和经营团队,

动员主要高级管理人员和核心团队积极通过员工持股平台入股（占比30%），并引进了战略投资者（占比10%）。通过整合全球专家资源和几年的大胆创新、尝试，已开发出填补全球空白的废旧轮胎绿色裂解技术和装备，实现了废旧轮胎循环利用的"零污染、零排放、零残留、全利用"。"混改"完成后，双星集团将参照包括万华在内的先进企业的做法，由董事会决定以超额利润提成、期权、虚拟股权或者其他激励机制等方式对员工进行激励，以充分调动员工的积极性。

三、主要成效

一是"双百行动"改革任务完成率89%。建立了"双百行动"工作方案及工作台账，把3年重点任务举措细分为25项，明确了责任部门和责任人，制定了详细的预算和时间节点。截至目前，完成率达89%。

二是企业活力和内生动力充分激发。双星集团建立了市场化选人用人、契约化管理、共享共创的激励体系，形成员工与企业利益捆绑、风险共担的机制，让员工和企业成为"命运共同体"，引导员工由打工者向创业者转变，充分释放人的积极性，不断增强企业活力和内生动力。

三是主业更加突出。双星集团通过淘汰落后产能、加大创新投入、对新产业强化激励等方式，培育了智能装备、工业机器人和废旧橡塑循环利用三大新产业，实施"混改"引入具有支持双星快速发展所需关键资源的战略投资者后，将更加突出双星以轮胎为核心，集橡胶、人工智能及高端装备、废旧橡塑绿色生态循环利用及模式创新于一体的主业结构，打造独具特色的世界一流企业。

四是发展后劲持续增强。人才结构不断优化，目前全日制本科生由不到40人增加到1 300余人，硕士及以上人才由5人增加到300余人，高级职称以上30余人，国家省市区人才10余人，外国专家10余人，海外留学归国或具有海外工作经验的百余人。

65

以党建把方向 以改革增活力

深圳市资本运营集团有限公司

一、基本情况

深圳市资本运营集团有限公司（以下简称"资本集团"）成立于2007年6月，作为深圳市国资委的资本运作专业平台，2014年起定位为深圳市属国有资本运营公司。自成立以来，资本集团立足深圳国资国企、城市经济发展的需求，深入探索以资本运营为内核的业务模式，构建起战略研究与并购重组、股权投资、产业基金、资本市场投资4大业务板块，通过并购重组、产融结合、资本市场对接等方式，助推深圳市属企业转型升级，有效服务深圳国资整体改革发展大局。

近年来，集团已基本建立与发展阶段相适应的经营机制和运作模式，通过实行执行董事制度，建立与国资资本运作平台相匹配的运作机制和激励约束机制，较好地适应了资本运作平台的业务需求。但随着集团定位由国资资本运作平台向市场化国有资本运营公司转型，进一步健全治理结构、完善市场化机制成为集团发展面临的新课题。此外，集团党委成立较晚，集团党组织链条与集团股权管理链条之间的关系亟待进一步理顺。入选"双百企业"名单后，资本集团围绕上述问题提出了具体改革目标：通过推进董事会建设、完善市场化经营机制和激励约束机制、加强集团党建等方式，进一步完善以市场化为核心的国有资本运营公司体制机制，推动党的领导与公司治理有机结合，全面激活集团新阶段创新发展的内生动力，更好地发挥国有资本运营公司功能。

二、主要做法

（一）以健全法人治理结构为支撑，着力提升现代化市场化经营水平

一是推动集团本部董事会及配套机制建设。在深圳市国资委的大力支持下，资本集团构建了执行董事和非执行董事相结合、内部董事和外部董事相结合的董事会。健全完善公司治理配套制度，优化不同治理主体的权责边界，充分发挥投资决策委员会、风险控制委员会等委员会的作用。二是健全完善分类分层决策机制。建立与国有资本运营公司相匹配的治理架构，形成重大事项由党委前置把关、董事会决策，业务发展由投委会决策，其他日常事务由总经理办公会决策的分类分层决策体系。三是以管资本方式依法参与控股企业治理。以战略管理为导向，以完善法人治理为依托，以外派董监高为抓手，以加强党建、财务管控、内控建设等为保障，积极依法参与控股企业治理，探索实行以管资本为主的管控模式。

（二）以优化市场化经营机制为抓手，全面激发改革发展内生动力

一是优化集团投资决策授权机制。随着投资业务的逐步扩大，资本集团原有的自主决策权限已无法满足集团常态化的市场业务拓展需求。为此，集团积极申请并获批扩大经营自主权限，建立了根据集团规模进行额度动态调整的自主决策机制。二是全面实行市场化选人用人机制。突出岗位职责与岗位能力相匹配的刚性要求，集团本部员工全面推行市场化招聘并实施市场化绩效管理。推行管理岗位与专业技术序列岗位并行的职业晋升通道，形成了透明度高、操作性强、员工能上能下的纵向流动机制。三是推行经营班子整体市场化选聘和契约化管理。按照任期分步推进，实施

所属企业新一届经营班子的市场化选聘和契约化管理，构建科学系统的选聘、管理、分配和退出机制。目前，集团本部正在筹划推进新一届经营班子的市场化选聘工作。

（三）以完善激励约束机制为动力，充分调动全员的积极性、主动性和创造性

一是薪酬总额与绩效挂钩。基于市场化国有资本运营业务的内在需求，坚持业绩与薪酬市场化双对标，建立与绩效挂钩的市场化薪酬总额决定机制。适当延长考核周期，建立3年长效留存机制，发挥长期约束功能，避免短期激励扭曲。二是内部分配与贡献挂钩。强化利益共享的激励约束导向，建立体现岗位价值的市场化、差异化收入分配机制，内部分配向业务部门及做出突出贡献的团队和个人倾斜。建立股权投资项目推荐奖励机制，充分激发员工和团队拓展业务的积极性、主动性。三是完善所属企业激励约束机制。根据企业所处行业和自身发展阶段，"一企一策"构建与所属企业相匹配的长效激励约束机制。例如，下属企业深圳市建筑科学研究院实施员工持股计划，万和证券实施长效激励延期支付机制，远致富海、远致瑞信两家基金管理公司实施项目跟投机制，推动新收购企业汇进集团、纳斯威尔实施管理层和核心骨干持股等。

（四）以加强党的领导和党的建设为保证，坚决把握国有资本运营公司改革发展的正确方向

一是围绕党委建设全面加强党的领导。不断规范健全党委机构设置和运行流程，以董事会建设为契机，优化落实重大事项前置研究，推动党的领导与公司治理有机结合，将集团党委作为公司治理的重要主体，切实为国有资本运营公司的改革发展"把方向、管大局、保落实"。二是理顺各主体党组织之间的关系。集团党委成立后，将集团本部及所属企业党组织纳入集团党委统一管理，理顺了党组织链条与集团业务管理链条之间的关系，实现了党的领导与业务指导的有机结合。三是建立健全纪委和纪检监察机制。集团在设立党委的同时，建立健全了集团纪委和纪检监察室，纪检监察室除按规定配备专职人员外，还与风控、财务等部门交叉任职，纪检监察人员列席公司重大事项决策会议，深入公司治理的各个重要环节，充分发挥纪检监督对廉政等业务风险点的把关作用，为国有资产保值增值提供了坚实保障。

三、改革成效

一是市场化的高效决策机制初步成形。经过投资决策授权及公司治理的不断优化，集团各项业务进一步实现了决策专业、执行高效、风险可控，市场化运作效率明显提升，与国有资本运营公司市场化股权运营的时效要求更加匹配。例如，在战略性投资驰援上市公司过程中，资本集团从与股权出让方洽谈，到启动投资程序，直至完成决策、双方签订股权转让协议，前后耗时仅2个多月，高效的投资决策机制得到交易对手和社会各界的充分认可。

二是全员干事创业的动力活力充分激发。资本集团通过实施市场化招聘和激励约束机制改革，形成了一支学历高、专业性强、执行有力的市场化人才队伍，全员干事创业的动力活力明显增强，集团领导带头对接各类企业、机构，争取市场机会；全体员工充分发挥主观能动性，将抓项目提绩效作为工作的重中之重。截至2019年年底，集团总资产为517.5亿元，同比增长31%；净资产为298.6亿元，同比增长34.1%；全年实现营业总收入36.3亿元、利润总额18.3亿元。

三是国有资本运营公司功能充分彰显。集团坚持服务全市经济发展大局、服务深圳国资顶层设计，通过构建"战略研究＋协同布局＋直接操盘"全链条国资支撑体系、"直接投资＋基金＋创投"多元化政策服务体系、"集团本部+产业基金+专业平台"协同推进投资体系,为创新国资国企协同布局新模式、支持地方经济发展做出有益探索。截至 2019 年年末,旗下基金累计投资新兴产业项目超 50 个,成功助推一批企业上市。中国科技开发院在孵企业近 1 500 家,累计培育成长型企业近 100 家。远致创投公司累计支持新兴产业项目 95 个,被投企业整体估值增长超过 80%。纾困基金累计投资 11.6 亿元,平稳基金为近 100 家民营企业提供资金支持。

66

改革创新体制机制　全面激发动力活力

深圳市投资控股有限公司

一、基本情况

深圳市投资控股有限公司（以下简称"深圳投控"）成立于2004年，由原深圳市投资管理公司、商贸控股公司、建设控股公司3家资产经营公司合并新设而成，是深圳市委、市政府和市国资委深化国资国企改革的重要抓手，现已成为以科技金融、科技园区、新兴产业及高端服务业为主业的国有资本投资公司。截至2019年年底，公司注册资本为276.49亿元，控股上市公司10家，全系统员工8万人。

为加快打造国际一流国有资本投资公司，在粤港澳大湾区和深圳建设中国特色社会主义先行示范区中发挥更大作用，深圳投控以开展"双百行动"为契机，贯彻两个"一以贯之"，全面加强党的领导和党的建设，对标国际先进企业，实施以改革优存量、以转型布增量"双轮驱动"战略，坚持改革释放发展活力、发展消解改革障碍，坚持授权体制、公司治理、混合所有制改革、选人用人、激励约束等一体推进，深化综合性、系统性改革，不断优化体制机制，持续释放动力活力。公司2020年有望成为深圳国资控股的首家世界500强企业。

二、主要做法

（一）聚焦授权放权活体制，打造高效行权的"主动脉"

深圳投控紧紧围绕完善中国特色现代企业制度，充分发挥党组织"把方向、谋大局、定政策、促改革"的作用，坚持放活与管好相结合，加大授权力度，层层"松绑"，全面提高经营决策效能。

一是大力提升公司治理水平。深圳投控严格执行党组织研究讨论重大问题前置程序，健全党组织"三重一大"事项决策清单，明晰党组织与董事会、经理层等治理主体的权责边界，健全"双向进入、交叉任职"领导体制，推动党的领导与公司治理深度融合；聘请国际金融专家、资深律师、财务专家担任外部董事，建立外部董事占 2/3，内部董事、专职和兼职外部董事合理搭配、规模适中、专业互补的董事会。

二是市国资委对深圳投控加大授权。深圳市国资委根据深圳投控作为国有资本投资公司的功能定位，对深圳投控董事会在投资、资本运作、担保等方面充分授权，将境内主业不超过净资产20%、约600亿元的投资决策权授予深圳投控，确保深圳投控更好履行出资人职责。

三是董事会对执行委员会和经理层加大授权。深圳投控设立董事会执行委员会，作为董事会常设机构，授予其10亿元以下的项目投资决策权限，进一步提升董事会决策水平和决策效率。建立规范的经理层授权管理制度，董事会在投资、产权变动、借款、担保等10个方面，大幅调高经理层的决策权限，同步建立健全投资决策和风险防控、长效激励约束、监督审计等制度机制，充分保障其决策自主权，让经营班子有权用、有干劲、有保障，放开手脚、甩开膀子干事创业。

四是深圳投控对下属企业加大授权。深圳投控借鉴淡马锡对淡联企业"一臂之距"的管控经验，"一企一策""分类分步"授予下属企业更大的自主决策权限，以积极股东身份加大"放管服"力度，确保权力"放得下、接得住、用得好"，推动从强化管理向规范治理、从管企业向管资本转变。

（二）聚焦市场导向活机制，打造激发内生活力的"新动能"

深圳投控以完善市场化经营机制为关键，通过"引资本""引人才"推动"转机制"，全面激发动力活力，公司面貌焕然一新。

一是以市场化"混改"推动企业"蝶变"。深圳投控按照"宜独则独、宜控则控、宜参则参"原则，重点推动商业类企业"混改"工作。依据综合实力、运营资源、核心资质、资源投入等因素，筛选最佳战略合作者，促进资源互补、业务协同、产业融合。稳步推进管理层与核心骨干持股，打造企业与员工利益共同体，增强投资者信心和员工出资人精神。

二是以市场化选人用人增强队伍"活力"。深圳投控坚持党管干部与市场化选聘相结合，分层分类推进企业领导人员选拔任用制度改革，畅通身份转换通道，已完成10家所属商业类企业经营班子市场化选聘、契约化管理，对新成立企业经营班子一律以市场化方式选聘全球人才，用硬标准选聘、硬指标考核，构建完备的市场化选聘、管理、退出机制，推动全系统人才队伍结构全面优化、全面提升，为公司转型发展提供坚强智力支撑。

三是以市场化激励约束激发员工"潜能"。深圳投控在公司本部构建"前台部门重奖重罚、中后台部门稳定保障"的激励机制，推动金融类企业对标行业先进建立增量分享、项目跟投机制，园区类企业建立以重大项目完成节点为目标的激励约束机制，上市公司建立限制性股票等激励约束机制，激发员工动力和企业发展活力。

（三）聚焦功能转型谋发展，打造服务城市战略的"先锋队"

深圳投控探索构建"科技创新资源导入＋科技园区＋科技金融＋上市公司＋科技产业集群"五位一体商业模式，助力深圳科技创新和产业培育。

一是构建多功能科技金融服务体系。坚持优存量、拓增量"两手抓",整合深圳市属国有金融和类金融资源,持续提升企业资本规模,将国信证券股份有限公司、深圳市高新投集团有限公司、深圳担保集团有限公司等打造成行业龙头企业。收购国任财产保险股份有限公司,新设深圳资产管理有限公司,管理运营首期规模50亿元的深圳天使母基金,构建覆盖企业发展全生命周期的基金群,打造以科技金融为特色、以培育产业为导向、以业务协同为支撑的金融服务体系。

二是构建多功能产业空间保障体系。围绕粤港澳大湾区和深圳产业发展需要,加快推进科技园区建设和海外科创中心布局,在深圳湾核心园区探索建立新一代园区开发运营标准体系,承接深港科技创新合作区、深圳湾超级总部基地等投资额超千亿元的重大项目,在美国硅谷、比利时建设运营海外科技创新中心,提升深圳在全球的科技资源配置能力,为科技产业发展提供肥沃"土壤"。

三是持续优化国有资本投资布局。立足深圳国资"一盘棋",坚持有进有退、有所为有所不为,推进产业链纵向整合和同类业务的横向整合,加快清理退出低效资源,推动资产、资源向优势产业和优势企业集中。实施"上市公司+"战略,加大新兴产业和高端服务业投资布局力度,收购天音控股、怡亚通、湾区发展、英飞拓等优质上市公司,探索实施"管资本"监管方式,将国企的资源优势与民企的机制优势相结合,实现国资和民资高效融合发展。

三、改革成效

(一)经营业绩大幅跃升

与"双百行动"改革之前的2017年相比,2019年深圳投控总资产为6 995亿元,增长46%;净资产为3 055亿元,增长39%;营业收入为

1 993亿元，增长324%，达到世界500强企业门槛；利润总额为252亿元，增长31%。通过改革创新和投资并购，在科技金融、科技园区、供应链、智慧城市、节能环保等领域形成了一批优势企业。

（二）决策效能全面提高

党建工作进章程在系统近400家企业实现穿透式全覆盖。公司的权责体系得到全面优化，需上报深圳市国资委审批的投资事项减少了93%；经理层的投资、产权变动、担保借款决策额度分别提高5.7倍、2倍和9倍，自主决策事项是以前的2倍；下属企业需要上报深圳投控审批的决策程序大幅缩减。通过一系列授权放权，极大地提高了决策效率，激发了企业活力。

（三）市场化经营水平显著提升

目前，公司符合条件的商业类企业基本完成"混改"，合计引资超110亿元，深圳市水务规划设计院股份有限公司等企业"混改"后第2年即实现利润翻番。全面推行经营班子考核结果差异化和强制分布，高管薪酬拉开差距超过30%，对考核业绩差、不称职的人员予以降职或解聘处理，真正实现了市场化选聘、契约化管理、差异化薪酬、市场化退出。13家下属企业建立了长效激励约束机制，员工动力和企业发展活力充分释放。

（四）服务大局作用日益凸显

下属企业深圳市高新投集团有限公司和深圳担保集团有限公司累计服务高新技术和中小微企业6.7万家/次，提供担保金额超1万亿元；从债权、股权两方面为88家/次民营企业提供超200亿元资金支持，成为深圳市"四个千亿"计划和共济纾困工作的主力军。深圳湾园区引入企业和机构近1 000家，包括11家世界500强企业子公司，入园企业年产值近2 000亿元，"北有中关村、南有深圳湾"享誉全国。

67

多措并举谋发展　创新机制增活力

深圳市特发集团有限公司

一、基本情况

深圳市特发集团有限公司（以下简称"特发集团"或"集团"）成立于 1981 年 8 月 1 日，是深圳市最早的国有大型综合性企业集团。集团注册资本为 35.83 亿元，其中深圳市人民政府国有资产监督管理委员会（以下简称"深圳市国资委"）持股 43.3%、中国长城资产管理股份有限公司持股 28.87%、深圳市投资控股有限公司持股 19.49%、中国东方资产管理股份有限公司持股 8.34%。集团主业为休闲旅游、珠宝服务、房地产开发与经营、信息通信和物业管理，均处于充分竞争行业；拥有 12 家核心直管企业，其中控股上市公司 3 家；拥有国家级高新技术企业 20 家，国家级技术中心 1 家，院士工作站 1 家，专利 500 余项。

多年来，特发集团坚持市场化改革方向，在完善现代企业制度、发展混合所有制经济、加强国企党建等方面取得了一定成效，但仍存在股权结构亟待优化、法人治理有待完善、创新动能不足等问题，亟须通过深化改革破解发展难题。自 2018 年入选"双百企业"名单以来，集团坚持问题导向、结果导向，在混合所有制改革、资本运作、公司治理、选人用人等 11 个改革领域，推出了创新性强、符合发展实际的 36 项重点改革举措，力争将集团打造成公司治理科学完善、经营机制灵活高效、党的领导坚强有力、创新力和市场竞争力显著提升的国企改革示范企业。

二、主要做法

特发集团坚持以"五突破、一加强"为重点,努力推动系统性体制机制改革,勇当市场化改革国企尖兵。

(一)推进混合所有制改革

一是摸清家底,对集团系统内各级企业"混改"情况进行全面梳理,掌握企业"混改"诉求。二是坚持"宜混则混"原则,明确"分类推进"思路,对于符合条件的商业类存量企业,积极运用引进战略投资者、管理层和核心骨干持股等方式实施"混改";对于市场化程度较高且符合条件的新设商业类企业,以合资设立并同步实施管理层和核心骨干持股推进"混改"。三是结合企业特点与战略诉求,充分做好沟通与调研,积极学习借鉴其他企业经验做法,合理设计"混改"方案;建立参与各方常态化沟通机制,强化风险防控,及时对各流程节点进行风险梳理和评估,制定相应预案并落实好防控工作。四是为解决"混改"审批链条较长可能影响项目推进效率等痛点,集团主动作为,积极争取将二级及以下新设企业实施管理层和核心骨干持股方案审批权限,由深圳市国资委下放至集团董事会。同时,集团制定完善的配套制度,强化对授权放权事项的承接。有关工作落实后,市场化增量项目推进步伐明显加快。

(二)健全法人治理结构

一是发布2020年版"三会一层"权责清单,系统梳理权责事项300余条,进一步明晰界定集团各治理主体的权责关系,有效避免各层级决策权限上移。二是开展企业董事履职机制研究,多次召开研讨会并广泛征求各企业意见,出台相关管理办法和指导意见并组织实施。强化集团委派董事的职能作用和专业能力,规范系统企业董事管理,深入推进企业章程修订,进一步扩大企业决策授权,集团企业管控迈入新阶段。三是健全二级企业纪检监察体系,在 5 家已开展市场化改革的二级企业中试点纪检监察部门、监事会办公室、审计风控部门"三合一";加大对下属企业纪检监察和监事会工作管控力度,出台工作指引和指导意见,完善工作规则及考评制度。四是结合集团发展实际及业务需求,将控股企业内部借款、对外融资权限下放至集团经营班子,适当提高集团经营班子投资决策额度上限,合理扩大经理层决策范围。

(三)完善市场化经营机制

一是推进市场化选聘,深圳投控坚持党管干部与董事会依法选择经营管理者有机结合,出台下属企业领导班子整体市场化选聘指导意见和配套文件,明确党组织在市场化选聘各环节的权责边界和履职方式。全面落实董事会选人用人权,5 家下属企业先行开展董事会换届,并由新一届董事会组织实施经营班子市场化选聘工作。二是坚持因企施策,深圳投控为每家企业"量身定做"市场化选聘工作方案,灵活采取面向社会公开选聘、内部竞聘、班子成员转任等方式,拓宽选人用人渠道。三是推进市场化考核,深圳投控坚持业绩导向,明确"当期业绩与可持续发展并重"原则,对标行业标准和市场要求,采用试用期、年度和任期"三位一体"考核方式,考核结果直接应用于薪酬、任免等事项。四是落实契约化管理。深圳投控通过签订管理合同等方式,明确岗位职责、业绩要求、薪酬水平和退出方式,加快推动人员身份转变,对考核不称职的选聘人员按照契约予以解聘。

(四)健全激励约束机制

一是建立以价值创造为导向的薪酬绩效机制。深圳投控注重市场化选聘人员的配套管理制度设计,聚焦长期价值创造,坚持增量思维,按照

"符合政策要求、激励多措并举、总额对标市场、增量业绩奖励"原则,制定下属企业领导班子整体市场化选聘薪酬绩效设计指引,以制度形式固化原则要求。二是"一企一策"灵活设计市场化薪酬绩效方案。在下属企业领导班子市场化薪酬绩效方案设计过程中,建立集团主要领导与企业面对面沟通交流机制,在方向、原则不出现偏差的前提下,充分听取企业意见,以企业价值创造为基础,鼓励下属企业积极探索适合本企业的市场化改革路径,设计符合实际的薪酬绩效方案。

(五)加强党的领导和党的建设

一是按照两个"一以贯之"要求,坚持党的领导和建立现代企业制度相结合,扎实有序推进"党建进章程"全覆盖。二是细致梳理集团权责清单"三重一大"事项,严格落实将党组织研究讨论作为董事会、经理层决策重大问题前置程序的要求,实现党的领导和公司治理有机统一。三是完善党建工作考核机制,积极组织开展党委中心组学习、专题党课、学习研讨等,不断加强集团党的建设。

三、改革成效

一是体制机制运作更加高效。随着集团下属所有符合条件的二级、三级企业领导班子整体市场化选聘工作的顺利完成,经营团队干事创业热情得到有效激发。同时,涉及"混改"、资本运作、投融资等方面的授权放权改革成果均通过修订公司章程等方式予以固化,有效缩短决策链条,提高了企业拓展业务的积极性。此外,通过系统优化业务管理流程,上线全新信息化系统,集团管控能力和决策效率得到显著提升。

二是转型升级步伐更加有力。集团总部向价值创造型总部转型成效明显,2019年全年洽谈项目47个,创新运用市场化基金收购创业板上市公司深圳市麦捷微电子科技股份有限公司并实现实际控制,前瞻布局新一代信息技术等战略性新兴产业。下属企业深圳市特发信息股份有限公司完成对北京神州飞航科技有限责任公司、四川华拓光通信股份有限公司股权收购和增资,实现向军工信息化、光通信产业链条的延伸。截至2019年年底,集团资产总额为261.89亿元,净资产为141.69亿元;全年实现营业收入85.2亿元、利润总额11.29亿元、净利润8.53亿元。

三是企业发展基础更加牢固。下属企业深圳市特发服务股份有限公司自2018年10月完成股改后,经济效益与社会效益实现"双提升",政务服务、资产经营等新业务有效拓展,项目类型更加多元互补,近4年净利润复合增长率达30.65%。同时,公司积极履行社会责任,在2020年疫情期间,持续为客户提供物业保障服务,上岗工作人员超过4 000人,各项防疫抗疫工作获得了客户的高度认可。

鸣 谢

本书编写得到了以下同志的参与和支持,在此一并感谢。

中央企业(以姓氏笔画为序):

马立宏	马洪忠	王 立	王 兵	王 征
王文俊	王永刚	王向征	王旭锋	王剑峰
王锦生	牛 晴	孔 彤	石慧莹	史雪莲
仝 维	冯悦波	朱 江	仲苏亮	刘 鑫
刘璘璘	许 杰	许传华	许辉阳	阮 頔
孙佳琳	孙程远	严 波	苏 龙	苏艺萌
苏晓堃	李 宏	李 瑾	李 磊	李子予
李吉刚	李仲泽	李建华	李跃华	李蒙恩
杨少华	杨彦妍	时 超	吴 华	邱子裕
何 兵	何政军	汪建敏	宋祖铭	张 贤
张秀甜	张金涛	陈 卓	陈军利	陈宝智
陈章瑞	陈富汉	武 岳	范志识	林哲茜
罗 星	罗 聪	罗 骥	罗雅方	周乃宁
郑 晨	赵志远	胡 华	贺旭红	贺金生
秦柏岩	徐笑峰	殷家宁	唐 舰	隋振海

鸣　谢

彭会然　董　欢　蒋　超　戢　琴　喻　晓
潘贵豪

地方国资委和国有企业（以姓氏笔画为序）：

丁　琦　　卫　娜　　马信俊　　王万寿　　王以好
王宇兴　　王勇健　　仇姗姗　　石　磊　　付　琳
代　平　　向源江　　庄　华　　庄　颖　　刘　兵
刘　洋　　刘中海　　刘海霞　　许建修　　孙　康
孙玉晶　　孙建华　　杜　军　　李　芳　　李　倩
李　蔓　　李立群　　李念锋　　李俊虎　　李梓丰
杨雨清　　肖建胜　　何建璋　　何载福　　余其波
沈　颖　　张少鹏　　张易辰　　张玲芬　　张俊林
张蓓蓓　　陈　柱　　陈乃轶　　陈天赐　　邵永平
林少芬　　欧清玲　　金　立　　周　华　　周永平
周晓蕊　　赵兴伟　　赵克文　　革　命　　胡　盼
胡国斌　　段文瀚　　徐　瑛　　徐建国　　郭金利
谈　毅　　董　众　　傅静雯　　谢发胜　　靳庆彬
樊小红　　燕　彬

国资委新闻中心（以姓氏笔画为序）：

王倩倩　　任腾飞　　刘青山　　饶　恒　　原诗萌